Gütersloher Verlagshaus. Dem Leben vertrauen

MATHIAS KOPETZKI

TEHERAN IM BAUCH

WIE MEINES VATERS LAND MICH FAND

GÜTERSLOHER VERLAGSHAUS

Bibliografische Information der Deutschen Nationalbibliothek

Die Deutsche Nationalbibliothek verzeichnet diese Publikation in der Deutschen Nationalbibliografie; detaillierte bibliografische Daten sind im Internet über http://dnb.d-nb.de abrufbar.

Details und Namen der handelnden Personen sind zum politischen und privaten Schutz geändert.

Verlagsgruppe Random House FSC-DEU-0100
Das für dieses Buch verwendete FSC®-zertifizierte Papier
Munken Premium Cream liefert Arctic Paper Munkedals AB, Schweden.

1. Auflage
Copyright © 2011 by Gütersloher Verlagshaus, Gütersloh,
in der Verlagsgruppe Random House GmbH, München

Dieses Werk einschließlich aller seiner Teile ist urheberrechtlich geschützt. Jede Verwertung außerhalb der engen Grenzen des Urheberrechtsgesetzes ist ohne Zustimmung des Verlages unzulässig und strafbar. Das gilt insbesondere für Vervielfältigungen, Übersetzungen, Mikroverfilmungen und die Einspeicherung und Verarbeitung in elektronischen Systemen.

Umschlagmotiv: © Mathias Kopetzki
Druck und Einband: CPI – Ebner & Spiegel, Ulm
Printed in Germany
ISBN 978-3-579-06749-0

www.gtvh.de

Allen meinen Eltern

»... I was once like you are now / and I know that it's not easy / to be calm when you've found / something going on ...«

»Father and son« (Yusuf Islam, alias Cat Stevens)

JULI 2007

Hamburg ertrank im Schmuddelregen. Das störte mich nicht – die Zigarette, an der ich verbotenerweise auf der Flughafenterrasse zog, war die letzte unter abendländischem Himmel. Jeden Tropfen, der Stirn und Nacken kühlte, jeden Windhauch, der Wasser gegen die Wangen peitschte, kostete ich aus.

Ich hatte einen überteuerten Filterkaffee aus dem Automaten gedrückt, kauerte nun auf einem Holzstuhl und betrachtete einen Airbus, der sich zum Stehen quälte. Es roch nach Bratkartoffeln und Kerosin.

Ein alter Mann im Poncho trug ein Kleinkind auf dem Arm und erklärte ihm, was »Einflugschneise« heißt. An der Kunststoffscheibe klebten zwei Asiaten und schossen Fotos.

Ich selbst stieß Rauch aus der Nase und kämpfte mit meiner Unlust auf einen unsympathischen Gottesstaat: Im Iran würde ich meine Familie kennenlernen – und das mit Mitte 30. Allen voran meinen Vater. Aber das schob ich zur Seite.

Ich fragte mich, ob ich fähig wäre, mich zu entspannen im Meer von Fanatismus, Verboten und religiösen Tretminen, in die ich dort stapfen konnte: Der Präsident hielt den Planeten mit Hetzreden in Atem, Atomfragen waren ungeklärt, die der Menschenrechte auch, Sanktionen blieben verhängt und Deutschlands Botschafter hockte, wie oft in den letzten Jahren, auf gepackten Koffern.

Was mich ausgerechnet jetzt dahin trieb, nachdem ich so lange widerstanden und mir die Mullahmetropole erfolgreich madig gemacht hatte, konnte ich nicht sagen. Zwölf Jahre hatte ich sie ignoriert, die Annäherungsattacken meines Vaters, der das nur auf dem Papier war und der in einer Welt lebte, die ich vor allem aus Horrormeldungen in der Tagesschau kannte.

Warum hatte ich vor Kurzem noch gemeint, diese Welt, die ich nicht mochte – weil sie alles, was ich mochte, nicht mochte – auf einmal kennenlernen zu wollen? Warum kehrte ich nicht einfach um, verplemperte ein paar Tage auf der Reeperbahn und rief Hamburger Kumpels an, die ich von früher kannte?

Ich seufzte hörbar und das Holz knirschte, als ich mich im Sitz zurücklehnte. Ich dachte an den Morgen jenes Heiligen Abends, an dem das alles begonnen hatte. Ich war Anfang 20 und erst wenige Monate zuvor hatte ich mein Elternhaus verlassen, um in Salzburg ein Studium anzufangen. Die Weihnachtsferien aber verbrachte ich daheim.

BESCHERUNG IN OLDENBURG

Als das Telefon läutete, war ich allein im Haus. Ich hatte Spiegeleier aufgesetzt und hastete zum Hörer.

»Hier ist Saeed Moghaddam!«, rief eine Männerstimme mit Akzent. Den Namen hatte ich nie gehört. »Schöne Grüße von deinem Vater aus Iran!«

Mit einem Schlag waren die Spiegeleier vergessen.

»Bist du noch da?«, wurde ich gefragt.

Ich musste mich setzen. »Jaja …«

»Ich bin ein Freund von Mohsen Lashgari.«

»Von … wem?«

»Von deinem leiblichen Vater. Er hat sein Leben lang nach dir gesucht, jetzt hat er dich mit meiner Hilfe gefunden.«

Was der Mann sagte, begriff ich nicht.

»Wäre es möglich, dass wir uns treffen?«, schlug er vor, als hätte er verstanden, dass es sinnlos war, das Gespräch in die Länge zu ziehen. Die Wörter rauschten an mir vorbei.

»Ja, natürlich … ähmm … aber nicht jetzt. Ich meine, nicht heute.«

»Übermorgen Mittag? Am Hauptbahnhof?«

»Na, gut …«

»Ich wünsche ein frohes Fest!«

Wir hatten an die 20 Sekunden geredet. Dann hörte ich nur Klicken und Tuten, und es dauerte eine Weile, bis ich es schaffte, den Hörer aus der Hand zu legen. Mir stockte der Atem und ich konnte keinen klaren Gedanken fassen. Doch etwas war klar: Die Spiegeleier verkohlten und Weihnachten war gelaufen.

Ich wusste bisher nichts von meinem leiblichen Vater, rein

9

gar nichts. Ich erkannte nur beim Blick in den Spiegel, dass meine Vorfahren auf keinen Fall reinrassige Teutonen gewesen sein konnten. Auch meine Mutter war mir unbekannt. Sie war lediglich ein Name, der meine Geburtsurkunde zierte, die ich noch nie hervorgekramt hatte.

Meine Adoptiveltern hatten nie verheimlicht, dass ich nicht von ihnen stammte. Und für mich und alle anderen war das normal wie die Nutellaschnitte, die ich für den Kindergarten in die Brotdose bekam. Trotzdem gab es viele Fragezeichen in meinem Leben. Und je älter ich wurde, desto mehr traten sie in den Vordergrund.

Als Jugendlicher war ich mir sicher, an meiner Herstellerin regelmäßig vorbeizuwandern: einer Fischverkäuferin auf dem Wochenmarkt, mit der gleichen wulstigen Nase, den gleichen schwarzen Locken und meinen Katzenaugen. Doch als ich ihr Gesicht einmal von Nahem sah, entdeckte ich, dass sie kaum älter war als ich.

Darüber hinaus hatte mich die Suche nach meinen Verursachern nie gereizt – wer mich nicht wollte, war selbst schuld. Und es gab keinen ungünstigeren Zeitpunkt dafür, als nun, da ich mich voll und ganz dem Studium widmen wollte.

Natürlich hatte ich mir manchmal ausgemalt, von einem Torero abzustammen, einem Italo-Lebemann oder griechischen Reeder, aus Ländern mit Flair, Sexappeal und Erholungsfaktor. Ein fundamentalistischer Glaubensstaat stand dagegen nie auf meiner Wunschliste.

Schließlich war ich mit TV-Bildern groß geworden, die den so fernen Nahen Osten ins Wohnzimmer gebracht und mir als Kind Alpträume verschafft hatten: Bilder von finsteren Männer mit schwarzen Bärten, die vor Männern mit weißen Bärten auf Läufern knieten, Mädchen steinigten oder sich selbst in die Luft sprengten. Bilder, auf denen man keine Frauen erblickte, sie unter Tuchbergen nur erahnen konnte, aus Regionen, die von Krieg und Aufruhr geprägt waren und wo Leute selbst in Friedenszeiten immer mit dem schlimmsten rechnen mussten.

Wenn ich an den Iran dachte, lachte dort niemand. Mit einer Hand schulterte jeder Mann eine Kalaschnikow, ließ in der anderen seine Gebetskette baumeln. Alle brüllten, die Hemden schmutzig, die Züge verzerrt. Über dem Menschenteppich ragte meist ein schlaksiger Greis, wie der Weihnachtsmann mit Kopfverband, auf dem Balkon einer Moschee, mit dunkler Kutte und bösem Blick und segnete das aufgebrachte Volk. Oder er rief es zum heiligen Krieg auf, gegen Schnurrbartdespoten im Nachbarland oder satanische Verseschmieder. Das alles hatte mich immer abgestoßen. Und nun pochte es plötzlich in meinem Blut?

Ich berichtete meinen Eltern nach der Bescherung, was am Morgen geschehen war. Außer ihnen war nur Steffen anwesend, der jüngere meiner großen Adoptivbrüder. Axel, der ältere, hockte mal wieder im Knast, wegen Hehlerei, Dealerei oder Rasen ohne Führerschein. So genau wussten wir das nie.

»Und was wirst du jetzt tun?«, fragte Steffen, der als erster Worte fand.

Ich blickte auf den Boden. »Ich werde den Typen treffen.«

Mama verließ schweigend den Raum. Papa werkelte am Christbaum. Es ließ sich nie durchschauen, was er von den Dingen dachte. Am liebsten hätte ich die Zeit zurückgedreht und Heiligabend von vorn angefangen.

Bevor ich hinter Mama herlaufen konnte, packte mich mein Bruder am Arm: »Ich hoffe, du weißt, was du ihnen schuldig bist ...«

Ich schlug mich frei. »Was denn?«

»Dass du ihr Sohn bist. Und, dass du es bleibst!«

BOARDING, ZWÖLF JAHRE SPÄTER

»Fliegen Sie allein?« Eine Rothaarige mit dunklem Teint riss mich in bemühtem Deutsch aus den Gedanken. Wie wir anderen in der Schlange wartete sie seit einer Stunde darauf, in die Maschine gelassen zu werden.

20 Meter vor uns flüsterte die Stewardess in ein Walkie-Talkie, doch der Einlass war noch nicht freigegeben. Einige Passagiere trippelten auf der Stelle. Babys schrien, größere Kinder liefen Slalom durch die Beine der Erwachsenen.

Ich lächelte und setzte an, der Dame zu antworten. Im selben Augenblick wandte sich ein Pagenkopf mit Sonnenbrille zu mir und wollte etwas auf persisch wissen. Ehe ich reagieren konnte, wurde ihm klar, dass er an den Falschen geraten war – mein iranischer Wortschatz beschränkte sich auf eine Vokabel: »Salemaleikum«. Stattdessen half ihm ein Managertyp, der viel zu süßes Parfüm verströmte. Was er sagte, klang weich und melodiös, mit viel Rachen und langen Vokalen.

»Ja, ich bin allein«, lächelte ich endlich der Rothaarigen zu, und das stimmte auch. Wohl oder übel. Mein biologischer Vater hatte mir am Telefon zwar vorgeschlagen, jemanden mitzubringen, doch ich war nicht in der Lage gewesen, jemanden zu finden. Meine Freunde hatten Freundinnen oder Frauen und die meisten Nachwuchs. Es war aussichtslos gewesen, sie vom Ausflug in einen Terroristenstaat zu überzeugen. Und eine Freundin gab es bei mir nicht. In meinem Terminkalender standen nur die Nummern von zwei Affären, die eine noch nicht lange und die andere nicht mehr lange, wie ich prophezeite. Beiden Mädchen schien bewusst zu sein, dass ich nicht der Mann ihrer Träume war. Ich sah sie einmal wöchentlich, abwechselnd am Wochenende – sie erwarteten so wenig von mir wie ich von ihnen. Wir boten uns gute Laune, Sex und Alkohol, manchmal Party, Kino, seltener ein Picknick. Das war schön, doch mal ehrlich: Klang das stabil genug für sechs Wochen Islamische Republik?

Ich hatte Angst vor dieser Reise, es war sinnlos, das nicht vor mir zuzugeben. Aber diese Angst wollte ich mit meinen Affären nicht teilen. Ich nahm mir vor, wenn ich wieder zuhause wäre, ihnen ausgesuchte Fotos auf einem Goldtablett zu servieren.

»Wir zwei sind auch allein«, lächelte die Dame zurück. Erst jetzt entdeckte ich den kleinen Blondschopf an ihrer Hand, der mich mit braunen Kulleraugen musterte. Sofort reagierte sie auf meinen verwunderten Blick.

»Ihr Vater ist Deutscher«, sagte sie und strich sich mit den Fingern durchs Haar. »Maja ist naturblond, nur ich habe die Haare gefärbt. Erst gestern. Schade, dass sie gleich unterm Kopftuch verschwinden müssen.«

Mir fiel auf, dass sie nicht die einzige war, die barhäuptig herumstand, und das erstaunte mich: Die wenigsten Frauen trugen Kopfbedeckung. Dort, wo wir hinfliegen würden, war das aber Pflicht. Doch wieso hatte ich mir eigentlich jede Perserin schon in Deutschland verschleiert vorgestellt?

Sie schmunzelte. Ich spürte, dass sie mir gefallen wollte. Auch die Kleine schien mich zu mögen.

»Kann schon allein aufs Klo«, berichtete Maja und grinste mir ins Gesicht.

»So? Wie alt bist du denn?«

»Drei im September.«

Endlich kam Bewegung in die Schlange und ich schob mein Handgepäck einen Schritt nach vorn. Von allen Seiten vernahm ich unverständliches Gemurmel und als mein Blick über die Menge schweifte, hatte ich das Gefühl, der einzige Nicht-Iraner zu sein, der heute nach Teheran flog. Ich musste grinsen. Auch bei mir konnte schließlich niemand auf einen

Nachfahren Barbarossas wetten. Nahöstlich, wie ich nun mal wirkte, unterschied ich mich überhaupt nicht von der Reisemasse. Umso mehr war ich überrascht, dass mich die Rothaarige nicht auf persisch angesprochen hatte.

»Warum fliegt Ihr Mann nicht mit?«, fragte ich sie, um irgendwas zu fragen, während ihre Tochter mich nicht aus den Augen ließ.

»Sie meinen den Vater von Maja? Er ist nicht mein Mann. Ich war nur kurz mit ihm zusammen. Maja hat ihn nie gesehen. Eric hat nichts übrig für seine Tochter.«

»Das tut mir leid«, antwortete ich.

»Das muss es nicht. So sind deutsche Männer.«

Sie schaute mir in die Augen, als wollte sie das Gegenteil hören. Die Melancholie in ihrem Blick machte mich verlegen. Sie war nicht besonders hübsch, aber ihre Pupillen hatten eine Tiefe, in der ich fähig gewesen wäre, einzutauchen. Wenn ich es zugelassen hätte.

»Sind iranische denn besser?«, fragte ich.

Sie wurde ernst. »Anders. Das Gegenteil. Sie können nicht loslassen. Besonders nicht, wenn es um Kinder geht. Ich will keinen Iraner mehr als Mann. Aber die Deutschen haben es mir auch nicht leicht gemacht.«

»Hab Hunger!«, rief die Kleine und zupfte mich am Ärmel. Ich kramte in meiner Hosentasche, wo noch ein paar Hustenbonbons lagen. Ich fischte eins hervor und packte es ihr aus. Majas Mundwinkel wanderten nach oben.

»Sie fliegt das erste Mal in den Iran. Mein Vater wollte nicht, dass ich sie mitnehme. Eigentlich wollte er überhaupt nicht, dass ich komme.«

»Warum nicht?«

»Ich bin geschieden. Neun Jahre ist es her, da bin ich meinem Mann gefolgt. Von Tabriz nach Deutschland. Er bekam eine Arbeit in Hamburg, an der Universität. Farsad ist Physiker. Vor fünf Jahren hat er sich dann in eine Deutsche verliebt. Er hat sich von mir scheiden lassen.«

»So ein Mistkerl«, sagte ich. »Er hat Sie einfach im Stich

gelassen. Warum sind Sie nicht zurückgegangen in den Iran?«

»Wissen Sie nicht, was Scheidung dort bedeutet? Du bist geächtet in der Gesellschaft. Kein rechtschaffener Mann wird dich auch nur anschauen. Ich habe mich in Deutschland durchgeschlagen. Das ist das Ergebnis.« Sie lächelte und zeigte auf ihren Spross. »Ein bezauberndes Ergebnis«, ergänzte sie und hob Maja auf den Arm.

Die schmatzte und hörte nicht auf, mich zu betrachten.

»Hast du noch einen Bonbon?«, fragte die Kleine.

»Erst, wenn das andere weg ist«, antwortete ich.

Sie kaute nicht mehr und schluckte den Rest hinunter. Dann öffnete sie den leeren Mund und streckte ihre Hand in meine Richtung. Ich musste lachen und wühlte erneut in der Tasche.

Die Rothaarige streichelte über den blonden Lockenkopf und sah mich dankbar an. »Fliegen Sie das erste Mal in den Iran?«

Ich nickte. »Und Sie? Wann waren Sie das letzte Mal dort?«

»Das ist lange her. Ich war noch verheiratet. Farsad und ich waren jedes Jahr bei unserer Familie. Wir haben zusammen einen Sohn. Farsad hat ihn mit in den Iran genommen, zusammen mit seiner deutschen Frau. Er wollte hier nicht bleiben. Er hatte Heimweh. Und Madjid, der damals vier war, hat er mitgenommen. Ich konnte nichts dagegen tun. Es war sein Recht. Im Islam darf eine geschiedene Frau ihr Kind nur behalten bis es zwei Jahre alt ist. Ab dann gehört es dem Mann. Er darf der Frau verbieten, es zu sehen und mit ihm zu reden. Genau das ist geschehen.«

Ich hatte von solchen Geschichten gehört, doch niemanden gekannt, dem sie widerfahren waren. Dafür hatte ich einfach zu wenig mit Muslimen zu tun.

Als ich sie fragte, ob sie ihren Sohn nun wiedersehen würde, schüttelte sie den Kopf. »Ich bin nicht lebensmüde. Ich möchte keinen Ärger. Und ich möchte vergessen. Ich hoffe, dass es Madjid gut geht. Er hing an seinem Vater immer mehr als an mir, und war noch so klein, als er in den Iran ging. Es hat sicher nicht lang gedauert, bis er sich eingelebt hat. Bei seiner neuen Mutter und bei der Familie meines Mannes, die eine gute Familie ist. Und auch Farsad ist ein guter Mann. Ich war nicht richtig für ihn. Ich hoffe, dass er sein Glück gefunden hat.« Ihr Mund lächelte, aber die Augen nicht.

Ich blickte weg und merkte, dass ich wütend wurde. Ich wollte nicht in ein Land reisen, wo solche Dinge geschahen. So kurz vor diesem Urlaub mochte ich hören, wie großartig die persische Kultur war, wie faszinierend die Landschaft und freundlich die Menschen. Ich wollte, dass verdammt noch mal jemand sagte, wie schön es sich dort leben ließ.

»Warum fliegen Sie dann überhaupt?«, erkundigte ich mich. Den gereizten Ton in meiner Stimme versuchte ich zu verbergen.

Sie fuhr der Kleinen mit der Hand über den Rücken. »Wegen Maja. Nur wegen Maja. Meine Familie verachtet mich. Sie glauben, dass ich an der Scheidung schuld sei. Sie haben mir nie verziehen, dass ich in Deutschland geblieben bin. Und schon gar nicht, dass ich ein Kind von einem deutschen Mann habe – dazu noch eine Tochter. Maja ist das Produkt einer Zina, einer Schändung.«

Ich verstand nicht.

»Jeder Geschlechtsverkehr mit einem nichtmuslimischen Mann gilt im Iran als Schändung«, erklärte sie. »Wäre das in Tabriz passiert, wäre ich jetzt tot. Bei Farsad ist das anders. Von einem Mann wird erwartet, dass er die Frau zu seinem Glauben bekehrt. Und das ist auch passiert: Monika ist zum Islam konvertiert, und sie wird von seiner Familie vollständig anerkannt. Genauso wie Madjid. Aber Maja ist für meine Familie ein Bastard.«

»Ich verstehe«, stammelte ich und dachte darüber nach. »Aber – ich begreife nicht, warum Sie sich so etwas antun! Warum Sie trotzdem fliegen!«

Sie stieß Luft aus der Nase und betrachtete mich. Eine Weile sagte sie nichts, und ihr Blick machte mich nervös. Dann flüsterte sie. »Wissen Sie, wie das ist, wenn man Angst hat? Ich meine, nicht ein bisschen Angst, sondern ständig. In der Nacht, bei Tage, ganz plötzlich. Wenn ich nicht gegen sie kämpfe, sterbe ich an ihr, verrecke. Als feiges Stück Fleisch, nicht als Mensch. Die Angst vor meiner Familie macht mich kaputt. Aber sie ist meine Familie, die werde ich nicht los. Ich habe ja schon gesagt, ich bin nicht lebensmüde. Ich werde die Menschen und die Verhältnisse dort nicht ändern. Aber ich werde meinem Vater zeigen, was für ein wunderbares Mädchen die kleine Maja ist. Und Maja werde ich zeigen, wo sie herkommt. Sie ist Iranerin, so deutsch sie auch aufwächst. Ich werde furchtbare Wochen haben. Aber ich habe mir vorgenommen, sie durchzustehen. Für Maja. Und ein bisschen für mich.«

Endlich waren wir am Pult angelangt und ich reichte der Stewardess mein Ticket. Es war vom Schweiß an den Fingern ganz feucht geworden und begann sich zu wellen.

Während ich die Durchgangstür passierte, drehte ich mich noch einmal um. Die Rothaarige war in eine Diskussion mit der Stewardess verstrickt. Ich hatte keine Ahnung, was los war, denn sie sprachen persisch. Vermutlich ging es um Maja. Sie war noch nicht einmal im Flugzeug, und schon gab es Probleme. Wie sollte das erst im Iran aussehen? Die Kleine tat mir leid. Sie blickte mir hinterher, winkte, und ich lächelte und winkte zurück.

Ich wartete nicht auf die beiden, auch hoffte ich, nicht neben ihnen sitzen zu müssen. Ihre Geschichte würde mir sechs Stunden Magenschmerzen bereiten.

Gleich würde ich meinen Schwedenkrimi zur Hand nehmen, der mich in eiskalte Fjorde entführte. Dort mordeten zwar die Menschen oder wurden ermordet, aber es gab sie nicht wirklich. Die moralinsauren Muslime, deren Gedankenwelt in mir Brechgefühle auslöste, waren dagegen real und die nächsten Wochen würden sie mein Leben bestimmen.

Mein Magen zog sich zusammen, als ich den Flieger betrat und eine Stewardess, der Kapuze und Hütchen die Haare verdeckten, zur Kabine zeigte.

»Salaam«, lächelte sie und ich nickte verkniffen.

War es nicht ein Fehler, diesen Flug anzutreten? Ich hatte

meine Ersparnisse zusammengekratzt, ein Visum beantragt, mich gegen Hepatitis, Diphtherie und Typhus impfen lassen. Und das alles nur, um einer Sache hinterher zu reisen, die vor über zehn Jahren ihren Anfang genommen hatte und mit der ich bis heute eigentlich nichts zu tun haben wollte.

Reine Neugier war es, die mich damals zu dem Treffen mit Saeed Moghaddam bewogen hatte. Ich glaubte, ich hätte nichts zu verlieren.

Mit welcher Wucht mich diese Begegnung aber treffen sollte, hatte ich nicht erwartet.

ZWEITER WEIHNACHTSTAG IN OLDENBURG

Der Wind blies mir in den Mantel und auf dem Bahnhofsvorplatz roch es nach Schnee.

Saeed trug einen Parker, hatte einen buschigen Schnurrbart. Seine Halbglatze glänzte mir entgegen, da er die Mütze abnahm, um mich zu begrüßen. Offensichtlich wusste er, wie ich aussah. Am liebsten wäre ich umgekehrt.

»Salaam, Mathias!«, rief er und drückte mich an sich.

Er stank nach Rauch und kaltem Schweiß. Mehr aus Höflichkeit erwiderte ich seine Umarmung.

Er starrte mich an. »Ich habe dich sofort erkannt, du siehst deinem Vater sehr ähnlich – wie bei ihm wachsen deine Augenbrauen zusammen! Im Iran ein Zeichen männlicher Schönheit!«

Saeed Moghaddam sprach freundlich, aber zurückhaltend, während ich plante, mich bei nächster Gelegenheit zwischen den Brauen gründlich zu rasieren. Auch dass er mich duzte, befremdete mich. Auf einmal entdeckte ich Tränen in seinen Augen, und wusste nicht, wie ich darauf reagieren sollte. Zögernd klopfte ich ihm auf die Schulter. »Schön, dich kennen zu lernen ...«, stieß ich hervor und glaubte es mir selbst nicht.

Saeed war an die 50 Jahre alt, etwas füllig und grau. Scheinbar freute er sich, mich zu sehen, doch sein Blick wirkte skeptisch. »Ich habe da vorne geparkt.«, winkte er mich zu einem Fiat Uno, der an der Bäckerei stand.

»Wohin fahren wir?«, rief ich, bevor ich seine Beifahrertür öffnete.

»Wir trinken einen Tee, und dann erzähle ich dir alles«, sagte er und ließ den Motor an.

Wir bogen in die Staustraße, brausten am kleinen Rotlichtviertel und dem Minihafen vorbei in Richtung alte Post. Diese Gegend war mir zu Fuß so vertraut, dass mir die Fahrt wie ein Video vorkam, das man sichtbar vorspult.

In der Innenstadt war ich zur Schule gegangen. Vor zwei Jahren noch hatte ich mich jeden Morgen in den Bus gequält, um vom Bahnhof aus den Gang zum Gymnasium anzutreten. Ich lächelte. Gott sei Dank war diese Zeit vorbei. In der Oberstufe hatte ich die Schule nur noch als Hemmschuh empfunden, auf meinem Weg zu dem, was ich wirklich wollte: spielen.

Saeed parkte vor der Lamberti-Kirche und wir liefen in eine Seitengasse. Vor der Pizzeria »San Remo« stoppte er und öffnete die Glastür.

Ich war oft an diesem Restaurant vorbeiflaniert, hatte es aber nie betreten. Drinnen muffte es und kein Gast war zu sehen. Das erstaunte mich, die Wanduhr zeigte kurz nach Mittag. An der Vertäfelung hingen Teppiche, ein goldener Lüster prangte von der Decke. Ich überlegte, wie ungewöhnlich das alles für einen Italiener war.

An der Theke stand ein schwarz gelockter Mann, groß und hager. Er schritt mit ausgebreiteten Armen auf uns zu.

»Da haben wir ihn ja endlich!«, rief er und drückte mich an seine Brust. Ich ließ es über mich ergehen.

»Das ist Rahim«, sagte Saeed und küsste ihn abwechselnd auf beide Wangen. »Auch er ist ein Freund von Mohsen. Wir sind damals zu dritt nach Deutschland gekommen, mit dem Flugzeug. Er ist ebenfalls hiergeblieben, und wie du siehst, es geht ihm gut!«

Er lachte und zeigte auf die Einrichtung. Ich begriff, dass es sich bei dem Lokal um gar keinen Italiener handelte, und entdeckte auf einem der Tische eine Wasserpfeife.

»Wunder dich nicht«, schien Rahim meine Gedanken zu erraten, »sämtliche Pizzerien in Oldenburg sind in persischer Hand!«

Er wies auf einen Stuhl. »Kann ich dir einen Tee bringen?«

Ich nickte, obwohl ich zuhause schon zwei Kaffee getrunken hatte. Als Rahim im hinteren Raum des Restaurants verschwand, legte Saeed seine Jacke ab und wir setzten uns ans Fenster. Mich fröstelte.

»Was machst du beruflich?«, fragte Saeed und zündete sich eine Zigarette an.

»Ich bin Schauspielstudent«, antwortete ich, nicht ganz ohne Stolz.

Er blies den Rauch nach oben. »Schauspielstudent! Das haut mich aber um! Dein Vater hat mal als Filmschauspieler gearbeitet. Im Iran!«

Ich spürte, wie sich mein Magen zusammenzog, beschloss das aber nicht wahrzunehmen. In meiner Adoptivverwandtschaft wäre niemand auf die Idee gekommen, sein Geld mit Kunst zu verdienen.

Ich wusste nicht, was mich mehr störte: Dass Saeed Moghaddam diesen unsichtbaren Typen in Zusammenhang mit meinem Traumberuf brachte, oder dass er die Frechheit besaß, ihn meinen »Vater« zu nennen.

Er lehnte sich nach vorne. »Dein Vater war Ringer, ein sehr guter. Ringen ist Volkssport im Iran. Es war nur eine Frage der Zeit, wann der Film ihn entdeckte. Er hat nichts Bedeutendes gespielt, eher den Schläger. Aber er hatte Talent, das muss ich sagen.«

Rahim brachte den Tee auf einem Silbertablett und setzte sich zu uns. Die Gläser waren klein und geschwungen, wohltuend dampfte es aus ihnen. Er griff ein Stück Zucker, warf es in den Mund und hob ein Glas an die Lippen. Saeed tat es ihm nach.

Ich überlegte, ob sie für jeden Schluck ein neues Zuckerstück schmelzen lassen würden. Aber ein anderer Gedanke beschäftigte mich mehr: »Wie – wie habt ihr mich gefunden?«

Saeed stellte das Glas auf den Tisch. »Vielleicht fange ich besser ganz vorne an«, sagte er.

Er wäre mit Mohsen und Rahim 1970 nach Deutschland gekommen. Im Iran wäre es ihnen nicht gut gegangen, zumindest nicht beruflich. Er lernte meinen »Vater« bei der Arbeit kennen. Sie waren Mitte 20 und schufteten im Teheraner Straßenbau für sehr wenig Geld. Als das Arbeitsamt ihnen sagte, im Schiffbau in Norddeutschland wären die Chancen besser und sie könnten sich mit dem Geld im Iran eine Zukunft aufbauen, hätten sie sich auf den Weg gemacht.

Mit einer Handbewegung forderte er mich auf, zu trinken. Vorsichtig setzte ich das Glas an die Lippen und kostete. Der Tee schmeckte erdig und bitter. Nur widerwillig ließ ich ihn über meinen Gaumen rinnen, verzog das Gesicht und stellte das Glas weit weg. Saeed tat so, als hätte er das nicht bemerkt.

»Unsere erste Station war Bremen«, fuhr er fort. »Später sind wir dann nach Oldenburg gekommen, arbeiteten als Schweißer für die Werft.«

Anfangs hätten sie kein Deutsch gekonnt, wären aber fleißig und lernbegierig gewesen, vor allem, um mit Mädchen in Kontakt zu kommen. In Teheran wäre das schwieriger gewesen, besonders für Mohsen, der aus einer streng gläubigen Familie kam. Sie merkten schnell, dass ihnen deutsche Frauen gefielen, mit ihrer offenen Art auf Männer zuzugehen, ihren blonden Haaren und Sommersprossen, und sie ihnen ebenfalls. Das hätten sie ausgenutzt.

Seine Augen funkelten. »Unsere Oldenburger Wohnung lag über einer Diskothek. Wohnung ist übertrieben – eher ein Zimmer, das wir drei uns teilten, mit einer Kochnische und einem Waschbecken so groß wie ein Spaghettiteller.«

Rahim goss neuen Tee nach, obwohl meiner noch nicht ausgetrunken war. Dass ich ihn widerlich gefunden hatte, schien er zu ignorieren. »Dein Vater war der größte Frauenheld von allen!«, lachte er.

Ich überlegte, dass ich mir das von Rahim ebenso vorstellen konnte. Er wirkte charmant und zugänglich. Saeed dagegen besaß etwas, das mir Angst einflößte. Wie ich geahnt hatte, griff dieser auch vor seinem nächsten Schluck ein Zuckerstück und steckte es in den Mund.

»Er hatte viele Freundinnen, mit denen es immer schnell aus war«, ergänzte Rahim. »Wir lernten die Mädchen in der Diskothek kennen. Wir hatten Hunger nach Liebe und Spaß, machten alles, was uns zuhause fremd war, tranken Alkohol und vögelten herum. Um auf keinen Fall darüber nachdenken zu müssen, dass wir weit weg von unserem Land und unseren Familien waren.«

Saeed zündete sich eine neue Zigarette an und wischte mit der Hand über den Mund. »Eine Weile waren wir schon hier, als uns die Zwillingsschwestern Glienicke über den Weg liefen.«, sagte er und senkte seine Stimme. »Ich glaube, wir verliebten uns parallel in sie, dein Vater in Klara und ich in Katharina. Sie waren süß, wie sie da standen und ihren Jägermeister tranken. Ich glaube, sie hatten sich noch nie mit Männern eingelassen.«

Die Mädchen wären 17 gewesen, also viel jünger als sie. Sie bewunderten die kräftigen Arme der Perser und die Freiheit, die sie wohl damals ausgestrahlt hatten. Es wäre wie immer ein Vorteil gewesen, dass ihr Zimmer über der Diskothek lag und die beiden Mädchen keine Scheu gehabt hätten, nicht voreinander und auch nicht vor ihnen.

Er räusperte sich. »Verzeih mir, wenn ich zu direkt bin, aber ich will dir alles erzählen, alles. Du musst so lange darauf gewartet haben!«

Er schaute mich an und wollte vermutlich eine Antwort. Ich setzte mein Pokerface auf und erwiderte nach einer Pause: »Bisher hast du dich danach nicht erkundigt. Aber erzähl nur weiter, ich melde mich schon, wenn mich etwas stört.«

Er drückte die Kippe in den Aschenbecher. »Wir haben uns eine Zeit lang regelmäßig getroffen, gingen sonntags in den Park und machten abends Kartoffelsuppe. Ich glaube nicht, dass sie ihren Eltern von uns erzählten. Viel eher, dass sie sich etwas einfallen ließen, um uns zu treffen. Und eines Tages haben sie uns beide was gestanden. Das, was uns heute hier zusammenführt ...«

Saeed machte eine Pause und wechselte einen Blick mit den Augen seines Freundes.

Ich verstand nicht. »Sie – beide?«

Rahim lachte. »Tja, es ist schwer zu glauben, aber sie wurden tatsächlich zur gleichen Zeit schwanger. Wenn nicht in derselben Nacht, dann in derselben Woche!«

Ich schüttelte mich. Mir wurde diese Geschichte langsam eklig. Außerdem begann ich, an ihrer Wahrheit zu zweifeln.

»Dann bist du – so eine Art Onkel für mich?«, scherzte ich bitter und griff nach seinen Zigaretten, ohne ihn gefragt zu haben. Eigentlich rauchte ich nicht, aber das Ganze wurde mir zu bunt.

»Ja – das wäre ich, wenn – Katharina bei mir wäre, und wir – bei unserem Sohn.«

Er gab mir Feuer. Ich schaute ihn ungläubig an.

»Die Eltern der Zwillinge freuten sich nicht gerade, als sie von der Schwangerschaft hörten«, fuhr er fort. »Um es genauer zu sagen, sie verboten ihnen den Kontakt mit uns. Die Mädchen waren minderjährig, das war schon schlimm genug. Dazu waren wir Ausländer.«

Im Deutschland der 70er-Jahre wäre das noch ein echtes Problem gewesen und Saeed war außerdem immer klar, dass sie zurück in den Iran wollten.

»Ich glaube aber trotzdem: Wir hätten einen gemeinsamen Weg gefunden, wenn wir ihn nur gesucht hätten.«

Die Zwillinge entschlossen sich, die Kinder wegzugeben. So setzten auch Mohsen und Saeed ihr Zeichen unter die Adoptionsurkunden, ohne zu wissen, wo ihre Söhne landen würden. Mein »Vater« machte sich ein paar Tage nach meiner Geburt auf den Weg nach Teheran, mit gebrochenem Herzen – immerhin war er bei meiner Entbindung dabei gewesen. Am Flughafen wäre Mohsen Saeed noch um den Hals gefallen.

»Er hat geschluchzt wie ein Kind. Und hat Rahim und mich nie wiedergesehen.«

Ich konnte nichts sagen. Ich versuchte, meine Hand ruhig zu halten, um die Zigarette aufzurauchen. »Warum seid denn ihr nicht zurückgegangen?«, fragte ich endlich.

Rahim atmete schwer, bevor er etwas erwiderte. »Wir hatten schon gepackt und wollten ein paar Wochen später folgen. Die schönen Tage in Deutschland waren vorbei, seitdem wir wussten, dass die Kinder nicht bei uns bleiben würden.«

Sie hätten die Laune verloren und geahnt, dass es Zeit sein würde, zurückzukehren. Dann aber spürte sie ein gemeinsamer Freund auf, auch ein Perser, und sprach davon, dass er ein Restaurant aufmachen wollte, und ob sie ihm nicht helfen könnten. Er hätte einen Laden an der Angel, bei dem die Pacht nur wenig kostete und die Leute in Deutschland wären ganz verrückt nach iranischem Essen.

»Saeed und ich schauten uns an und wussten, dass Kochen eigentlich das war, was wir am besten konnten, obwohl uns das zuhause unsere Mütter nie machen ließen«, sagte er. »Wir überlegten nur kurz, dann war für uns klar, dass wir hier bleiben würden. Mittlerweile hat Saeed zwei Bistros in Rastede und ich das hier in Oldenburg. Es geht uns gut, obwohl: Aus den persischen Gerichten sind eher italienische geworden.« Er lachte. »Für die meisten hier ist die iranische Küche einfach zu exotisch.«

Ich hatte zu Ende geraucht. »Was ist aus deinem Sohn geworden?«, fragte ich Saeed.

Er ließ sich Zeit mit einer Antwort, warf ein Zuckerstück in den Mund, kaute und spülte Tee hinterher. »Ich habe ihn gefunden«, sagte er leise. »Ich habe ihn gefunden und besucht ...« Er stockte. »Ein Freund von mir arbeitet bei der Polizei.«

Normalerweise dürften Eltern, die ihre Kinder weggegeben hätten, nichts über sie erfahren, das Jugendamt wäre streng. Sein Freund aber hätte ihm vor einem Jahr versprochen, sich um Informationen zu kümmern.

»Ich tat ihm leid«, meinte er. »Die Sache ließ mir keinen Frieden. All die Jahre nicht. Er kam mit einer Adresse und Telefonnummer und steckte sie mir zu. Es dauerte lange, bis ich meinen Sohn einmal an der Strippe hatte – immer, wenn ältere Leute am Apparat waren, legte ich auf. Als ich irgendwann seine Stimme hörte, wusste ich, dass er es war. Ich sagte: ›Hallo, Martin. Hier ist dein Vater.‹ Dieses Mal legte er auf.«
Saaed strich die Tischdecke glatt, die er mit Blicken durchlöchert hatte. »Ich beschloss ihn zu besuchen. Ich raste die Autobahn nach Frankfurt in einem durch, wie besessen. Das erste Mal hielt ich an, als ich vor seinem Elternhaus parkte. Ich

stieg aus und läutete. Ich wusste, dass er fürs Abitur lernte, das hatte der Polizist herausgefunden. Und mir war klar, mein Besuch würde ihn überraschen. Aber ich konnte nicht anders. 20 Jahre hatte ich auf diesen Augenblick gewartet. Anscheinend war er allein zuhause. Aber er ließ mich nicht rein. Ich stand wie ein Landstreicher vor der Tür. Ich bettelte darum, nur mit ihm reden zu dürfen. ›Was willst du?‹, fragte er. ›Interessiert dich nicht, wer dein Vater ist?‹, erwiderte ich. ›Ich habe einen Vater‹, sagte er ›du bist es nicht.‹ ›Ich möchte mich nur mit dir unterhalten‹, sagte ich. ›Nur unterhalten, weiter nichts.‹ ›Aber ich nicht mit dir.‹ Dann schlug er die Tür vor mir zu.«

Es war plötzlich still im Raum und ich wollte nur noch raus. Irgendwie war ich dem Jungen in Frankfurt näher, als diesen Kerlen mit ihren haarsträubenden Geschichten. Mühsam unterdrückte ich ein Lachen.

Saeed bemerkte das nicht und redete weiter. »Ich habe ihm verziehen«, hauchte er, und ich sah, dass er wieder feuchte Augen bekam. »Ich habe ihm verziehen und warte auf seine Einsicht. Im Iran ist es üblich, jeden, der an die Tür klopft, hereinzulassen und ihm einen Tee anzubieten. Jeden, auch den größten Feind, den abgerissensten Penner. Er hat mich in meiner Ehre verletzt. Aber ich verzeihe ihm. Ich habe es schließlich nicht besser verdient. Ich sende ihm Postkarten, zu Weihnachten und zu seinem Geburtstag. Und das wird auch so bleiben. Ich erwarte keine Reaktion. Ich erwarte nicht, dass er mit mir spricht und schon gar nicht, dass er mich als das sieht, was ich bin: sein leiblicher Vater. Ich will nur anwesend sein und will, dass er das weiß. Ich war all die Jahre nicht bei ihm. Ich habe nicht gesehen wie er laufen lernte. Wie er seine ersten Worte sprach. Wie er seine Schultüte in der Hand hielt. Ich weiß nichts von ihm und er nichts von mir. Aber ich bin sein Vater. Und das werde ich bleiben, bis ich im Grab liege ...«

»Entschuldigt mich bitte ...!« Auf einmal riss es mich nach oben und ich eilte den Gang entlang zur Toilette. Ich schaffte es noch bis zur Schüssel, dann übergab ich mich. Das Ergebnis war schwarz vom Kaffee und dem Tee. Die ungewohnte Zigarette hatte das im Magen durchgerührt.

Ich betrachtete mein Werk lange und überlegte, ob es nicht besser wäre, abzuhauen. Mir war das alles zu viel und ich wusste nichts mit dieser ekelhaften Geschichte anzufangen. Selbst wenn sie wahr wäre: Was ging mich das an? Sollten diese selbstmitleidigen Perser doch in ihrem eigenen Trief ersticken. Sollten sie ihn herunterspülen mit tonnenweise Tee und Zuckerwürfeln! Die Zeit konnten sie genauso wenig zurückdrehen wie ich. Und wir waren alle Produkte unserer Erziehung und Erfahrung. Was, bitteschön, wollten sie denn gutmachen, und verdammt noch mal, für wen? Es ging doch sowieso nur um sie, um ihren Seelenfrieden. Für ihre »Söhne«, wie sie uns nannten, hätten sie doch in Wirklichkeit, damals wie heute, keinen Finger gerührt. Wo waren sie denn, als wir sie vielleicht gebraucht hätten? In dieser kurzen Spanne, wo unser Leben unklar war und sich im einsamen Vakuum befand, aus dem uns unsere Adoptiveltern befreiten? Jetzt war es zu spät, einfach zu spät. Es gab kein Zurück, nicht für sie und nicht für uns. Wir waren gewohnt, zu existieren, wie wir existierten. Und wir verschwendeten nicht die Mikrofaser eines Gedankens daran, dass es anders hätte laufen können.

Ich drückte die Spüle und wusch mir am Waschbecken das Gesicht. Im Spiegel darüber sah ich mitgenommen aus. Diese Tage hatten es in sich. Wer zum Teufel erkundigte sich eigentlich, wie es mir bei der Sache ging? Ich kam mir vor wie ein Spielball und verließ wütend den Kloraum.

»Ich habe nicht mehr lange Zeit«, rief ich. „Wenn ihr mir noch etwas sagen wollt, dann bitte schnell!«

Saeed wies wortlos auf meinen Stuhl, ohne mich anzuschauen. Ich folgte ihm widerwillig.

»Ich hatte am Telefon deinem Vater von diesem Polizisten erzählt«, fuhr er fort, als hätte es keine Unterbrechung gegeben. »Er schickte dem Kerl Geld, damit er nochmals Informationen aus dem Jugendamt schmuggelt. Diesmal über dich.«

Er sah mich an. »Mein Gott, wenn du wüsstest, was dein Vater um dich gelitten hat.«

Saeed bewegte seine Hand in Richtung meines Gesichts, doch ich konnte meinen Unmut nicht länger verbergen und schlug sie zur Seite. Dass Rahim in der Zwischenzeit aufgestanden war und ins Telefon sprach, hatte ich nicht bemerkt. Er redete vermutlich auf persisch, seine Stimme klang aufgeregt. Er lachte und winkte Saeed an den Hörer.

»Das ist dein Vater!«, rief mir Rahim entgegen. Saeed eilte zum Apparat und schrie in die Muschel. Nach einer Weile wandte er sich an mich. »Sie haben heute ein Lamm geschlachtet! Nur für dich, weil wir dich gefunden haben!«, übersetzte er und heulte nun vollends. Er streckte mir den Hörer entgegen. Ich hatte keine andere Wahl, als ihn zu greifen.

»Salem Aleikum, Mathias!«, rief eine unbekannte dunkle Stimme, ähnlich wie meine. »Bist du es wirklich? Sag, dass du es bist!«

Ich schluckte. »Ich bin es«, sagte ich leise.

Von da an hörte ich nur noch Jubelschreie im Hintergrund.

Die meisten Worte, die ich mit meinem biologischen Vater wechselte, gingen also in einer Geräuschsuppe unter. Das war mir recht, denn ich hätte nicht gewusst, was ich mit ihm reden sollte. Er fragte mich, wie es mir ginge.

»Gut, gut«, antwortete ich. »Und wie geht es dir?«

»Sehr, gut, sehr gut ...«, rief er und ich meinte zu hören, dass er weinte. Die Leitung brach immer wieder für Sekunden ab, so dass keiner verstand, was der andere sagen wollte.

Ich schaute zu Rahim. Wie Saeed ließ auch er seinen Tränen freien Lauf. Ich merkte, dass er das von mir ebenfalls erwartete, aber ich konnte und wollte nicht. Ich verbat es mir sogar. Was ich herauslassen wollte, hatte ich auf der Toilette getan.

Mein Erzeuger redete ohne Pause, aber jedes zweite Wort ging verloren. Dennoch bekam ich mit, dass sein Deutsch ziemlich fließend war. Ich selbst hörte mich nur sprechen: »Jaja ...«, »Ich auch ...«, »Wie schön ...«, und »Mach ich, mach ich ...«

Der einzige Wunsch, den ich dabei hatte, war den Hörer schnell wieder an Saeed weiterzugeben. Nachdem wir uns mehrfach verabschiedet hatten, konnte ich es endlich tun. Das Gespräch hatte mir den Rest gegeben.

Saeed brachte mich zurück zum Bahnhof und ich fuhr mit dem nächsten Bus nach Hause. Dort verkroch ich mich in mein Zimmer, konnte nicht essen, nichts trinken und kam erst Stunden später heraus.

»Ich muss mit dir reden«, sagte meine Mama, als wir anschließend zu Abend aßen. Beethovens Siebte dröhnte aus dem Küchenradio. Papa war früher fertig gewesen und hatte sich im Wohnzimmer vor den Fernseher gelegt.

Ich selbst hatte wenig Hunger. Die Geschichte vom Mittag lag mir noch im Magen, obwohl ich sie meinen Eltern stockend mitgeteilt hatte. Ein abgebissenes Käsebrot schmückte meinen Teller und ich wollte mich gerade auf den Weg machen. Ich hatte gehofft, sie würde mich in Ruhe lassen.

Langsam fiel ich auf den Stuhl zurück, faltete meine Hände und starrte auf die Serviette. Ich spürte ihren sorgenbelasteten Blick. Den trug sie seit Tagen, und er machte mich rasend. Ich wusste ja, worum es ging.

Sie putzte ihre Brille und blickte zum Fenster hinaus. »Du weißt, was die Perser gemacht haben ...«

»Nein«, schnaufte ich, denn es interessierte mich nicht.

»Sie haben vor einiger Zeit in Berlin ein Restaurant in die Luft gesprengt, um irgendwelche Randgruppen zu töten. Mittlerweile ist klar, dass ihre Regierung dahinter steckt.«

Ich hatte davon gehört, mich aber nicht damit beschäftigt. Warum auch? Dieses Land und seine Probleme waren mir so fern wie der Jupiter. Ich lachte resigniert.

Sie blickte mich scharf an. »Findest du das komisch?«

»Nein«, sagte ich, »aber ich bin keine Randgruppe. Und auch kein Perser. Was also willst du von mir?«

Sie lehnte sich vor. »Mathias, das sind gefährliche Menschen!«, wurde sie deutlicher. »Du bist ja so naiv. Du lebst in deiner Scheinwelt von Theater und Leuten, die einander Gutes wollen. Aber wenn du mit denen Kontakt hältst, betrittst du einen anderen Raum!«

Mir wurde das Gespräch zu absurd und ich stand auf. »Ist es das, über was du mit mir reden willst? Über schlechte Perser? Über die gute und die böse Welt? Mama, du machst dich lächerlich. Ich bin alt genug, selbst zu entscheiden, mit wem ich Kontakt haben will!« Ich verließ die Küche.

»Mathias, ich habe Angst!«, rief sie mir hinterher und begann zu schluchzen.

Ich warf die Jacke über und schmunzelte. »Vor was denn?«, wurde ich neugierig.

Ihr Gesicht sah mitgenommen aus. »Ich habe Angst ...«, wimmerte sie, »dass sie – dass sie dich entführen!«

Ich zog den Reißverschluss hoch, griff nach meiner Mütze. »Auf einem fliegenden Teppich, nicht wahr?«

Ich wollte gehen und öffnete die Tür. Es war noch zu früh für die Disco, wo ich verabredet war. Aber ich hielt es hier nicht länger aus.

»Bitte setz dich noch einmal!«, versuchte sie es erneut.

Ich stöhnte. Mühsam tat ich ihr den Gefallen, ließ mich noch einmal nieder und schaute ihr mit gespielter Neugier in die Augen.

»Du brauchst nicht zynisch zu sein, die Sache ist ernst genug«, meinte sie und konnte meinen Blick nicht erwidern.

»Aha, für wen denn?«, konterte ich.

Sie ging nicht darauf ein. »Ich werde morgen einen Termin ausmachen. Beim Jugendamt.«

Jetzt musste ich lachen. »Was heißt das? Wollt ihr mich zurückgeben?«

»Bleib bitte bei der Sache! Es geht darum, zu erfahren, was damals wirklich geschehen ist.«

»Das fällt dir ja früh ein ...«

»Du hast vorher nicht danach gefragt. Du weißt genau, dass du das Recht gehabt hättest, von deiner Herkunft zu erfahren. Wir haben dir gesagt, was wir wussten. Ich hatte bisher keine Ahnung von deinem Erzeuger, der Mann taucht in deiner Geburtsurkunde gar nicht auf. Es ist einzig von einer Klara Glienicke die Rede, das ist die Frau, die dich geboren und noch im Krankenhaus weggegeben hat. Es interessiert uns brennend, was an dieser Sache mit den Persern stimmt, mich und den Papa ebenfalls!«

Ich kräuselte die Stirn. »Muss ich da mitkommen? Eigentlich will ich gar nichts darüber erfahren ...«

»Du hast leider schon genug darüber erfahren! Wer weiß denn, ob diese Leute, mit denen du dich getroffen hast, die Wahrheit sagen? Du hast die eine Seite gehört, jetzt musst du auch die andere zu Wort kommen lassen ...«

»Müssen!«, wurde ich plötzlich laut und stand auf. »Das einzige, was ich muss, ist jetzt raus! Vor morgen könnt ihr eh nicht mit mir rechnen!«

Ich schlug die Tür hinter mir zu und sackte kurz darauf zusammen. Die Arme krampften sich um den Bauch, den ein furchtbarer Stich durchfuhr. Ich setzte mich auf die Haustürtreppe und schnaufte mehrmals durch. Die Winterluft wirkte reinigend. Nach einer Weile stieß ich mich hoch, schwang mich auf den Drahtesel und radelte zur Bushaltestelle. Ich fuhr schnell, heute Nacht würde ich es krachen lassen! In meinem Bauch hatten sich Würmer festgefressen – die konnten nur mit hochprozentigem Alkohol unschädlich gemacht werden ...

ABFLUG

»Oh, das tut mir leid!«

Der Ellbogen des Managertypen, dessen Parfüm mir schon die Zeit in der Warteschlange versauert hatte, war in meinen Rippen gelandet.

Ich erschrak, blickte vom Taschenbuch hoch und lächelte verwirrt zu meinem Sitznachbarn. »Noch lebe ich ja ...«

Er lachte auf. Seine Stimme entglitt ihm und erinnerte mich an Pumuckl.

»Stimmt, das muss man ausnutzen!« Er reichte mir die Hand. »Kiavani«, sagte er. „Doktor Kiavani.«

Zögernd griff ich sie und stellte mich ebenfalls vor. Doktor Kiavani formulierte gewählt, nur wenn ich genau hinhörte, erkannte ich einen Akzent.

Mit einem Ruck hatte er versucht, seine Krawatte vom Hals zu lösen. Dabei war ihm der Arm ausgerutscht. Dass er eine Gefahrenquelle abgab, schien ihm zu missfallen.

»Ich hätte das auch später machen können«, beteuerte er. »Aber meist vergesse ich das.«

Ohne zu verstehen, was er damit sagen wollte, nickte ich ihm zu. Mittlerweile hatten auch die letzten Passagiere Platz genommen und die Stewardessen alle Gepäckfächer verankert. Nun verrenkten sie ihre Glieder, um auf die Sicherheitsvorkehrungen hinzuweisen.

»Es ist besser so«, nahm Doktor Kiavani sein Gespräch wieder auf und stopfte sich den Schlips in die Sakkotasche. »Sehen Sie hier irgendwelche Herren mit Krawatte? Sie selbst haben auch keine. Sie werden also kein Problem in Teheran haben.«

»Was meinen Sie damit?«

»Schlipsträger sind US-Anhänger. Imperialisten! Zumindest im Iran. Sie werden schief angeschaut und manchmal

32

auch beleidigt. Ich will es mir nicht dauernd mit den Mullahs verscherzen. Das hab ich früher schon genug getan.«

Er riss den Mund auf und lachte erneut, viel zu hoch und zu laut. Sein Zahngold blinkte mir entgegen, und ein paar Plomben. Jede seiner Bewegungen setzte einen Schwall Parfüm in die Luft, der mich an zerkautes Hubba Bubba denken ließ. Sein massiger Körper bebte dabei. Ich schätzte ihn auf Mitte 50, vielleicht ein paar Jahre jünger. Bis auf seinen Anzug wirkte er ungepflegt. Die Locken seines Kinnbartes kräuselten sich in alle Richtungen, ein Mittelscheitel im gefetteten Haar bedeckte notdürftig die beginnende Glatze.

»Schön, schön«, antwortete ich und wandte mich wieder meinem Krimi zu. Ich schob den Sonnenschutz der Luke hoch, um besser lesen zu können. Der war überflüssig, weil dichter Regen gegen die Scheibe prasselte. Auf ein Gespräch mit dem Typen hatte ich keine Lust. Das hätte mich genötigt, es die nächsten sechs Stunden fortzuführen. Ich konnte mir Besseres vorstellen.

Bereits aufgeatmet hatte ich, als die Rothaarige mit der kleinen Maja ein paar Sitzreihen vor mir Platz genommen hatte, und Gott sei Dank nicht neben mir. Sie schienen mich nicht zu bemerken, und der Stress war der Mutter ins Gesicht geschrieben. Gerade, als in meinem Roman ein KGB-Agent versuchte, den Helden zu töten, hörte ich, dass Maja anfing zu weinen. Ich musste mich zusammenreißen, nicht nach einem weiteren Hustenbonbon für sie zu wühlen.

»Wir sitzen in einer 747«, meinte mir mein Nachbar mitteilen zu müssen und blickte in der Kabine herum, als würde er was suchen. Ich stöhnte und legte das Buch zur Seite. Gegen diesen Herrn hatte es keine Chance.

»Ich weiß«, antwortete ich müde. »Ist das so ungewöhnlich?«

Er grinste. Seine verquollenen Augen pressten sich zusammen.

»Für IranAir schon. Die meisten Maschinen sind kleiner und älter. Die hier ist auch nicht gerade heute vom Stapel gegangen. Aber man fühlt sich sicher, oder?«

Ich zog die Stirn in Falten. Was wollte dieser Mann mir eigentlich sagen?

»Keine Angst«, lachte er, »die meisten Abstürze im Iran finden bei Inlandsflügen statt.«

»Da bin ich ja beruhigt«, murrte ich und versuchte mich ein letztes Mal meinem Buch zu widmen. Vergebens.

»Woher kommen Sie?«, wollte er wissen.

Ich gab endgültig auf und ließ es im Sitznetz verschwinden.

»Berlin«, seufzte ich. »Ich komme aus Berlin.«

Seine Augen funkelten. »Oh, Berlin! Meine Traumstadt! Meine innere Heimat! Wussten Sie, dass die iranische Revolution in Berlin begonnen hat? Zumindest für uns junge Linke?«

»Nein, das wusste ich nicht.«

Wenn ich ehrlich war, wollte ich es auch nicht wissen. Doch es war sinnlos, ihm das klar zu machen.

Er begann zu erzählen, dass die Studenten in Berlin sich Papiertüten über den Kopf gestülpt hätten, mit der Visage vom Schah, als der mit seinen deutschen Gönnern 1967 in der Oper gesessen hätte. Sie trotzten zu Tausenden den berittenen Polizisten und den Persern, die von seinem Geheimdienst bezahlt worden und mit Schlagstöcken auf sie losgegangen waren. Deshalb wurden so viele Iraner Marxisten. Und deswegen wäre er selbst auch in die Tudeh-Partei eingetreten.

»In die was?«, fragte ich gelangweilt.

»Tudeh. Das sagt ihnen nichts? Naja, ist auch nicht ihre Zeit.«

Die Tudeh-Partei wäre von der Sowjetunion finanziert worden. Er hätte 1978 auf dem Jaleh-Platz in Teheran gestanden und eine ähnliche Papiertüte getragen, wie die Studenten in Berlin. Sie hatten keine Waffen, schrien nur »Allah-u-Akbar«, um zu zeigen, dass sie friedfertig waren. Dutzende wurden an diesem Tag von der Miliz erschossen. Sie wären nur die Vorhut gewesen für die Mullahs, die sie damals unterstützt hätten.

Er hatte sich beim Reden ereifert und meine Wange bespuckt. Das war ihm augenscheinlich peinlich, und er lehnte sich zurück. Im gleichen Moment wies eine Stewardess freundlich auf unsere noch unverschlossenen Gurte. Sie nuschelte auf Persisch. Ich lächelte der Dame zu, folgte ihrer Anweisung und schnallte mich fest. Mein Nachbar schien sie zu ignorieren.

»Beim letzten Start nach Teheran haben wir im Flieger noch zwei Stunden warten müssen, bis es losging«, raunte er. »Weil den Jungs von IranAir eingefallen ist, dass sie die Maschine noch enteisen mussten! Ich sag ihnen: Seit die Mullahs da regieren, geht's mit der Intelligenz der Leute bergab! Wer noch Gehirnzellen hat, macht da 'ne Fliege, aber schleunigst.«

»Wann haben Sie die denn gemacht?«

»Drei Jahre nach Chomeinis Rückkehr. Gerade noch rechtzeitig.« Er blickte hinter sich, als wäre ihm auf einmal bewusst geworden, dass Leute zuhörten, die ihm schaden könnten. »Wir sind damals«, senkte er seine Stimme, und wandte sich wieder zu mir, »nur knapp einem Massaker entwischt. Ein paar Wochen nach unserer Flucht holten diese Turbanträger aus, zum entscheidenden Schlag. Von einem Tag auf den anderen wurden Tausende Tudehs verhaftet, gefoltert und viele sofort liquidiert. Die meisten sitzen heute noch. Tja, so funktioniert Geschichte ...«

Er grinste einen alten Mann an, der ihn gegrüßt hatte und vorbeigelaufen war. Ich nutzte die Chance, drehte ihm die Schulter zu und blickte zur Luke hinaus.

Wie ein Elefant nach seinem Mittagsschlaf setzte sich die Maschine in Bewegung und rollte auf die Startbahn. Es regnete immer heftiger und das herablaufende Wasser versperrte die Sicht auf das Rollfeld, die Bäume, das Pflaster und den Rasen. Das machte den Abschied von deutschem Boden um einiges leichter.

Doch meine zunehmende Nervosität konnte ich nicht leugnen. Ich verdrängte sie und fragte mich stattdessen, was ein iranischer Ex-Revolutionär eigentlich heutzutage machte, wenn er das Pech hatte, Opfer der Geschichte zu werden? Und warum dieser Mann, um Himmels Willen, wieder zurückflog in dieses Land, dessen Lynchjustiz er entronnen war? Immerhin räkelte er sich auf dem Flugsitz, als wäre es ihm unangenehm, tatenlos herumzulungern. Er sah aus wie jemand, der einem Taxifahrer ein paar Scheine mehr in die Hand drücken würde, damit er schneller fuhr.

»Reisen Sie geschäftlich?« wollte ich wissen. Eigentlich hatte ich nicht vorgehabt, noch mit ihm zu reden, irgendwas – nicht nur sein Parfüm – stieß mich ab.

»Pistazien«, antwortete er nüchtern, mit der Gewissheit meine Frage nicht mit einem Wort beantwortet zu haben. »Und neuerdings auch Möbel.«

Ich schaute ihn verwundert an.

»Die Kanadier sind Dumping-Weltmeister im Pistazienhandel«, erklärte er mir. »Wir haben immer weniger Chancen gegen sie. Aber, wissen Sie: Ich bin Iraner. Und die lassen sich ständig etwas Neues einfallen.«

»Und deswegen verkaufen Sie Möbel?«

»Ja, hochwertige Designermöbel aus Hamburg. Der Markt boomt im Iran. Alles, was aus dem Westen kommt und dem man das ansieht, wird gekauft.«

Ich räusperte mich. »Haben Sie keine Probleme bei der Einreise? Ich meine, als politischer Flüchtling?«

Er griff in sein Sakko und zog mit einer Geruchswolke seinen deutschen Reisepass hervor. Er hielt ihn mir vor die Nase, als würde ich ihn kontrollieren wollen.

»Ich bin ein Chamäleon«, grinste er. »Gestern noch Iraner, heute schon Bundesbürger.«

Die Stewardess flanierte wieder vorbei, und Doktor Kiavani hielt sie auf. Ohne zu verstehen, was die beiden verhandelten, wurde mir klar, dass er sich beschwerte. Ich bemühte mich, nicht hinzuhören.

Stattdessen stellte ich mir lieber meinen Vater vor. Wie hatte denn er damals den Umsturz erlebt? Hatte er befürwortet, dass Blut vergossen wurde, oder war er gar bei diesen Hinrichtungen dabei gewesen? War er auch ein Chamäleon? Zeigte er unter dem Schah ein anderes Gesicht als unter den Ajatollahs, in Deutschland ein anderes als im Iran?

Nun, da unsere Boeing beschleunigte und für den Abflug Schwung holte, wühlte ich in meiner Stofftasche, die im Sitznetz haftete. Dort hatte ich einen Blätterbogen verstaut, der ziemlich zerknittert war. Ich zog ihn hervor und betrachtete die eng bedruckten Zeilen der ersten Seite. Es war ein Brief meines Vaters. Schon oft hatte ich mir diese Zettel angesehen. Beinahe konnte ich sie auswendig.

Ich hatte viel darauf erfahren über Mohsen Lashgari, viel, was die Zeit vor meiner Geburt betraf. Aber alles hatte er mir nicht geschrieben. Ich musste zugeben, dass er mich erwischt hatte. Seine Geschichte hatte mich gepackt, als ich schon nicht mehr geglaubt hatte, dass mich etwas, das ihn betrifft, berühren könnte. Mochte sein, dass offene Fragen Gründe waren, die mich nach Teheran trieben. Vielleicht wollte ich mehr über die Motive meines Vaters erfahren, die ihn bewogen hatten, mich wegzugeben. Die ihn veranlasst hatten, ein Leben in westlicher Freiheit gegen eins in islamistischer Enge einzutauschen.

Ich schob den Gedanken beiseite und lehnte mich zurück. Dabei schloss ich die Augen, lächelte vor mich hin und ließ den Druck der steigenden Maschine langsam meinen Körper bewandern.

JAHRESBEGINN IN OLDENBURG

Meine Adoptiveltern sind vom Krieg erzogen worden. Papa wuchs in Schlesien auf, kämpfte als Jugendlicher an der Westfront, geriet in amerikanische Gefangenschaft und suchte seine vertriebene Bauernfamilie quer durch die Trümmerspur, die von Deutschland übrig geblieben war.

Mama verbrachte die Kindheit auf einem Hof seines Nachbardorfes und erlitt im Gegensatz zu ihm die Vertreibung durch die Polen hautnah. Im letzten Kriegsjahr verlor sie ihre Mutter an Tuberkulose und zwei Schwestern durch dieselbe Krankheit. Bevor die Besatzer kamen, um ihre Heimat zu rauben, war sie mit ihren Geschwistern in einem Breslauer Kinderheim untergebracht, weil der Vater Soldat gewesen und lange nicht zurückgekommen war. Da war sie zehn. Sie hatte bei den Ordensschwestern, die das Heim führten, Prügel, Drangsal und Kälte erduldet. Wer tagsüber keine Mahlzeit erhalten wollte, musste nachts nur das Bett nässen. Erschien sie zu spät zum Sechs-Uhr-Gebet, wuchteten Stockschläge auf ihre Hand.

Damals hatte sie geschworen, wenn sie die Hölle überleben würde und einmal Kinder hätte, es ihnen niemals schlecht gehen zu lassen. Diesen Schwur hat sie gehalten. Wenn auch keines der drei, die sie später großzog, ihre eigenen sein sollten.

Das Büro für Adoptionsangelegenheiten befand sich im obersten Stock des Oldenburger Rathauses. Als wir eintraten, wühlte eine Frau in einem Aktenberg.

»Ich freue mich, Sie kennenzulernen«, trat sie auf uns zu und reichte uns geschäftig die Hand, »Heinecke mein Name.«

Die Autofahrt in die Innenstadt war wider Erwarten

entspannt gewesen. Ich hatte auf dem Beifahrersitz neben meinem Papa gefläzt, der von seiner Imkerversammlung berichtet hatte. Ich hörte kaum hin. Wenn ich ehrlich war, tat ich das selten, wenn er was sagte.

Er war ein kleiner, humorarmer Mann, mit wenig Haar, gebogener Nase und einer Kuhle in der Stirn, die von einem Bombensplitter rührte. Das letzte Jahrzehnt vor seiner Rente hatte er bei der Bundeswehr im Kleiderdienst verbracht. Nach dem Baurückgang Ende der 70er-Jahre war er als Maurer arbeitslos geworden. Als Vater blieb er unnahbar.

Immer, wenn es im Haus Probleme gab, verzog er sich in seinen Hühnerstall oder verkroch sich im Garten bei den Bienenstöcken. Reden konnte ich mit ihm allenfalls über Tiere oder Fahrzeuge, doch als ich aufs Gymnasium wechselte, versuchte ich es gar nicht mehr. Zu dieser Zeit hatte er mir eine gescheuert, weil ich nach einem Streit bis zum Abend verschwunden geblieben war. Seither bat ich ihn höchstens, mich irgendwo hinzufahren, abzuholen oder mein Fahrrad zu reparieren. Meist kam ich mir schäbig dabei vor.

Nun aber, als er seinen karierten Hut lüpfte, in den Polsterstuhl fiel und herumschaute im Räumchen, das eine Mischung war aus beamtenhaft steril und kinderfreundlich, mit Mobiles an der Decke und Zeichnungen an den Schränken, fragte ich mich, was für Gedanken ihn jetzt beschäftigten.

»Adoptionsfall Kopetzki«, murmelte Frau Heinecke hinterm Schreibtisch. Sie blätterte konzentriert, oder tat wenigstens so. Wie eine übereifrige Lehrerin wirkte sie, mit Kassenbrille und zerstörter Dauerwelle. Ich schätzte sie auf 45.

Sie musterte uns und versuchte ein Lächeln. »Ich habe hier gar nicht so viel über Mathias«, gestand sie und zog ein paar Formulare hervor, die sie mit gekräuselter Stirn überflog. »Die wenigen Akten, die ich finden kann, beziehen sich mehr auf ihre anderen Söhne. Axel, geboren 1964 in Hannover, zwei Jahre Heim in Wolfenbüttel, adoptiert 1967. Steffen, geboren in Bad Harzburg, kam nach einjährigem Heimaufenthalt 1970 zu Ihnen.«

Ich überlegte, ob meine Brüder jemals den Versuch unternommen hatten, etwas über ihre leiblichen Eltern herauszufinden. Im Gegensatz zu mir waren sie später von ihnen getrennt worden. Steffen nach ein paar Monaten, Axel nach einem Jahr. Die alleinerziehende Mutter von Steffen fühlte sich mit dem Kind überfordert. Axel war oft und gerne geprügelt worden. Man hatte bei einem Arztbesuch am ganzen Körper Blutergüsse, Schürfungen und Prellungen entdeckt, woraufhin die Eltern angezeigt worden waren. Später wurde ihnen das Sorgerecht aberkannt.

Ich stand mit meinen Brüdern kaum in Kontakt, wir hatten uns auseinandergelebt, sobald wir das gemeinsame Nest verlassen hatten, im Grunde schon davor. Steffen wechselte mittlerweile Städte, Jobs, Freundschaften und Liebhaber schneller als andere Leute ihre Wäsche. Axel, neun Jahre älter als ich, war schon Moped gefahren und hatte mit Mädchen geschäkert, als ich in den Kindergarten kam. Und er hatte sich für eine kriminelle Laufbahn entschieden, – wenn er im Haus war, versteckte ich immer mein Taschengeld – aber auch zwei Töchter gezeugt, die bei der Mutter lebten. Mittlerweile sah er die weniger als mich, nämlich gar nicht.

Axel hatte braune Haare, Segelohren, war kurzsichtig und reichte mir bis zur Schulter. Steffen war drahtig, blond, zwei Meter groß mit Sommersprossen, ein wahrer Surflehrer. Ich selbst schwarzhaarig, gelockt, etwas kräftig, mit einer dicken Nase. Man brauchte uns nur anzusehen, um zu ahnen, dass unsere Leben wenig miteinander zu tun haben würden.

Frau Heinecke strahlte mich an. »Der kleine Mathias kam als letzter zu ihnen, einen Monat nach seiner Geburt. Erst einmal in Pflege, ein Jahr später zur Adoption.«

»Das ist richtig«, bestätigte meine Mutter, die angestrengt zuhörte. Mein Vater putzte seine Brille. Obwohl mir nicht danach war, verzog ich mein Gesicht zu einem Lächeln.

»Die Geburtsurkunde haben Sie ja. Darauf ist nur die Mutter vermerkt. Was ich über sie sagen kann, ist nicht viel. Sie war 17, hatte aber die Reife einer 14-Jährigen.«

Ich horchte auf. »Wie bitte?«

Die Dame schaute wieder in die Akte. »Ja, was genau das 1973 bedeutet hat, weiß ich allerdings nicht. Hier steht: Durch Nierenerkrankung ihrer eigenen Mutter während der Schwangerschaft geistig beschädigt, daher nicht in der Lage, ein Kind zu erziehen.«

Ich musste lachen. Das wurde ja immer schöner. Da wurde ich von den eigenen Eltern in dieses Bürokratenparadies zitiert, als ob ich was verbrochen hätte, um zu erfahren, dass ich nicht nur der Sohn eines vielweibernden Kameltreibers war, sondern auch der einer notgeilen Idiotin.

»Ist das – vererbbar?«, fragte ich vorsichtig.

Frau Heinecke lächelte beruhigend. »Nein, nein, keine Angst – die Ursache ist klar die Nierenerkrankung. Das ist nicht erblich. Manchmal wurden diese Gründe aber nur vorgeschoben, um den wirklichen Anlass der Abgabe zu verschleiern.«

»Was meinen Sie damit?«, fragte meine Mutter.

Frau Heinecke lehnte sich vor. »Zu dieser Zeit war es nicht gerade schick, von einem Gastarbeiter schwanger zu werden. Schon gar nicht als Minderjährige. Aber in den Unterlagen steht noch ein Zusatz: Frau Klara Glienicke, also die Mutter, erbittet ausdrücklich, das Kind nicht im Heim, sondern bei einer Familie aufwachsen zu lassen. Das klingt geistig einigermaßen reif.«

Ich nickte. Das tat es. Auch wenn ich versuchte, das Ganze an mir abperlen zu lassen, atmete ich innerlich auf.

»Ich könnte Ihnen ein Angebot machen«, sagte Frau Heinecke, wandte sich mir zu und sprach jetzt sehr deutlich. »Es gibt bei uns einen kleinen, netten Aufenthaltsraum. Dort kann man Tee trinken und sich gemütlich unterhalten. Wenn ich ihre Mutter anschriebe und sie fragen würde, wie es wäre, ihren Sohn, dem es gut geht und der anständig aufgewachsen ist, kennenzulernen, könnten wir ein erstes Treffen hier stattfinden lassen. Ganz ungezwungen, unter sechs Augen, also mit mir. Erfahrungsgemäß ist das schlechte Gewissen der Mütter nämlich sehr groß, so dass eine Verabredung zu zweit leicht ausufern kann. Auf neutralem Boden ...«

»Nein!«, schrie ich.

Ich zitterte. Was fiel dieser Dame denn ein? Sie sollte lediglich in ihren Akten wühlen und Informationen absondern. Ich war kurz davor zu platzen. Plötzlich spürte ich die Hand meiner Mama auf dem Arm. Ich blickte zur Seite und sah, dass sie feuchte Augen hatte.

Frau Heinecke schien irritiert über meine Reaktion, widmete sich aber schon wieder ihren Unterlagen. »Da haben wir die Bestätigung der leiblichen Eltern«, sagte sie und schob mir ein vergilbtes Formular zu. Darauf war zu lesen, dass ein gewisser Mohsen Lashgari und Klara Glienicke die Geburt ihres Sohnes Mathias bestätigen und das Kind zur Adoption freigeben würden.

Ich gab den Wisch meinem Papa. Ich beobachtete, wie er einen kurzen Blick darauf warf und ihn anschließend Mama reichte. Die betrachtete ihn genauer.

»Der – der leibliche Vater ist Perser«, sagte sie. »Mathias wurde von ihm kontaktiert, ohne dass er es wollte.« Sie wirkte entrüstet. »Wie kann so etwas vorkommen?«

Frau Heinecke lachte. »Oh, da gibt es viele Möglichkeiten. Natürlich existiert Datenschutz und ich kann Ihnen versichern, dass bei uns ausschließlich die Kinder – und das erst ab 16 – Einblick in ihre Akte haben dürfen. Wir hatten hier aber auch schon leibliche Eltern, die nicht loslassen konnten und ihre Kinder seit der Adoptionsfreigabe bespitzelt haben.«

Sie machte eine Pause und blickte in die Runde. »Wenn ich mir eine Bemerkung erlauben darf: Ich für meinen Teil wäre bloß vorsichtig bei – diesen Ländern.«

Sie sprach absichtlich nicht weiter, vertraute darauf, dass wir verstanden. Ich tat das nicht.

»Was?«, erwiderte ich.

Sie sah mich durchdringend an. »In islamischen Staaten ist es üblich, dass die Kinder im Trennungsfall den Vätern zugesprochen werden, ich denke nicht, dass ein verlorener Sohn davon eine Ausnahme macht. Wir hatten den Fall, bei dem ein neunjähriger Junge von seinem leiblichen Vater in den

Libanon entführt wurde, obwohl seine deutsche Mutter das Sorgerecht hatte. Sie hat nie wieder etwas von ihm gehört.«

Mama warf mir einen langen und besorgten Blick zu. Ich senkte meinen, sonst wäre ich ausgerastet. Ich kam mir vor, als wäre ich schon entführt. Und zwar nicht von islamischen Terroristen, sondern von einer Gruppe paranoider Deutscher, die krampfhaft versuchten, mir meine Herkunft zu vermiesen.

»Und Sie glauben, dass diese Gefahr bei einem 21-jährigen Studenten genauso besteht?«, fragte ich ruhig.

Sie zuckte mit den Achseln. »Immerhin sind Sie Sohn und nicht Tochter. Das wertet Sie gesellschaftlich auf. Zumindest in solchen Ländern.« Sie kramte wieder im Papier. »Ich will Sie nur gewarnt haben. Ich lese, dass Herr Lashgari vier Monate nach Ihrer Geburt hier erschienen ist, um seine Adoptionseinwilligung rückgängig zu machen. Er wollte das Kind mit in den Iran nehmen. Die Behörden haben seinen Antrag selbstverständlich abgelehnt.«

Ich starrte sie mit offenem Mund an, doch das schien sie nicht zu merken. »Er ist noch mal zurückgekommen?«

»Ja, aus den Akten geht das hervor ...«

»Aus dem Iran?«

»Ob er zwischenzeitlich im Iran war, kann ich nicht sagen. Auf jeden Fall ist er hier vorstellig geworden.«

Plötzlich änderte sie ihren Ton. »Da liegt ja noch etwas!«

Sie schob mir einen verfärbten Briefumschlag zu. Darauf war schemenhaft persische Schrift zu lesen, oder arabische – ich konnte das nicht unterscheiden. Der Inhalt war eine Klappkarte im Stil der damaligen Zeit. »Glückwunsch zur Geburt!«, war dort in knallroten Lettern gedruckt. Und die Radierung einer Mutter, die lächelnd ihr schreiendes Kind im Arm hielt.

Ich öffnete die Karte und es fiel mir ein Gegenstand in den Schoß – die zerrissene Hälfte einer Silberkette. Verdutzt betrachtete ich sie längere Zeit, las dann die Karte vor und stolperte bereits über den Begrüßungssatz:

43

*»Bismillahi-r-rahm-ani-r-rahim, im Namen Allahs, des Aller-
barmers, des Barmherzigen! Mein lieber, geliebter Sohn!
Gerade bist du geboren und ich kann dir nicht sagen, wie weh es
tut, dass ich dich verlassen muss. Vielleicht wirst du irgendwann
alles verstehen. Diese halbe Kette ist ein Geschenk für dich. Ich
habe sie selbst geschmiedet und zerrissen. Wenn du eines Tages
jemandem begegnest, der die andere Hälfte besitzt, dann weißt
Du, dass du mich gefunden hast. Dein Vater Mohsen«*

Ich riss die Augen auf und wandte mich zur Seite. Papa
blickte mich an. Ich glaubte zu sehen, dass er nicht wagte, seine Meinung zu äußern. »Ist was?«, fragte er.

In diesem Moment konnte ich nicht mehr. Ich stieß die Tür
auf und rannte auf den Gang. Mir war egal, dass dort Leute
standen und hinterher glotzten. Ich lief ins nächste Zimmer,
das offen stand. Es war leer bis auf eine Sitzgruppe und wahrscheinlich das gemütliche Teezimmer, in dem sich locker, flo-
ckig Ex-Eltern und ihre abgesonderten Kinder nach Jahren
gegenübersaßen, als wäre dazwischen nichts gewesen.

Ich schlug die Tür zu, griff ein Stoffkissen, das auf einem
Sessel lag, und presste es mir vor den Kopf. Ich schrie. Mit
aller Macht stieß ich heraus, was sich angesammelt hatte. Und
als ich nach Minuten das Kissen herunternahm, mit bren-
nenden Augen und schmerzender Kehle, war es nass von Spu-
cke und Tränen.

Als mich jemand an den Arm tippte, schreckte ich hoch. Es war die Ste-

LANDUNG

wardess, die mir erneut zu erkennen gab, dass ich meinen »seat belt« zu »fasten« hätte. Doktor Kiavani war ihrer Anweisung ausnahmsweise gefolgt, hatte sich angeschnallt und grinste mir zu.

Ich räkelte mich auf meinem Polster und begann zu begreifen, dass ich tief geschlafen haben musste. Die Blätter, die eben noch auf meinem Schoß gelegen hatten, hafteten ungeordnet im Sitznetz.

»Das war ich«, sagte der Doktor. »Das Zeug ist Ihnen runtergefallen.« Er kicherte. »Keine Angst, ich hab nicht reingeschaut.«

Ich nickte, verzog die Mundwinkel zu einem Lächeln, richtete meine Rückenlehne und legte den Gurt um die Hüften. Dann rieb ich mir die Augen, streckte meinen Oberkörper und starrte aus der Luke. Sofort begann mein Magen wieder zu rebellieren: Anflug auf Teheran.

Es war schon dunkel und Lichterketten in den unterschiedlichsten Farben blinkten mir entgegen, flackernde Dioden, die ein aufregendes Nachtleben verkündeten, das ich da unten nicht unbedingt erwartete – der Beleuchtungssalat einer Zehnmillionenmetropole. Schon meinte ich Moscheen zu entdecken, pfeilartige Minarette und Mausoleen mit großen Kuppeln und Plätzen, wo irgendwelcher Imamen gedacht wurde oder Leuten, die mit ihnen zu tun gehabt hatten. Täuschte ich mich, oder vernahm ich durch das Brummen der Motoren den Muezzin über den Dächern der Stadt?

Ich schaute auf meine Armbanduhr und stellte sie auf iranische Zeit um, die ich einem Bildschirm an der Decke ent-

45

nahm. Es war 22 Uhr, wir schienen pünktlich zu sein. Wie mein Erzeuger im letzten Telefongespräch versichert hatte, würde er zusammen mit der Familie ab zehn in der Ankunftshalle warten. Es fiel schwer, mir auszumalen, was da gleich auf mich zukommen würde.

Ich legte die Hand auf den Bauch. Um meinen Magen zu beruhigen, hätte ich mir gern einen Schnaps gegönnt. Doch ich vermutete, in einem muslimischen Staatsflugzeug war es nicht sehr ergiebig, den zu bestellen.

Ansonsten hatte das Team meine Bedürfnisse mehr als gestillt. Bis zu dem Moment, in dem ich eingeschlafen war, futterte ich nahezu durchgängig. Kaum war das Hühnchengericht mit grobkörnigem Reis verschlungen, warteten in Honigpaste verarbeitete Pistazientrüffel, ein Schälchen Obstsalat und schwarzer Tee mit Kandis auf mich, dazu Fruchtbonbons und ein Päckchen Orangensaft. Vor dem Flug war ich so nervös gewesen, dass ich nichts hatte zu mir nehmen können, umso besser schmeckte es jetzt in der Maschine. Alles schien frisch, gut gewürzt, gezuckert und mein Gaumen frohlockte. Wenn das ein Vorgeschmack auf Teheran war, ließ es sich dort leben – vielleicht handelte es sich aber auch nur um die Henkersmahlzeit?

Hatte ich alles verdrückt, begannen die Stewardessen, neue Süßigkeiten anzubieten: ein bisschen Vanilleeis, Rhabarber- und Quittensorbet, Cola und noch mehr Fruchtbonbons. Bei keiner Speise konnte ich widerstehen, meine Geschmacksnerven hätten mir das übel genommen.

Kaum waren die Süßigkeiten alle, nahte schon das nächste Hauptmahl: rosinengespickter Reis mit einer Art Spinatsauce. Der Reis war ein Weltwunder, mit Abstand der beste, den ich je gegessen hatte. In seiner deftigen Süße entsprach er genau meinem Geschmack. Die Sauce aber ließ ich nach einer Löffelspitze stehen. Ich war zu satt, um den Magen mit vergleichsweise mäßigen Gaumenfreuden zu beleidigen.

In den Esspausen hatte ich gelesen, um nicht ständig mit Doktor Kiavani reden zu müssen: im Brief meines Vaters, dem

Schwedenkrimi und einem iranischen Reiseführer, der so alt war wie ich. Den hatte ich in einem Kreuzberger Antiquariat aufgestöbert. Wie ein Zeitreisender war ich gespannt zu erfahren, ob das heutige Teheran mit meinem vorrevolutionären Handbuch übereinstimmte. Manchmal hatten mich auch die Bordbildschirme abgelenkt, wo eine unlustige iranische Komödie gelaufen war, immerhin mit englischen Untertiteln. Soweit ich mitbekommen hatte, ging es um einen Fischer, der andauernd ins Wasser fiel.

Nun, da sich die Durchsagen der Piloten und Stewardessen mehrten, die Passagiere unruhiger wurden, das Geschnatter lauter und die Bewegungen hektischer, beobachtete ich zusammen mit dem Doktor einige Damenköpfe in den Sitzreihen vor uns, die ihre Haarpracht unter bunten Tüchern und Schals verschwinden ließen.

»Die Mullahs regieren schon, wenn Sie das Flugzeug betreten«, flüsterte er mir zu. »Bei IranAir müsste man sich als Frau schon in Hamburg verhüllen.« Er schüttelte den Kopf. »Affentheater nenne ich sowas.«

Doktor Kiavani rückte seine Lesebrille zurecht, die er auf der Nasenspitze hielt, um die »Financial Times« zu studieren. »Aber wer hält sich schon daran? Geld ist Geld, mein Freund, und die Leute, die hier sitzen, bringen welches, also lässt man sie in Ruhe.«

Minuten später waren sämtliche Frauenhäupter abgedeckt.

Als die Maschine aufsetzte, krallte ich meine Finger in die Armlehnen, denn beim Aufschlag hatte ich nicht mehr das Gefühl, in einem Flugzeug zu sitzen, eher in einem Fahrgeschäft beim Oktoberfest: Die Boeing schien das Gleichgewicht zu verlieren. Trotzdem folgte den ersten Sekunden auf der Landebahn Applaus und Johlen, vermutlich aus Höflichkeit oder reiner Überlebensfreude. Ich selbst atmete lieber noch mal kräftig durch. Nun waren wir also da, es gab kein Zurück, und ich bekam eine Ahnung davon, in Teheran zu sein.

Die Abschiedsworte, die durch die Boxen säuselten, verstand ich nicht, da der Kapitän vergaß, sein Farsi zu übersetzen. Diese Sprache würde mich also die nächsten Wochen begleiten.

Beim Öffnen der Gepäckfächer drückte mir Doktor Kiavani eine Karte in die Hand. Verständnislos schaute ich sie an. »Hotel Golden Dragon« war darauf zu lesen und eine Teheraner Adresse in arabischer und lateinischer Schrift.

»Falls Sie bestimmte Bedürfnisse haben«, lächelte er. »Mich finden Sie dort häufig, die Damen da wissen einen zu unterhalten ...«

Ich blickte auf. »Prostitu ... !« Ich bremste mich. »Im Iran?« Er wirkte entrüstet. »Wo denken Sie hin! Zeitehe – so heißt das hier. Man schenkt sich einen Spruch und schon ist man verheiratet. Und eine Stunde später geschieden. Alles ist legal.« Er schmunzelte. »Ich sag's ja: Iraner lassen sich immer etwas einfallen.«

Ich lächelte irritiert zurück, während mich die Masse der Passagiere Richtung Ausgang schob.

Nachdem ich in der Flughalle nach einstündigem Schlangestehen – das schien mein Schicksal zu sein – dem Polizisten im Einreisehäuschen endlich meinen Pass reichen durfte, musterte der mich, ohne ein Wort zu sagen. Abwechselnd mit mir betrachtete er den Ausweis, bis ich begriff, dass mein Aussehen nicht zu den Daten passte, die er dort las. Er sprach zu mir auf Farsi, doch zur Antwort konnte ich nur mit den Achseln zucken.

»You're not iranian?« fragte er schließlich, und ich schüttelte belustigt den Kopf. Er stolperte vermutlich darüber, dass ich keinen ortsüblichen Namen trug. Vielleicht machte mich das verdächtig, und er hielt mich für einen Mossad-Agenten.

Plötzlich stockte mein Atem. Ich erinnerte mich, was ein befreundeter Jurist mir vor der Visabeschaffung geraten hatte: Auf keinen Fall sollte ich angeben, meinen Vater besuchen zu wollen. Als leiblicher Sohn eines Persers galt ich im Iran selbst als einer, auch wenn mein Pass was anderes sagte. Weil ich demzufolge in meinem Vater-Land wehrpflichtig war, durfte ich mit meiner frisch gewonnenen Staatsbürgerschaft auf der Stelle eingezogen werden: zwei Jahre Militärfolter in einem

Unrechtsregime! Als Kriegsdienstverweigerer konnte ich mir Netteres vorstellen. So hatte ich der Iranischen Botschaft erzählt, ich wollte bloß Freunde besuchen. Doch wusste ich, wie weit die Informationsquellen dieser Gottesrepublik reichten?

Ein älterer Polizist mit Locken schlenderte in die Kabine. Wie sein Kollege trug er ein grellgrünes Hemd zu einer Uniformhose. Er warf mir einen spöttischen Blick zu und studierte ebenfalls meinen Reisepass. Dann flüsterte er mit dem Jüngeren, nahm einen Telefonhörer in die eine, in die andere Hand meinen Ausweis und gab ans Ende der Leitung meine Passnummer durch. Dass ich langsam unruhig wurde, zeigte ich nicht. Ich versuchte locker zu wirken, doch konnte ich nicht verhindern, dass ein Schub Schweißperlen auf meine Stirn trat. Ich lächelte mir Mut zu. Bis jetzt war nichts Schlimmes passiert, ich brauchte kein schlechtes Gewissen zu haben und hatte mir nichts vorzuwerfen: Ich trug einen böhmischen Nach- und einen christlichen Vornamen, mein Pass war deutsch und gültig und mein Visum auch – obwohl ich nicht wusste, was das in diesem Staat zählte.

Wieder versuchte der Jüngere, der sich mittlerweile gesetzt hatte, ein Gespräch mit mir in der Landessprache zu führen. Wieder zuckte ich mit den Schultern. Statt es mir auf Englisch zu übersetzen, drehte er sich zu seinem Kollegen und rief ihm etwas zu, das die beiden sehr lustig fanden.

Irgendwann legte der Telefonmann den Hörer auf die Gabel, drückte gemächlich einen Stempel auf mein Visum, reichte mir mit einem Grinsen den Pass durch die Scheibenöffnung und wies mich mit einer Handbewegung ins Land. Ich atmete auf. Eine Kostprobe iranischer Machtspielchen hatte ich überstanden. Wenn das in den nächsten Wochen so weiterging, würde ich hier noch Spaß haben.

Der Flughafen Mehrabad begrüßte mich mit bronzefarbenen Stahlträgern und Goldbeleuchtung. Die Halle war eng, von Gästen übervölkert, mit Marmor verkleidet und Teppichen geschmückt. Das wirkte beinahe zu gemütlich für den Airport eines Staates, den die Welt eher mied.

49

Am Rollband kam ein Kind mit braunen Augen auf mich zu. In Hamburg hatte ich schon Bekanntschaft mit ihm geschlossen: die kleine Maja. Einen Meter über ihr lächelte mir die Mutter ins Gesicht.

»Hatten Sie einen guten Flug?«, fragte sie.

»Ich wurde verwöhnt wie bei einem Staatsempfang«, antwortete ich.

»Wenn Sie das Essen meinen«, sagte sie, »das ist hier normal. Iraner sind schließlich Genießer.« Sie grinste mich vielsagend an.

»Ach so? Dann muss ich wohl für die Rückreise einen zusätzlichen Sitz buchen, weil ich mich verdoppelt habe!«

Sie lachte und ihre Pupillen glänzten. Einen weißen Schal hatte sie um Haar und Halspartie geschwungen. Mit dem Zeigefinger umklammerte sie das Händchen ihrer Tochter.

»Hast du ein Bonbon?«, fragte Maja, und ich hätte mir denken können, warum sie auf mich zugekommen war. Diesmal musste ich sie enttäuschen: von meiner Fressorgie in der Maschine war nichts übrig geblieben. Als ich das beteuerte, fing sie an zu weinen.

»Gleich bekommst du eins«, beschwichtigte ihre Mutter. »Amu Darius hat ein Bonbon für dich, mein Schatz.«

»Sie werden abgeholt?«, erkundigte ich mich, während mir Maja, die sich schnell wieder beruhigt hatte, ein Plastikmotorrad in die Hand drückte. Neugierig beobachtete sie, was ich damit anstellen würde. Begleitet von Mundgeräuschen ließ ich es durch die Luft sausen. Die Kleine kreischte vor Vergnügen und klatschte in die Hände.

»Amu Darius ist die Vorhut«, erklärte mir die Mutter. »Er ist der Bruder meines Vaters und der einzige, der mich nach meiner Scheidung in Deutschland besucht hat. Er wird nett zu Maja sein.«

Am Zittern ihrer Stimme erkannte ich, dass sie davon nicht überzeugt war. Sie wirkte nervös, nervöser als ich. Um uns zu beruhigen, starrten wir eine Weile auf das Rollband, das schon einige Zeit unbeladen rotierte. Die Umstehenden mit Kofferbuggies und Kleinkindern schienen das mit Gleichmut zu ertragen.

»Warum dauert das so lange?«, fragte ich die Rothaarige, nachdem eine halbe Stunde später noch kein Gepäckstück zu sehen war.

»Bei uns Westlern wird mehr gefilzt«, antwortete sie. »Die suchen nach Waffen, Drogen, Alkohol, Popmusik.« Sie lächelte spöttisch. »Das was sie finden, reißen sie sich selbst unter den Nagel.«

»Vielleicht ist es ja mein iPod, der den Betrieb aufhält!«, fiel mir plötzlich ein. »Dummerweise hab ich ihn im Koffer gelassen!«

Unvermittelt prustete ich los, weil ich mir Mullahs mit langen Bärten und Turban vorstellte, die meine Kopfhörer in die Ohrmuscheln schoben und zu »R & B« abtanzten. Wie um meine Vermutung zu widerlegen, rollten in diesem Moment die ersten Koffer aufs Band.

Irgendwann hievte ich auch meinen auf den Buggy. Der blähte sich auf vor Geschenken, Fotoalben, Büchern und Klamotten und war kaum noch zu heben. Anschließend wühlte ich in seiner Seitentasche und wurde rasch fündig. Ich packte das aufgetriebene Karamellbonbon aus und überreichte es zum Abschied der kleinen Maja. Die jauchzte, und es verschwand im Mund.

»Wünschen Sie mir Glück«, sagte die Rothaarige, als ich ihr die Hand drückte, und erst jetzt fiel mir auf, dass ich ihr weder meinen Namen genannt, noch ihren erfahren hatte. Nun war es zu spät. Ich nickte zögerlich und blickte ihr noch einmal in die Augen, die erneut davor waren, meine aufzusaugen. Ich überlegte, ihr meine Visitenkarte zu schenken. Im letzten Moment riss ich mich zusammen und ließ es bleiben.

»Sie mir auch«, sagte ich leise, und zwang mich, nicht zurückzuschauen, als ich die beiden, die noch weiter auf ihre Habseligkeiten warteten, am Rollband stehen ließ.

Mahnend bewachten die handgemalten Visagen von Chomeini und Chamenei in Überlebensgröße die Empfangshalle, die ich durch die Fensterfront ausmachte, welche den Sicherheitsbereich vom öffentlichen trennte. Ans Glas unterhalb von ihnen quetschten sich Dutzende von Gesichtern und winkten uns Gelandeten mit Armen, Kameras und Blumensträußen zu. Ich schob verwirrt meinen Buggy voran und überlegte, wie ich unter diesen Umständen meine unbekannte Familie entdecken sollte. Und sie mich.

Ich stierte durch die Scheibe. Alle sahen ähnlich aus: schwarze Haare, Sakkos oder Hemden die Herren, Kopftücher oder dunkle Tschadors die Damen – ein einziger Menschenbrei.

Ich kramte mein Handy hervor, das ich nach der Landung angestellt hatte: keine neue Nachricht. Mein Vater besaß auch kein Mobiltelefon, bei dem ich mich melden konnte.

Mir fiel die Notlösung ein, welche ich mir vor Tagen überlegt hatte, und griff in meine Hosentasche. Ich zog die zerrissene Silberkette heraus. Für den Fall, dass keiner von uns den anderen erkennen würde, hatte ich sie mitgenommen. Vielleicht war der Gedanke kitschig gewesen, aber nun trug ich sie als Erkennungsmerkmal vor mich hin.

Mein ganzer Körper spannte sich und im Magen lag ein Fels. Im nächsten Moment beschloss ich, nichts mehr zu denken, mich nur noch treiben zu lassen. Ich atmete tief ein und aus, wie bei einer Schauspielübung, und merkte, dass mir das gut tat. Um einen klaren Gedanken zu fassen, war ich zu aufgeregt. Plötzlich schien es, als würde mein Blick aus dem Kopf heraustreten und mich von oben betrachten. Nüchtern, wie bei einem Film, der mich kalt ließ.

Zusammen mit einer unüberschaubaren Menschenmasse wälzte ich mich durchs Portal. Hinter der Absperrung kreischten Kinder, brüllten aufgeregte Männer, rückten lachende Frauen ihre Tücher zurecht, um die Angehörigen in Empfang zu nehmen. Erhobene Arme und Freudentränen verkündeten Heimat und Familie, zumindest für das Gros der Passagiere, die mit mir gereist waren. Ich selbst spürte keine Freude und auch nichts von Familie. Ich fühlte mich allein, hatte Angst, sperrte meine Augen auf und wusste nicht, wozu. Hilflos hielt ich meine Kette vor mich und hatte nicht die Spur einer Ahnung, an wem oder was ich mich orientieren sollte.

WINTER IN SALZBURG

Eine Woche nach dem Termin beim Jugendamt waren meine Ferien beendet. Mit aufgedunsenem Rucksack voll Essensvorräten und einem Rollkoffer gewaschener Klamotten reiste ich zurück in meinen österreichischen Studienalltag.

Vor den Weihnachtsferien war ich ein Musterschüler gewesen. Das Studium hatte im Oktober begonnen und fraß mein Privatleben. Ich arbeitete 13 Stunden am Tag, und wenn meine Kollegen in die Kneipe gingen, schnappte ich mir den Schlüssel für den Gesangsraum und machte Stimmübungen. Ich belegte Kurse, die ich nicht brauchte, doch die mich interessierten und steckte mir in der Mittagspause einen Korken zwischen die Zähne, um die Aussprache zu verbessern. Ich war beseelt von meinem Berufswunsch – und dankbar und glücklich, die erste Hürde genommen zu haben: eine Schauspielausbildung an einer staatlichen Hochschule. Am Mozarteum in Salzburg wurden von tausend Bewerbern nur zehn Leute aufgenommen.

Der Ehrgeiz, eine dieser umkämpften Eignungsprüfungen zu bestehen, hatte meine letzten Jahre bestimmt. Ich hatte daran geschuftet, härter als am Abitur. Jeder Groschen, der vom mickrigen Zivildienstgehalt abkömmlich war, floss in Workshops, Privatunterricht und Bahnfahrten zu Aufnahmeprüfungen im gesamten deutschsprachigen Raum. Als ich in Salzburg bestanden hatte, legte ich den Rest aufs Sparbuch. Mit diesem Geld musste ich die nächste Zeit auskommen. Meine Eltern wären nicht in der Lage gewesen, mir Flausen zu finanzieren – schon gar nicht in der teuersten Stadt Österreichs: Papa war Ende 60 und in Rente, Mama arbeitete ehrenamtlich für die katholische Kirche. Ich wusste, was es wert war, in Salzburg zu sein. Für mein Studium blutete ich und hatte nicht vorgehabt, es aufs Spiel zu setzen. Doch nach den Ferien war ich ein anderer Mensch.

Die Sache mit meinem Erzeuger hatte mir einen dicken Strich durch die Rechnung gemacht. Das Treffen mit den Persern und der Besuch im Jugendamt hatten dafür gesorgt, dass meine Herkunft aufgeklärt war. Fragen, die mich immer begleitet hatten, wurden beantwortet. Ich hatte Gewissheit über meine biologischen Eltern und hätte mich entspannt meiner Zukunft widmen können. Aber das Gegenteil war der Fall.

Die Ereignisse während der Weihnachtstage hatten eine Kiste geöffnet, die fest verschlossen gewesen war – und was zum Vorschein kam, zog mir den Boden unter den Füßen weg. Ich hatte das Gefühl, wieder Säugling zu sein: Da waren Eltern, die mich nicht haben wollten. Und nun wollten sie plötzlich doch?

Zurück in Salzburg kam ich mir hilflos vor wie ein Baby, das in fremde Hände gegeben wurde: Ich konnte schreien, doch nichts dagegen tun. Auf einmal schien mein Leben nicht mehr sicher zu sein – und ich mir nicht mehr sicher, wer ich war.

Es begann harmlos. In der ersten Woche schwänzte ich den Unterricht, um in Wien einige Tage ein Mädchen zu besuchen, das ich bei den Prüfungen kennen gelernt hatte. Wenig später brach ich mir im Suff einen Zeh. Die Verletzung war schnell geheilt, doch ich nahm sie zum Anlass, einen Monat vom Körpertraining fernzubleiben, das mir sonst heilig war. Bei Improvisationen ging ich nur noch selten auf die Bühne, statt in den Gesangsraum nach Hause und der Korken lag in irgendeiner Ecke. Mit meinen Kollegen redete ich kaum. Wenn sie abends zusammen auf ein Bier gingen, trank ich meines woanders. Ich vertraute mich niemandem an, hatte nicht einmal Lust, jemandem zu begegnen.

Einige Wochen duschte ich nicht, strich jeden Abend alleine durch die aufgemotzten Gassen. Aus einem Musikladen stahl ich regelmäßig CD's, aus einem Supermarkt Coladosen und Schokoriegel. Ich wurde fetter, weil ich ausschließlich bei McDonalds aß, und besuchte den langersehnten Traumunterricht nur noch widerwillig. Alle merkten, dass ich mich gehen ließ. Ich spürte ihre wachsende Abneigung und tat nicht viel dagegen.

Als ich eines Nachmittags betrunken zu einer Probe erschien, knallte es. Ich hatte die Szene abgebrochen, weil ich grundlos angefangen hatte, zu lachen. Victoria, mit der ich vor den Ferien befreundet gewesen war, die sich aber immer mehr von mir zurückzog, begann zu heulen. Sie schrie:»Mathias, du stinkst!« An Weitermachen war nicht zu denken.

Der Professor sagte, wir sollten uns alle in einen Kreis setzen. Der Vorfall wurde diskutiert. Ich schwieg und hörte mir die Äußerungen meiner Kollegen an. Mir war immer noch mehr zum Lachen als zum Heulen zumute.

Lydia rief: »Du bist so antriebschwach, Mathias!«

Hannes warf ein: »Ich kann nicht verstehen, wie man sich so wenig auf eine Gruppe einlassen kann.«

Und Sara ergänzte: »Momentan störst du die Harmonie der Klasse! Sensibel bist du, aber nur was dich betrifft!«

Der Professor, ein glatzköpfiger 68er, mit Jeansjacke, Dauergrinsen und Silberblick meinte, nachdem wir alle eine zeitlang auf den Boden gestarrt hatten: »Übrigens wiegst du zu viel, und das sieht man auf der Bühne.« Er ließ einen Blick über meine Kameraden gleiten. »Theater ist ein Mannschaftssport«, sagte er, »wer nicht mitmacht, kann sich ein anderes Spiel suchen.«

Das war deutlich. Das erste Semester galt als Probesemester. Ich hatte mich mit meinem Verhalten auf die Abschussliste gesetzt.

Vielleicht war die Drohung gut gemeint, doch ich konnte sie nicht ernst nehmen. Nichts von dem, was Salzburg mir bot, konnte ich in diesen Wochen ernst nehmen. Meine Gedanken waren woanders.

Ich hatte Saeed Moghaddam dummerweise meine Studienanschrift hinterlassen. Somit war es nur eine Frage der Zeit, wann eine Nachricht von meinem »Vater« ankommen würde.

Das Paket, das schließlich eintraf, war so groß wie ein Umzugskarton. Bei den lateinischen Buchstaben, die auf die Pappe geschrieben waren, hatte sich jemand sichtlich Mühe gegeben, vermutlich um Transportschwierigkeiten zu vermeiden. Aber der Poststempel verriet, dass es schon eine Weile unterwegs gewesen war.

Ich saß auf dem Bett meines Mansardenräumchens, als ich die Sendung öffnete – sie war randvoll mit Pistazien gefüllt. Ich griff hinein und zog ein bronzefarbenes Porzellangemälde hervor. Das Motiv zeigte zwei Vögel auf einem Baum voller Blüten. Der eine war kleiner und der große fütterte ihn. Zumindest wirkte es so, weil der Kleine den Schnabel aufhielt und der andere hinein pickte.

Ich legte das Porzellanbild zur Seite und wühlte erneut in den Pistazien. Ein Brief kam zum Vorschein. Darauf stand in Großbuchstaben: MEIN SOHN MATHIAS.

Ich riss ihn auf und holte das gefaltete Papier heraus. Dazu einen kleinen Stapel Fotos. Auf dem ersten sah ich einen weißhaarigen, kräftigen Mann. Er stand auf einem Balkon, der mit Palmen umrandet war, und blinzelte in die Kamera. Das Gesicht konnte ich schlecht erkennen, weil das Foto aus größerer Distanz geschossen war und die Umrisse verschwommen blieben. Einen Schnurrbart entdeckte ich dennoch.

Auf einem älteren Bild befand sich ein forscher Schönling – höchstens 25, mit schwarzer Löwenmähne und bombastischem Hemdkragen. Die Knöpfe waren bis zur Brust geöffnet. Auffallend an seinem Gesicht war die breite Nase und das ironische Grinsen. Den Fuß hatte er lässig auf einem Stuhl abgestellt.

Das also war er. Damals und heute. Ich konnte nicht verhindern, dass meine Hände zitterten.

Das alte Foto stammte eindeutig aus den 70ern. Die Schlaghose und der Schnitt seines Oberhemdes verrieten das ebenso wie der Backenbart. Gut sah er damals aus, voll Selbstvertrauen und Tatendrang. Ich konnte mir vorstellen, dass meine »Mutter« auf ihn geflogen war.

Ich versuchte, seinen Blick auf beiden Bildern einzufangen, aber weder das eine noch das andere Motiv ließen das zu.

Ein drittes Foto zeigte, wie ein dunkelhaariges Mädchen vor einem Orangenbaum saß. Ich schätzte sie auf 18. Ich wendete das Bild und las in unbeholfener Schrift:

»Deine Schwester Taraneh, sie ist verheiratet.«

Ein weiteres präsentierte einen Jugendlichen, etwa 14, der auf Teppichen stand und in die Linse lachte. Ich erfuhr auf der Rückseite, dass es sich dabei um meinen „Bruder« Mohammed handelte, der ein erfolgreicher Ringer wäre. Dann las ich den Brief.

In mühevollem Deutsch schrieb er, dass er glücklich wäre, mich gefunden zu haben, weil er so lange nach mir gesucht hätte. Seit meiner Geburt hatte er nie aufgehört, an mich zu denken, jeden Tag, und immer für mich gebetet. Jetzt hatte Allah, der Allmächtige, seinen sehnlichsten Wunsch erfüllt und mich für ihn gefunden. Er wollte alles wissen über mich, wie ich lebte, was ich machte und wie meine Kindheit gewesen war. Er würde mich besuchen und tausend Briefe schicken und sie von mir erhalten wollen. Wenn ich etwas brauchte, müsste ich ihm nur schreiben. Ich sollte oft zu Saeed und Rahim gehen, damit sie ihm viel erzählen könnten über mich und mir auch über ihn. Er würde mich am liebsten anrufen, aber er hätte von Saeed erfahren, dass ich in Salzburg kein Telefon hatte und das betrübte ihn. Ob ich nicht zur Post gehen könnte, um mit ihm zu telefonieren. Mein Bruder Mohammed und meine Schwester Taraneh freuten sich auch so sehr. Sie hatten seit ihrer frühsten Kindheit immer nach mir gefragt. Es wäre sein Herzenswunsch, von mir Post zu bekommen, und er würde jetzt gleich für mich beten.

Ich hielt das raue Papier in der Hand, auf welches Tränen tropften. Ich knüllte es zusammen und warf es in die Ecke.

Dann setzte ich mich an meine Schreibmaschine, spannte einen Bogen ein und hämmerte in die Tasten:

»Sehr geehrter Herr Lashgari,
ich hoffe sehr, dass ich mich mit diesem Brief verständlich ma-

chen kann: Falls mein Deutsch zu schwierig ist, sollten Sie es sich von einem Dolmetscher übersetzen lassen.

Es tut mir leid, ich kann nicht Du zu Ihnen sagen, da Sie etwas sehr Fremdes für mich sind, aus einer völlig fremden Welt, die mir Angst einjagt. Darüber hinaus kenne ich Sie nicht, kein bisschen. Sie sind mir so unbekannt wie nur irgendjemand. Trotzdem suchen Sie den Kontakt zu mir. Und das nur, weil Sie sich in den Kopf gesetzt haben, dass Sie mein »Vater« sind.

Sie müssten eigentlich besser wissen, was es wirklich bedeutet, Vater zu sein: Sie haben zwei Kinder, die Ihnen prächtig geraten sind, wie ich auf den Bildern sehe. Meinen Respekt. Bei mir ist es Ihnen nicht gelungen. Da ist es jemand anderem gelungen, und das müssen Sie akzeptieren.

Bitte versuchen Sie nicht weiter, mich zu kontaktieren, weil das keinen Sinn hätte – dies ist meine letzte und einzige Antwort auf Ihre drängenden Versuche.

Verstehen Sie mich nicht falsch: Ich bin Ihnen nicht böse. Wegen gar nichts bin ich Ihnen böse. Ich habe Sie nur nie vermisst. Und auch jetzt nicht.

Wenn Sie glauben, dass Sie weiter zu Ihrem Gott für mich beten wollen, dürfen Sie das gerne tun. Ich kann das nicht verhindern. Wenn Sie weiterhin froh sind, mich gefunden zu haben und Ihrer Familie von mir erzählen, so wünsche ich Ihnen gute Unterhaltung dabei. Tun Sie mir bitte nur einen Gefallen: Belästigen Sie mich nicht länger, weder schriftlich, telefonisch, noch sonst irgendwie. Sie haben mit meinem Leben einfach nichts zu tun.

Mit freundlichem Gruß, Mathias Kopetzki

P.S: Selbstverständlich vielen Dank für die netten Geschenke. Die haben leider das Gegenteil von dem erreicht, was sie vermutlich sollten.«

Ich lehnte mich zurück und atmete auf. Dann zog ich den Zettel heraus, steckte ihn in einen Briefumschlag, schrieb sorgsam die persische Adresse vom Päckchen ab und brachte ihn am nächsten Tag zur Post. Als ich die Marken aufklebte und ihn genussvoll in den gelben Kasten gleiten ließ, hatte ich das sichere Gefühl, niemals wieder was von diesem Typen zu hören.

59

WELCOME TO IRAN

Auf einmal trat in der Empfangshalle ein Mann auf mich zu. Er war weißhaarig, trug unter einem Seitenscheitel einen Schnauzer und darunter ein helles Oberhemd. Tränen rannen über seine Wangen. Die spitzbübischen Augen liefen eng zusammen. Aber das Zentrum seines Gesichts und das erste, was mir auffiel, war eine gewaltige Kartoffelnase.

Ich musste schlucken als ich seine Hand sah, in der genau wie in meiner die Hälfte einer Kette baumelte. Er grinste bis zu den Ohren und rief etwas, das ich im Trubel der Ankunftshalle nicht verstand. Er stürzte auf mich zu und breitete die Arme aus. Er schluchzte, presste mich an seine Brust. Er zitterte, machte keine Anstalten, sich wieder zu lösen. Ich selbst riss die Augen auf, gab irgendwelche Töne von mir und hatte keine Chance, als das alles mit mir geschehen zu lassen.

Die Luft auf der Zufahrtstraße zum Flughafen war mild und stickig. Ich schwitzte und kurbelte die Fensterscheibe des Iran Khodro herunter, der persischen Variante eines Peugeot. Ich streckte meinen Kopf heraus und ließ die orangenen Lichtstreifen der Laternen an meinen Augen vorbeiflimmern. Tief inhalierte ich den Gestank der orientalischen Nacht.

Das Stechen in meiner Nase bewies mir, dass Benzin in diesem Land eine größere Rolle spielte als in meinem. Eine Prise Straßenstaub wehte durchs Haar und in meine Augen, aus dem Radio dröhnte der Bass eines monoton vor sich hin predigenden Mullahs. Wir sausten unter einer Brücke durch, über deren Brüstung ein farbenfrohes Kunststoffbanner gespannt war, mit der einladenden Aufschrift »Welcome to

Iran!« Farbfluter strahlten auf Pfeiler und Betonwände und wärmten mit ihren »Lichtlein-wechsel-dich«-Spielen das Einheitsgrau.

Ich lehnte mich zurück und betrachtete belustigt dieses seltsame Wesen, das neben mir am Steuer hockte: mein verzerrtes Spiegelbild. Ich vermutete, dass Eltern immer wie ein Spiegel wirkten. Man konnte das Glas polieren, Kratzer ausbessern oder mit einem Rahmen verschönern. Aber entkommen konnte man nicht, weil man gezwungen war, hineinzuschauen, wenn man sich sehen wollte. Und entweder man akzeptierte, was man sah oder schlug das Glas in Stücke und seine Hände blutig. Aber dann blickte man immer noch in die Scherben.

Mohsen Lashgaris Nase erschien uferlos. Sie war so groß wie dick, ein bisschen, als könnte man sie bepflanzen. Kleine Hügel und Vertiefungen, Flügel und Nüstern liefen formlos ineinander. Vorne knickte sie nach unten ab. Ich überlegte, was mir vor Jahren ein Kollege hatte weismachen wollen: dass die Nase das ganze Leben wachsen würde. Dabei hatte er amüsiert auf meine gestarrt, die auch nicht gerade dezent war. Okay, überlegte ich und grinste. Es gab Leute, die waren auf Wasser allergisch, Männer, die die Regel hatten und solche wie mein Vater und ich: die besaßen Nasen, welche Furunkeln glichen, die man besser wegoperierte. Immerhin hatte ich eine Gemeinsamkeit entdeckt, die ins Auge fiel und niemand leugnen konnte.

Ansonsten war ich zufrieden mit dem Aussehen meines Erzeugers. Es hätte schlimmer kommen können. Seit zwölf Jahren hatte ich kein Bild von ihm gesehen. Das neuere von denen, die er mir nach Salzburg geschickt hatte, war so verschwommen gewesen, dass ich ihn kaum erkannt hatte. Und das zerknitterte, das eine zeitlang an meinem Kleiderschrank geklebt hatte, stammte aus seiner Jugend. Damals war er ein durchtrainierter Beau gewesen. Auch jetzt, wo er neben mir saß, entdeckte ich noch Spuren sportlicher Betätigung. Wenn auch seine inzwischen stämmige Figur verriet, dass er kulinarischen Genüssen nicht abgeneigt war. Sein Ohr, auf das zwanghaft immer wieder mein Blick fiel, war ein verformter Fleischklumpen, wohl vom jahrelangen Ringen. Hinten wucherte ein Stiernacken. Aber der wirkte nicht martialisch wie ein Neandertaler, eher männlich und bestimmt. Sein glattes Haar leuchtete, war ebenmäßig geschnitten und gescheitelt. Ich konnte mir vorstellen, dass er mir zu Ehren noch heute einen Friseur besucht hatte.

Unauffällig atmete ich ihn ein, denn sein Körper dünstete eine eigenartige Mischung aus, von Schweiß, süßlicher Seife, faulem Obst und verbranntem Holz, die mir gefiel. Auf dem Hemd klebten riesige Schweißflecken, breit und durchsichtig. Es wirkte vollkommen durchnässt, wie direkt aus der Waschtrommel. Die obersten Knöpfe waren geöffnet und ließen meinen Blick auf eine dichtbewachsene Brust wandern.

Konzentriert thronte er am Steuer, wie ein Kapitän, der eine Fracht sicher in den Hafen schippern muss. Als wollte er mit dem Radioprediger in einen Wettbewerb treten, redete er wie ein Wasserfall. Über die Hitze, über Teheran, den Flughafen und die Familie, die zu Hause wartete. Er sprach zwar mit mir, aber sah mich nie dabei an, als würde er den Typen schon Ewigkeiten kennen, der neben ihm saß. Als hätte er mich schon immer neben sich sitzen gehabt, über 30 Jahre lang.

Dennoch bemerkte ich an der Art, wie er erzählte, dass er aufgeregt war. Vielleicht nur, weil er nach Jahrzehnten wieder meine Sprache sprechen musste. Das kostete ihn sichtlich Mühe, obwohl sein Satzbau korrekt war und die Worte flossen. Bei den wenigen Iranern, die ich bisher kennen gelernt hatte, war mir Ähnliches aufgefallen: Den Akzent hörte man immer, auch wenn sie seit Urzeiten in Deutschland lebten. Aber ihr Wortschatz war größer und die Grammatik genauer als bei vielen Einheimischen. Dafür, dass Mohsen 30 Jahre nicht in meinem Land gewesen war, machte er das sehr souverän. Mit Fremdsprachen verhält es sich wohl wie bei Theaterstücken, die man lange nicht mehr gespielt hat. Spätestens, wenn man im Bühnenbild steht, ist der Text wieder da.

»Hast du Hunger?«, fragte er.

Ich antwortete grinsend, Hunger wäre das letzte, was ich hätte.

»Es ist besser für dich, wenn du Hunger hast. Es wird ein großes Abendessen geben! Alle sind bei uns versammelt, alle wollen dich kennen lernen. Wenn du nicht isst, werden sie beleidigt sein!«

Er lachte und schlug mir auf den Oberschenkel. Mir schauderte und ich überlegte, dass ich einen solchen Schlag mein ganzes Leben vermisst hatte.

Hinter mir auf dem Rücksitz kauerte eine tief verschleierte, dicke Dame. Sie mochte um die 50 Jahre alt sein. Ihr schwarzer Tschador bedeckte nicht bloß Haar und Torso, sondern verschleierte auch ihr Gesicht, das ich nur durch Autolichter, Laternen und Hausbeleuchtungen erkennen konnte, an denen wir vorbeizogen. Manchmal blitzten dadurch ihre Augen auf, die warmherzig auf mir ruhten, sobald ich mich nach hinten wandte. Immer, wenn Mohsen mit ihr sprach, murmelte sie gelassen zurück. An der Art, wie sie miteinander redeten, vermutete ich, dass es sich um seine Frau handelte. Er hatte sie in den Briefen erwähnt, aber kein Foto von ihr beigelegt.

»Mah ... Mah ...«, stotterte ich ihr zu.

»Mahtaab«, stellte sie sich lachend vor.

Links und rechts von ihr saßen zwei Jungs. Den Größeren hielt sie umarmt, ich schätzte ihn auf zehn. Er war hager, die Augen traten melancholisch hervor. Altersgemäß überprüfte er Mohsens Fahrstil, indem er aufmerksam aus der Windschutzscheibe stierte. Wenn ich ihn anlächelte, erwiderte er das nicht, sondern warf mir einen entgeisterten Blick zu. Vermutlich war er schüchtern.

Der Kleinere lehnte seinen Ellbogen genauso leger aus dem heruntergekurbelten Fenster, wie ich das tat. Und auch sonst war er eindeutig mit mir verwandt. Wenn ich ihm wildfremd auf der Straße begegnet wäre, wäre mir das auch aufgefallen. Wie eine Kinderausgabe meiner selbst erschien mir der kleine Kerl, und ich wäre dann sicher stehengeblieben und hätte ihm lange hinterher geschaut. Ich musste an ein Foto denken, eine Porträtaufnahme meiner Erstkommunion, die neben Einschulungsbildern der Brüder im Wohnzimmer unserer Eltern hing. Es hätte eine aktuelle Aufnahme von ihm sein können: abgesehen vom selben Alter, hatte ich darauf den gleichen Haarschnitt und Schelmenblick, das naive Lachen und die Pausbäckchen, den Schnitt der Augen, die Nase und den pummeligen Körperbau. Mit »Amir Hussein« hatte sich dieser freundliche Mops am Flughafen vorgestellt und strahlte mich nun so unverwandt an, als wüsste er, was ich dachte. Der Ältere hieß »Hassan« und ich konnte mir trotz ihrer Unterschiede vorstellen, dass die beiden Brüder waren.

Bis jetzt waren wir zügig vorangekommen. Der Verkehr vom Flughafen blieb überschaubar und geordnet, ich fühlte mich fast wie in Deutschland. Als wir uns dem städtischen Treiben näherten, verdichtete sich jedoch das Chaos. Es schien, als wollten mir die Straßenteilnehmer zur Begrüßung ihre Fahrkünste präsentieren. Jede Aktion konnte ich aber nicht würdigen: Zu schnell wechselten sich zerbeulte Cabriolets mit Persertrabanten ab, die Vorfahrtsgefechte mit Viehtransportern bestritten. Motorräder, die Autos für Slalomstangen hielten, an denen sie beidseitig vorbeizogen, folgten im Sekundentakt. Ohnehin wurde die vierspurige Hauptverkehrsstraße, auf die wir abbogen, sechs- oder siebenspurig genutzt – in welche Richtung gefahren werden sollte, konnte ich oft nicht erkennen. Manche Kreuzungen zwangen zum Stillstand, wenn zu viele Wagen meinten, Vorfahrt zu besitzen. Dann schimpften die Herren durchs offene Fenster und hupten, bis es weiterging.

»Geht es hier immer so zu?«, fragte ich meinen Erzeuger.

Mohsen zuckte mit den Schultern und grinste.

»Weißt du, ich habe einen iranischen und einen deutschen Führerschein«, erklärte er. »Als ich zurückkam nach Teheran, habe ich gemacht, was ich in Deutschland gelernt habe. Zum Beispiel gehalten, wenn die Ampel rot war, oder Fußgänger über Zebrastreifen wollten. Nach einer Woche habe ich es sein lassen.«

»Warum?«

»Ich war der einzige, der gehalten hat.«

Ich schüttelte ungläubig den Kopf. »Aber warum gibt es hier Ampeln oder Zebrastreifen?«

Mohsen lachte. »Damit Gäste den Eindruck haben, Teheran sei eine moderne und zivilisierte Stadt.«

»Stimmt«, lächelte ich gequält und verfolgte mit den Augen einen Jungen, der vor uns über die Kreuzung flüchtete. Mein Vater drosselte das Tempo nicht ansatzweise, »diesen Eindruck habe ich auch.«

Er zeigte nach oben. »Da sind Fußgängerbrücken. Alle 100 Meter. Die hat die Regierung gebaut, weil sie keine Chance gegen uns hatte.«

Mohsen strahlte und seine Pupillen blinkten wie die eines Lausbuben, der dem Lehrer eine Heftzwecke auf den Stuhl gelegt hat.

Die Straßen, auf die wir abfuhren, gerieten enger. An den Rändern schlenderten Fußgänger, zwischen Bürgersteig und Fahrbereich rannen Bäche in steinernen Senken. Platanen mit schlanken Stämmen und Blättermähnen neigten sich uns entgegen und verdeckten die Sicht auf den Nachthimmel. Kinder tollten mit Bällen vor Geschäften. Frauen, deren Körper behangen waren, schleppten durchsichtige Tüten mit rundem Brot, klammerten ihren Tschador mit den Zähnen zusammen. Männer diskutierten an Hauseingängen, rauchten oder bastelten an Motorrädern, die nicht anspringen wollten. Staunend ließ ich mich an diesem mitternächtlichen Feierabendtrubel entlang kutschieren. Handel, Spiele, Tratsch und Ärger – alle Generationen mischten mit. Hohe, fensterlose Steinmauern durchzogen die Gassen. Alle paar Meter wiesen Tore darauf hin, dass dahinter Leben existierte.

Neben einer Werkstatt, wo Männer Autos abspritzten, kam Mohsen an einem Eisengatter zum Stehen. Er reichte dem freundlichen Mops einen Schlüsselbund nach hinten, und der sprang heraus, um es aufzuschließen. Kaum hatte er geöffnet, rauschte von der Straße ein Motorrad heran und hielt an der Beifahrerseite. Ein junger Bodybuilder mit schütterem Haar und ein Armani-Shirtträger mit gelnassen Strähnchen grinsten neugierig in den Wagen. Der Bodybuilder, ohne den Blick von mir zu wenden, rief Mahtaab etwas zu, das einen Lachanfall bei ihr auslöste. Als der Mops die Torhälften an den Seiten eingehakt hatte, bretterte das Motorrad in den Hof.

Die offenen Torflügel, die Autoscheinwerfer, die den Innenhof bestrahlten, die geblendete Menschenmeute von springenden Kindern, verhüllten Mädchen mit ihren Babys auf dem Arm, lachenden Männern und Jungs, die von älteren Frauen Früchte in die Hand gedrückt bekamen: das wirkte wie der Beginn einer Theaterinszenierung, bei der ich das Stück nicht kannte, aber die Kulisse und die Personen mit ihren Kostümen mich vor Neugier platzen ließen. Der Unterschied war, dass nicht nur ich ihnen zuschaute, sondern vor allem sie mir. Denn während Mohsen seinen Wagen in Maßarbeit an Kastanien entlang in den Hof bugsierte, grabschten Hände durchs offene Fenster, von Freuderufen begleitet, als wäre ich ein Filmstar oder einer ihrer Mullahs. Allerdings waren es nur Männer, die mich an Arm und Schulter berührten und mir in die Haare griffen. Die Damen hielten sich, wie ich nicht anders erwartet hatte, im Hintergrund, lachten und winkten mir entgegen.

»Deine Familie«, sagte Mohsen und strahlte mich an, bevor er den Zündschlüssel abzog und mir ebenfalls auf die Schulter klopfte. Ich konnte nichts erwidern. Auch nicht, als ich ausstieg, mein Blick in die Menschenrunde geisterte und nicht wusste, wo er ruhen sollte. Ich kam mir vor wie auf einem Stern, wo ausschließlich Klone von mir wuselten – nicht ausgewachsene, selbst die größten waren einen Kopf kleiner als ich. Unvermittelt musste ich lachen, als ich plötzlich selbst vor mir stand: als Frau in einem graugeblümten Tschador. Ihr Haaransatz war muslimisch korrekt verdeckt, mit schriller Stimme jauchzte sie mir etwas entgegen. Ich stand neben der Wagentür, steif wie ein Pfahl, mit offenem Mund und glaubte nicht, was ich sah. Denn wenn ich ihr in die Augen schaute, entdeckte ich meine. Wenn ich auf ihre Nase blickte, war das auch meine. Selbst die wulstigen Lippen gehörten mir. Ich musste meine Hände an die Oberschenkel pressen, sonst hätte ich ihr ins Gesicht gefasst.

Nachdem sie verstanden hatte, dass ich ihr nicht antworten würde, verneigte sie sich unsicher. Dann fiel sie mir auf einmal um den Hals, und alle herum applaudierten. Eine Ewigkeit ließ sie nicht los, auch nicht, als das Klatschen abebbte. Dabei kam mir in den Sinn, was ich vor kurzem erst gelesen hatte: dass keine ordentliche Muslima einen Mann umarmte, wenn er nicht zum engsten Familienkreis gehörte.

»Meine Schwester«, hauchte ich also, während ich mein Kinn mit geschlossenen Augen auf ihre Schulter stützte und mir die Worte auf der Zunge zergehen ließ. Dann löste sie ihren Griff, blickte noch mal mit verweinten Augen und einem Lächeln zu mir und wandte sich wieder der schnatternden Damengruppe zu.

Nach und nach rückten die Männer auf, um mich mit großer Geste und verhaltenen Gesichtern auf beide Wangen zu küssen und an die Brust zu pressen. Es waren Dutzende: Junge, Alte, Kinder, Übelriechende und Frischgeduschte, die sich auf mich stürzten. Und als sie fertig waren, kamen die Frauen dran, nur dezenter. Sie vermieden es, mich zu berühren, verneigten sich stattdessen, während sie lächelnd ihren Namen verrieten. Es waren so viele, dass ich, wenn mir jemand einen neuen nannte, den vorigen schon vergessen hatte.

Nach einer Ewigkeit gelang es Mohsen, mir durch die aufgeregte Grußgesellschaft einen Weg zum Hauseingang zu bahnen. Seine Wohnung lag im ersten Stock eines dreistöckigen Betonblocks, an dem die weit in den Vorhof ragenden Balkonterrassen wie aufgezogene Schubladen wirkten.

Der Flur vor seiner Tür war übervölkert von einer Hundertschaft von Schuhen, die unterschiedlicher nicht sein konnten. Über Mokassins, Stilettos, Halb- und Turnschuhe, Stiefel und Hausschlappen stieg ich hinweg, bevor mich Mohsen hieß, ebenfalls meine Treter auszuziehen. Dabei öffnete er die Eingangstür und raunte etwas wie: »Dein Haus ... mein Haus ist dein Haus!«

Als ich die Schuhe abgestreift hatte, trat ein junger Mann an den Türrahmen. Er strahlte bis über die Ohren, mit streng pomadisiertem Haar und gestutztem Rundbart. Er schien etwas jünger als ich, trug eine Art Pluderhose und ein knallrotes T-Shirt, das zu seinen schwarzen Locken passte. Darauf stand in ockerfarbenen Lettern: »Who's my brother?«

Mühsam umklammerte er mit beiden Händen den Türrahmen, weil seine Beine ihm allein keinen Stand verliehen. Er war barfuß, und dadurch entdeckte ich, dass seine Füße verkrümmt waren, ebenso wie die Knie, die sich leicht nach innen drehten.

»Salam, my brother!«, rief er freudig, doch die Art, wie er artikulierte, erinnerte mich an einen Mongoloiden oder schweren Stotterer. Vielleicht lag es daran, dass er auf Englisch sprach, aber jedes Wort schien ihm nur mit großem Kampf über die Lippen zu kommen. Bevor ich antworten konnte, blickte ich Mohsen an. Etwas verlegen schaute er zurück. Vielleicht begriff er, dass er mir das hätte sagen müssen. Der Mann, der da stand, war mein Bruder. Und er war behindert.

»Sagst du Mohammed ›Salam‹?«, unterbrach Mohsen meine Gedanken. »Er spricht seit Tagen von nichts als deiner Ankunft!«

Plötzlich drehte sich mein Kopf und im Magen wurde es schummrig. Mein Hals mutierte zu einem Kloß, der zu platzen drohte. Mit zitterndem Griff umfasste ich die Oberarme meines Bruders. Er nahm die Hände vom Türrahmen und ich spürte, wie er an meinem Rücken Halt fand. Dann umklammerte ich seinen Torso, presste ihn an mich, immer dichter und schloss dabei die Augen.

Woher das kam, wusste ich nicht, aber ich fühlte mich auf einmal wie ein Embryo, der sich in der Plazenta zusammenkauerte und es sich bequem machte im Fruchtwasser, das ihn nährte und schlummern ließ. Alles um mich wurde klein, ganz furchtbar klein und ich hielt mich an meinem Bruder fest. Bis zu diesem Moment hatte ich geglaubt, meine leibliche Familie nie wirklich vermisst zu haben. Aber nun begriff ich, dass viele Dinge, die mein Leben ausmachten, nur mit ihr zu tun gehabt hatten. Vor allem dieser Krampf. Diese schmerzende Energie, die ich jahrelang aufgebracht hatte, um zu rennen. Um ständig vor mir wegzurennen.

FRÜHLING IN SALZBURG

Als hätte mein Brief an den unbekannten Kerl in Persien einen Knoten gelöst, ging es im Studium plötzlich aufwärts. Auf einmal war mein Kopf wieder frei für Atemübungen, Körpertraining, Stimmkunde, Improvisationen und Rollenarbeit. Ich hatte mein Ziel wiedergefunden, das mir kurze Zeit entglitten war. Mit dem Schreiben an meinen Vater hatte ich zum ersten Mal »Nein« gesagt und klargemacht, was ich wollte. Und was ich nicht wollte. Das war wie ein Befreiungsschlag.

Wochenlang war ich mir vergewaltigt vorgekommen. Von diesen Iranern, vom Jugendamt und meiner Adoptivfamilie. Sie hatten mir meine Herkunft aufgedrängt, mich unter Druck gesetzt, ihre Ängste auf mich übertragen. Ohne mich auch nur ansatzweise zu fragen, ob ich das gut finde. Ich hatte alles mitgemacht, alles erduldet. Das war nun vorbei. Jetzt wusste dieser Mohsen Lashgari Bescheid: Ich hatte keine Lust auf ihn.

Fortan trank ich mein Bier nicht mehr allein, sondern schloss mich öfter meinen Kollegen an. Die hatten nichts dagegen und nahmen den verlorenen Sohn in ihrer Runde auf. Das Klima hatte sich erwärmt. Trotzdem erzählte ich keinem von ihnen, was mich wirklich beschäftigte.

Der Winter in Salzburg war schön, aber deprimierend. Besonders für ein Nordlicht wie mich, das sich durch die vier wuchtigen Berge, die die Stadt umzingelten, wie eingesperrt fühlte. Aber als die ersten warmen Sonnenstrahlen den Schnee an den Flussufern zum Schmelzen brachten, taute auch ich wieder auf. Prompt schnappte ich meine Gitarre, pflanzte mich mit einem Sechserträger Export an die Salzach und fasste mit alten Lagerfeuersongs neuen Mut für die kommenden Jahre, während mein Hintern erfror.

An einem Märzmittag in der Mensa lernte ich Denise kennen. Eigentlich war sie mir schon früher aufgefallen: Ihr offenes Lachen, der Kopf, den sie dabei zurückwarf, die frechen kurzen Haare und ihre Stupsnase. Sie war klein, zierlich und besaß ein glockenhelles Organ. »Koloratursopran«, lächelte sie, als ich sie bei Germknödeln nach ihrer Stimmlage fragte. Sie stammte aus Graz, studierte Kirchengesang, und das schon sieben Jahre, was mich überraschte. Ich hätte sie in meinem Alter geschätzt. Dabei war sie 26, mir vier Jahre voraus. Das machte mir nichts. Im Gegenteil, vielleicht brauchte ich eine Frau, die reifer war als ich.

Nach einem Spaziergang im Mirabellgarten küssten wir uns das erste Mal. Als ich ihr Tage später ein Buch vorbeibrachte, von Joseph Roth, den wir beide mochten, blieb ich bei ihr. Ein Gewitter prasselte auf die Dachterrasse, wo wir Wein getrunken hatten. Und nachdem wir in ihr Zimmer auf die schmale Matratze gewechselt waren, begannen wir uns zum Lärm des Himmels leidenschaftlich zu lieben.

Obwohl wir uns zueinander bekannten, völlig verschossen und von nun an Tag und Nacht zusammen waren, blieb Sex allerdings eine Ausnahme. Denise war Christin und nahm ihre katholische Erziehung ernster als ihren Hang zur Erotik. Im Bett war sie eine Wucht. Ich hatte so etwas noch nie erlebt. Sie brachte mir Praktiken bei, bei denen ich vorher nicht geahnt hätte, sie allein technisch ausführen zu können. Das machte mich offener und reicher. In ihren Armen erblühte ich. Bis es aber dazu kam, musste ich Tricks und Taktiken anwenden, als ob ich ihr etwas stehlen würde. Manchmal kam ich mir vor wie ein Lüstling, der bloß ihren Keuschheitsgürtel durchtrennen wollte. Dabei liebte ich diese Frau genauso wie ich sie begehrte.

Sie hatte ihre Unschuld verloren, als ich noch die Grundschule besuchte. Trotzdem blieb es ein Verbrechen für sie, ohne Trauschein, wie sie es nannte, »zu schnacks'ln«. Und um zu heiraten, kannten wir uns noch nicht lang genug.

Jede Nacht durfte ich ihr von Neuem versichern, dass sie die Frau meines Lebens war und der liebe Gott nichts dagegen haben konnte, wenn sich zwei Menschen lieb hatten. Das dauerte oft Stunden, in denen wir Zärtlichkeiten austauschten. Doch häufig brach sie ab und vorsichtig konnte ich von vorn beginnen. Oft schrie sie, weinte, tobte, ließ sich fallen und warf sich im nächsten Moment voll Wollust auf mich. Ich kannte keinen Menschen, bei dem sich Hirn und Körper solche Schlachten lieferten. Und obwohl meine Seite der Front klar war und ich diese mit aller Macht unterstützte, blieb die körperliche Ausbeute in unseren Nächten mager.

Vor Jahren hatte ihr kleiner Bruder einen Fahrradunfall gehabt, bei dem er fast gestorben wäre. Damals war sie acht gewesen. Wochenlang hatte sie für ihn gebetet und mit seinem Zustand hatte sich auch ihr Glauben gefestigt. Seitdem meinte sie, Gott etwas schuldig zu sein. Er hatte die Regie für ihr Leben übernommen, gab ihr Zuckerbrot und manchmal die Peitsche. Jeden Gedanken überprüfte sie, ob er ihm gefallen würde. Und in den Gefühlen lauerte der Satan, nur im Gebet konnte er besiegt werden. Sie las täglich in der Bibel, telefonierte stundenlang mit ihrem Pfarrer, Gemeindefreunden und einer Ordensschwester. Ich war ihr Partner, aber hatte mich dem Glauben unterzuordnen. Genau wie sie.

Gerade war ich nach einer unserer unruhigen Nächte in meinen Mietsblock zurückgekehrt. Ich dachte noch an ihre geröteten Lider und den geweiteten Blick, der mir verriet, dass sie nach unserer Vereinigung kein Auge geschlossen hatte, als ich den Postkasten leerte und einen AirMail-Brief entdeckte.

»Das darf doch nicht wahr sein!«, sagte ich laut und nahm das Schreiben, das einen iranischen Absender trug, mit auf mein Dachzimmer. Ich riss es auf, entrüstet darüber, dass dieser Kerl mich nicht ernst zu nehmen schien und überflog die mühsam konstruierten lateinischen Zeilen:

»Bismillahi-r-rahm-ani-r-rahim, im Namen Allahs, des Aller-
barmers, des Barmherzigen: Lieber, geliebter Sohn Mathias!
Es ist viele Monate her, dass ich Dir geschrieben habe! Hast Du
mein Paket erhalten? Ich weiß es nicht, und es wäre gut, wenn Du
anrufen würdest, ob Du es erhalten hast, sonst schicke ich es Dir
noch einmal. Ich denke so oft an Dich, es wäre gut, wenn Du nur
irgendetwas von Dir hören ließest, irgendetwas! Ich will doch nur
wissen, ob es Dir gut geht, mehr will ich doch nicht!
Ich bete immer für Dich, Dein Vater Mohsen.«

Ich rief »Scheiße!«, und trat mit der Ferse gegen den Bett-
pfosten. Das hieß, mein Brief war nicht angekommen! Wahrscheinlich würde er es nie tun, denn ich hatte ihn vor über
zwei Monaten abgeschickt.

Einen Moment lang wusste ich nicht, was ich tun sollte.
Dann holte ich aus der hintersten Ecke meiner Tischschubla-
de das Porzellangemälde mit den Vögeln hervor, das ich dort
verstaut hatte. Ich öffnete die Dachluke, holte aus und feuerte
es auf den Bürgersteig. Zum Glück war dort kein Mensch zu sehen. Als dann doch ein Mann aus einem Fenster des Nachbar-
blocks hinauf rief, was mir denn einfiele, war ich gerade dabei,
die Luke zu schließen. Erleichtert fühlte ich mich aber nicht.

»Was weißt du über den Iran?«, fragte ich Denise, als wir
an einem Maisonntag im Biergarten saßen, Hendl mit Erdäp-
felsalat verspeisten und eine Halbe Stiegl hoben.

Sie schaute von ihrem Teller auf. »Iran? Wieso fragst du?«

»Nur so, es interessiert mich eben.«

»Naja, dort herrscht die Scharia«, sagte sie beiläufig.

»Was ist das?«

Sie nahm einen Schluck. »Das ist das Gesetz des Islam«, erklärte sie, als wäre jeder ein Dummkopf, der das nicht wusste.

Sie zündete sich eine Zigarette an. Obwohl das ihrer Stimme schadete, tat sie das zwanzig Mal am Tag. Für mich wurde
sie damit noch anziehender, denn ich liebte den Anblick rau-
chender Frauen.

»Und wie findest du das?«, fragte ich.

Sie zog einmal tief und lehnte sich zurück. »Der Islam ist ziemlich spannend«, antwortete sie. »Das Einzige, was die meisten hier davon mitbekommen, ist leider unangenehm. Natürlich ist es für uns ungewohnt, Frauen mit Kopftüchern herumlaufen zu sehen oder Männer mit Turbanen und langen Bärten. Aber wenn man sich mal die Mühe macht, dahinter zu schauen, entdeckt man unheimlich viele Gemeinsamkeiten. Ich meine zum Christentum.«

»Wie bitte?«

Sie lachte. »Na klar. Jesus, Noah und Abraham werden im gleichen Atemzug mit Mohammed genannt. Alle sind schließlich Propheten des einen und einzigen Gottes, Mohammed eben der letzte und aktuelle. Der große Unterschied ist, dass die Muslims es nicht für möglich halten, dass Jesus gekreuzigt wurde und von den Toten auferstanden ist. Das leugnen sie, und natürlich, dass er Gottes Sohn ist.«

»Warum?«

»Naja, weil Gott für sie keine Kinder hat. Sie kommen mit unserer Dreifaltigkeit nicht zurecht: Vater, Sohn und Heiliger Geist, damit können sie nichts anfangen. Für sie gibt es Gott und es gibt die Menschen. Und alles, was er uns sagen wollte, hat er im Koran festgehalten.« Sie aschte neben sich ab und blickte einer jungen Frau hinterher, die einen Kinderwagen schob. »Die Heilige Schrift ist für sie nicht Überlieferung, wie das für uns die Bibel ist, sondern an sich schon Gottes Wort. Jeder einzelne unverrückbare Buchstabe.« Denise lächelte und blies Rauch aus.

Ich hatte keine Ahnung gehabt, dass sie sich so gut damit auskannte. Neben ihr kam ich mir immer wie ein Schuljunge vor. »Woher weißt du das alles?«, fragte ich.

»Denkst du vielleicht, nur weil ich Christin bin, interessiert mich keine andere Religion?« Sie sah mich prüfend an. »Muslims beten ja auch nur zu einem Gott, und der steht für ähnliche Dinge wie unserer. Islam heißt Friede oder Hingabe, also so etwas wie Friede durch Allah. Er zeigt, dass man durch einen friedfertigen, demütigen, sozialen Lebensstil zu Gott finden kann. Durch Beten, Fasten und Abgaben an die Armen. Allah ist ein Gott, der die Menschen liebt und vereint, also ist alles ganz ähnlich wie im Christentum. Im Grunde wollen Muslims doch auch nur ihren Frieden mit sich. Wie wir schließlich alle.«

Ich blickte in mein Glas. »Frieden mit sich« – was für große Worte! Mein Erzeuger war doch Muslim. Wenn er auf der Suche nach Frieden wäre, warum ließ er mir dann meinen nicht? Oder war ich für seinen Frieden etwa nötig?

»Warum bist du dann eigentlich keine Muslima, wenn du so davon schwärmst?«

»Hmm«, überlegte sie und lächelte sanft. »Vielleicht mag ich keine Kopftücher.«

Ich wühlte in meiner Ledertasche und schob ihr ein Foto zu, das Mohsen seinem letzten Brief beigelegt hatte. Es zeigte ihn als jungen Mann mit zwei gleichaltrigen Typen in der Wüste, die Körper halb verborgen hinter einem Stein. Alle trugen Gewehre und starrten in die Ferne. Das Foto war zerknittert, schwarzweiß und ziemlich alt. Auf der Vorderseite prangten in gedruckten Lettern ein paar Worte auf Persisch. Auf der Rückseite hatte er vermerkt:

»Diesen Film spielte Mohsen Lashgari vor 30 Jahren.«

»Der mittlere ist mein Vater«, sagte ich knapp.

»Dein Papa? Ich verstehe nicht.«

»Nicht mein Papa. Mein leiblicher Vater, er lebt in Teheran. Ich bin adoptiert.«

Nun schaute sie sich das Foto genauer an. »Aha, jetzt verstehe ich, warum du dich für den Iran interessierst. Erzählt er dir nie etwas davon?«

»Wir haben keinen Kontakt. Das heißt, ich nicht mit ihm. Ich weiß erst seit kurzem, dass es ihn gibt. Er will, dass ich ihm schreibe. Aber ich habe keine Lust dazu.«

»Warum nicht?«

»Keine Ahnung, irgendwas in mir will sich nicht mit dieser Sache befassen. Ich weiß nicht, vielleicht bin ich noch nicht soweit. Das Ganze hat mich ziemlich unvorbereitet getroffen. Und diese Leute sind sowas von fordernd – vielleicht liegt das ja in der Mentalität.«

Sie dachte nach. »Was ich über Iraner weiß, ist, dass sie ein ziemlich stolzes Volk sein müssen. Immerhin haben sie von sich aus ihren Schah gestürzt. Sie kämpfen für das, was sie für richtig halten. Davon können sich hierzulande einige was abschneiden.« Sie lächelte mich an.

Ich fasste ihre Hand, lehnte mich vor und lächelte vielsagend zurück. »Wieso? Ich kämpfe auch für das, was ich für richtig halte. Zumindest bei dir.« Ich nahm ihren Kopf in beide Hände und küsste sie auf den Mund. Lang und ausgiebig.

Auf einmal brach sie ab. »Ich finde, du solltest ihm schreiben«, sagte sie.

»Wie bitte?«

Ihre Augen erhellten sich. »Ja, schreib deinem Vater und erzähl ihm von dir. Bricht dir schon nichts ab dabei. Und für ihn ist es schön, zu erfahren, dass es dir gut geht, obwohl er dich damals weggegeben hat.«

Ich ließ die Hände sinken und überlegte. Vielleicht hatte sie recht. Nein, sie hatte recht. Warum war ich nicht fähig über meinen Schatten zu springen? Ich war so stur, dass es schon weh tat. Was hatte ich denn zu verlieren? Mit einem harmlosen Briefchen konnte ich meinem Erzeuger zeigen, dass er keine Macht über mich besaß. Dass ich ihn behandeln konnte wie einen Brieffreund aus einem unbekannten Land, der zufällig meine Adresse erfahren hatte. Und Denise konnte ich damit beweisen, dass ich ein Mann war – und kein beleidigter Kindskopf.

Ich betrachtete ihr Gesicht und plötzlich, als sie mit dem Zitronentuch ihren Mund abwischte, wusste ich genau, was ich an dieser Dame hatte. Warum ich sie liebte wie bisher keine Frau: Mit ihrem Rehblick konnte sie in mich schauen. Und dort entdeckte sie Dinge, die ich selbst nicht von mir wusste. Sie war eine Hexe. Wieso ich keine Angst vor ihr hatte, blieb mir schleierhaft.

»Hmm«, machte ich, »lass uns aufbrechen. Du bist eingeladen.«

Selbstverständlich würde ich Herrn Lashgari wieder
schreiben. Nur diesmal anders.

DIE ERSTE NACHT

Es war kein Muezzin, der mich aufgeweckt hatte. Es waren nicht die Sirenen, das Hupen und Rauschen des ruhelosen Stadtverkehrs, was über die Terrasse und das gekippte Fenster in meinen Schlafraum drang. Auch nicht die Schwüle, die mich in meinem Schweiß baden ließ, und nicht der Jetlag. Es war das Murmeln im Nebenzimmer hinter meinem Kopf. Fast unhörbar, aber deshalb machte es mich neugierig. Zuvor war es in meinen Traum geschlichen, auf leisen Sohlen wie ein ungeladener Gast, und dort eine Weile geblieben, bis es mir bewusst geworden war und ich langsam die Augen aufgeschlagen hatte. Draußen war es noch dunkel und ich begriff, dass man im Nebenraum betete.

Ich machte die Stimme von Mohsen aus, obwohl sie anders klang als vor ein paar Stunden. Sie wirkte zarter und ich meinte, Flehen oder Reue in ihr zu vernehmen. Ohne ihn zu sehen, war für mich klar, dass er die Augen schloss, wenn er zu Allah sprach. Ich fragte mich, ob er um was Bestimmtes bat, oder bloß seine Pflicht erfüllte. Sicher brabbelte er nur ein paar vorgeschriebene Reime, wie das meine Eltern in Deutschland mit dem Tischgebet taten. Aber war es für ihn nur Ritual und Gewohnheit?

Anders als bei Christen, die sich aussuchen durften, wann sie beteten, musste sich ein Muslim vor Sonnenaufgang auf die Beine quälen. Was empfand er dabei, wenn er das jeden Morgen, ohne Ausnahme, machte? Wenn er sich Arme und Gesicht reinigte, den kleinen Gebetsteppich ausrollte, eine Viertelstunde vor sich hinmurmelte, um anschließend wieder schlafen zu gehen? Vielleicht rannen dabei Glücksgefühle durch seine Adern, auf die er sich jeden Morgen freute? War er glücklicher als ich, der ich schon vergessen hatte, wie es war, zu beten?

Meine katholische Erziehung hatte mich als Erwachsenen nicht gläubig werden lassen. Ich war wie die meisten Leute, mit denen ich zu tun hatte. Vielleicht hofften wir im Stillen, dass es etwas gab, das von außen die Welt zusammendrückte. Wenn Menschen starben, flammte dieser Wunsch besonders auf. Aber hatte jenes Etwas zu bestimmen, was ich mit meinem Leben anstellte? Hatte ich die Pflicht, mit diesem Ding zu reden, obwohl ich wusste, dass es mir nicht antworten würde? Manchmal dachte ich, in Deutschland waren wir zu frustriert, um noch wirklich was zu glauben. Wir hatten alles hinter uns gebracht: den Sozialismus, die Nazis, die Kreuzzüge, die Feudalherrschaft und das Heilige Römische Reich. Wir wussten um zu viele Enttäuschungen. Wir wussten, ein Gott an der Macht brachte kein Heil, er verschlimmerte alles nur noch. Glauben konnten wir nur an das, was wir begriffen. Alles andere war Ahnung. Und die wurde mal mehr, mal weniger belächelt. Im Grunde hatten wir die Hoffnung doch aufgegeben.

Seit meiner Jugend hatte ich kein Gotteshaus mehr betreten. Doch wann das letzte Mal gebetet? Und nicht nur so getan, wie beim Abendessen mit meinen christlichen Eltern oder in einer Rolle der Bühnenversion von *Der Name der Rose*? Wann das letzte Mal nicht nur was gehofft, sondern zielgerichtet zu einem Gott gebetet? Ich dachte angestrengt nach und konnte mich beim besten Willen nicht erinnern. Wahrscheinlich war ich nicht unglücklich genug, um es machen zu müssen. Aber Unglück und Glaube – hatte das zwingend miteinander zu tun?

Mahtaabs Flüsterstimme klang voller, als die ihres Mannes. Auch sie gab sich Mühe, leise zu beten, aber was sie murmelte, wirkte entschlossen und voll Tatendrang. Sie brabbelte deutlich mehr Worte als Mohsen, vermutlich sprach sie ein anderes Gebet.

Der Dritte, den ich durch die dünne Wand spüren konnte, war mein Bruder Mohammed. Ihn hörte ich selten, doch ich wusste, dass er ebenfalls betete. Wenn es polterte, wurde mir klar, dass er sich nach einer Stehphase wieder mühevoll hingekniet hatte. Dann meinte ich ihn stark riechen zu können. Wie ich das im Auto bei meinem Erzeuger gemacht hatte, atmete ich auch ihn intensiv ein. Vermutlich war es meine Schlaftrunkenheit oder Einbildung, aber er roch nach Lavendel und erntereifem Mais – vielleicht klebte sein Geruch noch von der Umarmung an mir. Ich musste grinsen, denn die Nähe zu meinem Bruder kam mir seltsam vor. Er sah mir nicht sehr ähnlich, wir konnten uns kaum verständigen, und ich hatte keine Ahnung, warum er behindert war. Und doch spürte ich auf Anhieb eine Verbindung zu ihm, wie bisher zu wenigen Menschen, obwohl ich ihn erst ein paar Stunden kannte. Das war mir unheimlich.

Plötzlich musste ich an meinen Bauch greifen, denn dort begann es zu ziehen. Ich hatte eindeutig zu viel gefuttert. Das Abendessen, oder besser Nachtmahl, war die Supersize-Version der Doppelmahlzeit im Flugzeug gewesen. Ich musste auf einem Barocksofa Platz nehmen. Kaum saß ich, erschien eine verhüllte junge Dame mit Silbertablett, reichte mir neben einem Gläschen Tee eine Schale Datteln und Honiggebäck. Zaghaft bedankte ich mich und begann zu kauen. Mein Magen protestierte, doch ich wollte nicht unhöflich sein.

Währenddessen war die Ansammlung aus dem Hof in Mohsens Wohnung geströmt. Alle hatten sich ihrer Schuhe entledigt, als ich sie wiedersah. Es waren neue Menschen hinzugekommen, die mir um den Hals fielen, Hände reichten oder wahlweise den Kopf vor mir senkten. Das Schauspiel von draußen wurde nun nach innen verlegt. Bärtige Männer mit leuchtenden Augen und wedelnden Armen artikulierten auf mich ein. Pubertierende Jungs, die lässig aussehen wollten, knufften mir mit der Faust in die Brust. Kinder umarmten mein Bein und drückten ihr Gesicht an meinen Oberschenkel. Junge Frauen verneigten sich unablässig und schnatterten mir was zu, während sie an ihren Tschadors herumzupften. Ein Dauergrinsen schmückte mein Gesicht. Mir blieb keine Wahl, als pausenlos zu reden, mit Händen und Füßen, halb englisch, halb deutsch, doch meist nur »Salaam« und »Hello«.

Eigentlich hatte ich gedacht, mit den Datteln und dem Gebäck meine Esspflicht erfüllt zu haben. Doch als auf den Perserteppichen in der Mitte des Raums zwei mannsgroße Wachsplanen ausgebreitet wurden, schwante mir Übles. Das bedeutete, ich war noch nicht erlöst, das Mahl sollte erst beginnen. Mohsen und Mahtaab verteilten Geschirr, Gläser und Plastikteller auf den buntkarierten Decken. Die Meute ließ sich im Schneidersitz an den Seiten nieder. Nur ein paar Kinder blieben auf den Barockstühlen sitzen, weil sie unten keinen Platz gefunden hatten. Körbe mit geröstetem Fladenbrot wurden vor mich gestellt. Frauen brachten riesige Tabletts mit gelbweißem Reis, Schalen mit gekochten Fleischstücken in dunkler Sauce und Getränkekaraffen. Die waren gefüllt mit Limonade, Wasser, einer Art dünnflüssigem Joghurt und Honigmelonensaft. Wenn sie gehoben wurden, klapperten dicke Eiswürfel aneinander. Obwohl ich nichts mehr essen konnte, hatte ich zu essen.

Wie ein Beamter vor einem ungeliebten Aktenberg betrachtete ich die Futterladung, die Mohsen, der neben mir hockte, mit breitem Grinsen auf meinen Teller wuchtete. Mir war klar, ich hatte keine Chance, es stehenzulassen. Von allen Seiten wurde ich begutachtet, und ich wollte es mir nicht schon am ersten Abend mit den neuen Verwandten verderben. Freundlich ruhten ihre Augen auf mir, während sie hastig in sich hinein schaufelten. Doch in ihren Blicken lagen Fragen: Ob es mir schmeckte, ob ich mich wohlfühlte, ob ich auf sie herabschaute, weil ich aus Deutschland käme. Manche versuchten über die Wachstücher in schlechtem Englisch ein Gespräch mit mir zu beginnen, das im Trubel der anderen Stimmen aber versandete.

Ich aß langsam, damit mehr hineinging, und es nicht sofort wieder raus musste. Ich versuchte in die lächelnde Runde zu lächeln, obwohl mein Magen nicht sehr erfreut schien. Meine Waden schliefen ein und meine Oberschenkel schmerzten, das Essen im Schneidersitz war ungewohnt für mich. Ich nahm an, dass ich bei meiner Familie einen recht verkrampften Eindruck hinterließ.

Mohsen sprach es aus: »Schmeckt es dir nicht, mein Junge? Du siehst aus, als ob es dir nicht schmeckt?«

»Doch, doch, es schmeckt!«, protestierte ich. Als müsste ich das beweisen, schaufelte er eine weitere Kelle Reis auf meinen frisch besiegten Teller. Unter seinem Blick, der um mein Wohl besorgt war, hatte ich auch die zu verdrücken.

Neidisch beobachtete ich aus den Augenwinkeln Leute, die nicht futtern mussten, und unbeachtet in den Zimmerecken hockten: Ein älterer Herr mit Nickelbrille las im Koran und flüsterte vor sich hin. Zwei Mädchen nahmen die Spielesammlung auseinander, die ich mitgebracht hatte. Eine junge Dame stillte unterm Tschador ihr Neugeborenes, mit dem Rücken zur Plane. Weil ich langsam aß, war ich mit Abstand der letzte, und ich spürte, dass sie sich über mich amüsierten. Einige feuerten mich sogar an. Aber erst als ich mit dem Ehrgeiz der Verzweiflung den letzten Bissen in mich gedrückt hatte, konnte abgeräumt werden.

Meine Beine waren taub gesessen, als ich auf das Barocksofa zurückfiel. Anschließend wollte mir das grinsende Mädchen mit dem Tablett wieder Tee und Süßigkeiten reichen. Doch mit letzter Kraft hob ich die Hand und lehnte ab. Ein wenig verzog sie das Gesicht. Ich wusste, dass mein Verhalten unhöflich war. Allerdings: Wäre es höflicher gewesen, in hohem Bogen über den Teppich zu kotzen?

Nach und nach hatte sich die Stube geleert, obwohl die letzten gegangen sein mussten, als Mohsen mich längst im Schlafzimmer einquartiert hatte.

Und dort lag ich nun, auf einem weichen Ehebett, dem einzigen Bett, das ich in der Wohnung entdeckt hatte, und konnte nicht mehr einschlafen.

Die Wanduhr schlug vier. In Deutschland war es halb zwei. Das war die Zeit, in der ich meist von einer Probe oder Vorstellung nach Hause wanderte. Oft besoffen, um abzuschalten.

In Teheran duldete man keinen Alkohol, um abzuschalten. Hier wurde lieber gebetet.

Plötzlich fiel mein Blick auf die gerahmten Fotoportraits an den Wänden. Auf dem einen erkannte ich Amir Hussein, den freundlichen Mops mit Baseballkappe. Auf dem daneben im Unterhemd Hassan, den Dünnen mit den melancholischen Augen. Mittlerweile hatten sich die Beiden als meine Neffen herausgestellt, die Söhne meiner Schwester Taraneh, welche mit ihrem dicken Mann Bezad und den Kindern in der Nachbarschaft lebte. Abseits von den zwei Jungs hing ein Schwarzweißbild, eine alte Aufnahme. Ein weiterer Junge war darauf zu sehen, kaum älter als Hassan. Zunächst dachte ich, es könnte sich um ein Kinderfoto von Mohammed handeln, aber beim näheren Betrachten waren die Gesichter zu verschieden. Vor Freude riss der Junge seinen Mund auf, ließ Zähne blinken und Pupillen funkeln. Es war ein wunderschöner Moment, der großartig eingefangen war. Ein Moment des Glücks, purer Energie und praller Lebenslust. Der Fotograf hatte im rechten Augenblick abgedrückt. Fast schien es, als wollte der Junge mit seinem Mund nach dem Betrachter schnappen, so überschwänglich wirkte er.

Bisher war mir dieser Knabe auf keinen Fall begegnet, das Gesicht hätte ich mir gemerkt. Vielleicht war er aber schon erwachsen geworden. Doch ich konnte mir nicht denken, wer von den Leuten, die sich vorgestellt hatten, das hätte sein können.

Neben einem Spiegel mit goldfarbenen Schnörkeln hing ein Aquarell. Es war handgefertigt, aber unbeholfenen gezeichnet. Die Tusche war schlecht verteilt und durch die Farbe drangen Bleistiftstriche der Skizzierungen. Ich mutmaßte, dass es sich bei dem Künstler um einen Verwandten handelte. Es zeigte einen Reiter mit Turban, der sein Schwert in die Höhe reckte. Verschwommen folgte ihm auf Pferden eine riesige Schar Bewaffneter. Das Gesicht des Mannes im Vordergrund war weiß übermalt, so dass man ihn nicht erkennen konnte. Die weiße Farbe wirkte frischer als der Rest des Bildes und glänzte im Mondschein, der durch die Gardinen fiel. Vermutlich war das Gesicht nachträglich übertüncht worden. Während ich überlegte, warum man so etwas machte, fielen mir langsam die Augen zu.

Erst als Mohsen im Schlafraum stand, schreckte ich hoch. »Mathias!« rief er. »Es ist Zeit, du musst aufstehen!«

Ich rieb meine Lider und blinzelte durchs Fenster. Verheißungsvoll piekste mir Vormittagslicht in die Augen.

SOMMERBEGINN IN SALZBURG

Eines Abends war Denise überzeugt, schwanger zu sein, das Kind wäre ihr im Traum erschienen. Wir kauerten auf dem Jugendbett meines Dachzimmerchens. Vergeblich hatte ich versucht, sie zu verführen, als sie plötzlich zusammenbrach.

»Es muss passiert sein, als wir betrunken waren, vor zwei Wochen«, schluchzte sie und nahm mich in den Arm. »Ich hatte nicht verhütet und du hast nicht aufgepasst!«

Unbeholfen strich ich über ihren Pony und beobachtete eine Spinne, die sich vor meinem Fenster abseilte.

»Ich, ähmm ... ich weiß nicht«, stammelte ich.

Sie blickte auf. »Kommst du mit?«

»Wohin?«

»Zum Frauenarzt. Morgen habe ich einen Termin.«

»Nun beruhig dich doch mal! Nur weil wir nicht aufgepasst haben, musst du doch nicht gleich schwanger sein. Vielleicht ...«

»Kommst du mit?« Sie ließ sich nicht beirren.

Ich stöhnte. »Ich kann doch nicht.«

Mein Rucksack stand gepackt auf dem Schreibtischstuhl und innerlich war ich schon in Oldenburg. Überraschend hatte man mich eingeladen, am Staatstheater vorzusprechen. Sie suchten junge Schauspieler für eine Inszenierung, die in den Semesterferien geprobt werden sollte. Ich brauchte dringend Geld und mit ein bisschen Glück könnte ich dort meinen ersten Gastvertrag erhalten. Ich wollte den Nachtzug nehmen, um vormittags pünktlich im Theater zu sein.

»Was ist mit meinem Vorsprechen? Soll ich das sausen lassen?«, fragte ich nervös.

»Mathias, du weißt doch, wofür … «

»Ja, wofür?«, wurde ich plötzlich ungehalten.

Sie sah mich an. In ihren Augen lag Enttäuschung. Ich hatte sie verletzt und wusste nicht, womit. Sie suchte hastig ihre Sachen zusammen und verließ mein Zimmer ohne ein weiteres Wort.

»Ich ruf dich doch an, du bist nicht allein, wenn du das meinst?!«, versuchte ich zu schlichten, aber die Tür war bereits ins Schloss gefallen.

Eine Weile saß ich bewegungslos auf der Bettkante. Dann trank ich die Sektgläser leer, die wir uns eingeschenkt hatten, um meine Einladung zu feiern. Ich war ein Idiot und wusste es. Eigentlich hätte ich ihr folgen müssen, aber etwas hielt mich auf: Ich hatte schreckliche Angst.

Am nächsten Nachmittag rief sie mich in Oldenburg an.

»Ich bin schwanger.«

Ich konnte nichts sagen.

»Was sagst du dazu?«

Ich blieb still, vernahm nur das Rauschen im Apparat meiner Eltern. Irgendwann hörte ich Wimmern.

»Ich hab mir gedacht, dass du so reagierst«, sagte sie endlich. »Oh Gott, wie hätte ich es mir anders gewünscht. Weißt du, dass du es bist? Dass du der Mann meines Lebens bist? Dass ich mir nichts sehnlicher wünsche, als dich zu heiraten und mit dir Kinder zu haben?«

Ich schwieg.

»Ich kann gar nicht sagen, was gerade in mir tobt … Scheiße, einfach nur scheiße!«

Ich versuchte zu erklären. »Also, wenn du schwanger bist …«

»Ja?«

Ich holte tief Luft. »Ich kann das nicht – noch nicht.« Mühsam suchte ich nach Worten. »Schau doch mal, ich studier Theater, wer weiß denn, wo ich in ein paar Jahren bin? Ich hab keine Knete, meine Zukunft …«

»Hab schon verstanden.« Ihre Stimme klang kalt. »Ich lass es wegmachen ...«

»Nein!«

»Schlag was anderes vor«, erwiderte sie nüchtern.

»Naja, – du könntest es austragen und – weggeben.«

Sie lachte bissig. »Wie sie es damals mit dir gemacht haben, nicht wahr? Damit noch ein Sozialkrüppel wie du die Erde bevölkert?«

Das saß. Im Moment, als ich es hörte, wusste ich, dass sie das nicht hätte sagen sollen. Hatte das eine mit dem anderen zu tun? War Denise meine erste richtige Freundin, weil ich bisher Schiss gehabt hatte, von einer Frau verletzt zu werden wie von meiner leiblichen Mutter? Beziehungen vor Denise hielten nie länger als zwei Wochen. Meist war ich derjenige gewesen, der das Ganze abbrach, wenn ich gemerkt hatte, dass es was Ernstes hätte werden können – als mir die Mädchen auf die Pelle gerückt waren und mich begannen so zu sehen, wie ich war. Ein klärendes Gespräch gab es nie. Ich hatte mich am Telefon verleugnen lassen, aufgelegt oder einfach nicht zurückgerufen. Viel zu viel hatten sie von mir mitgekriegt, und ich hatte Angst, dass es noch mehr werden könnte. Bevor ich Denise kennengelernt hatte, war ich nie verliebt gewesen. Doch war es nicht absurd zu glauben, dass es mit meiner Adoption zusammenhing? Ich versuchte über ihre gehässige Bemerkung zu lachen. Aber innerlich wusste ich: der Schuss hatte getroffen. Sie war tatsächlich eine Hexe. Mit einem Nebensatz hatte sie mir Starkstrom in die Achillesferse gejagt. Ich hörte auf zu atmen. Dann wollte ich was entgegnen, ließ es aber bleiben.

»Keine Sorge, es ist noch nicht klar, ob ich schwanger bin«, lenkte sie plötzlich ein. »Zum Glück, denn du hast mir nicht gerade Mut dazu gemacht!« Sie legte auf.

Ich kochte vor Wut und einen Augenblick wusste ich nicht, was ich denken sollte. Dann wählte ich ihre Nummer.

»Was soll denn diese Scheiße?«, schrie ich. »Willst du mich auflaufen lassen? Kriegst du eigentlich mit, unter was für einen Druck du mich setzt?« Ich war außer mir. »Hast du vielleicht mal darüber nachgedacht, dass ich ein paar Jahre jünger bin ich als du und solche Gedankenspiele von schwanger und nicht schwanger noch nie machen musste? Ich fahr doch grad einen ganz anderen Film!«

»Das weiß ich … «, sagte sie leise.

Ich beruhigte mich. »Also, was hat der Arzt gesagt?«

Mit einer Antwort ließ sie sich Zeit. »Er sagte, dass man etwas sieht. Was ganz kleines, etwa so groß wie – wie ein Embryo in der vierten Woche. Genau so gut kann es auch was anderes sein, er kann das nicht mit Gewissheit sagen. Die Chancen stehen fifty fifty. Er hat einen Bluttest gemacht. Morgen Nachmittag erfahre ich das Ergebnis. Aber, Mathias … «

»Ja?«

Sie atmete schwer. »Ich werde auf keinen Fall abtreiben. Das Kind ist mir im Traum erschienen, und wenn du wüsstest, wie es mich angeschaut hat … «

Ich konnte nichts erwidern. Durch meinen Kopf sausten Gedankensplitter. Ich spürte, dass sie eine Antwort erwartete und war nicht in der Lage, sie zu geben.

»Wie – wie war dein Vorsprechen?«, fragte sie nach einer Pause, die sich endlos ausgedehnt hatte.

»Gut, sehr gut. Ich hab die Rolle …«

»Im – Sommer?«

»Ja, ja, in einem Monat geht's los!«, rief ich aufgeregt. »Acht Wochen Proben, dann spielen wir das mehrmals wöchentlich! Ich werd immer mit dem Nachtzug pendeln! Ich freu mich so!«

Am Ende der Leitung herrschte Ruhe. Endlich kam leise, tränenerstickt: »Schön für dich …« Dann legte sie auf.

Ich überlegte, ob es wohl damals ähnlich gewesen war: vor 22 Jahren in Oldenburg. Als sich ein paar Leute nicht durchringen konnten, ein Baby, das sich ankündigte, groß zu ziehen. Vielleicht hatten Mohsen und Klara ähnlich miteinander gesprochen, sich ähnliche Vorwürfe gemacht. Zum ersten Mal hatte ich Mitgefühl mit den Menschen, die für mein Leben verantwortlich waren.

Die folgende Nacht war grauenhaft. Eine Schwangerschaft von Denise konnte mein Leben umkrempeln, Träume und Vorhaben begraben und mich mit etwas konfrontieren, vor dem ich am liebsten weggerannt wäre.

Ich betrank mich am Tresen vom »Milestones«, einer Kneipe, in der Corinna, eine Abi-Kameradin, jobbte. In der Oberstufe hatten wir manchmal Sex gehabt. Als alle gegangen waren, verschloss sie die Eingangstür und lud mich ein, im Nebenraum eine Nummer mit ihr zu schieben. Ich nahm das Angebot an. Und nachdem wir uns eine halbe Stunde später verabschiedet hatten, vor der Glastür mit einem Küsschen und »Hat Spaß gemacht, wir sehn uns!«, begann ein Katzenjammer, der länger anhielt als einen Tag.

Der Bluttest war negativ. Das Kind, das ihr im Traum erschienen war, entpuppte sich als eine Zyste. Doch als Denise es mir sagte, nachdem ich sie angerufen hatte mit schlechtem Gewissen und pelziger Zunge, verschaffte das nur kurz Erleichterung.

Sowohl sie, als auch ich wussten, dass es aus war. Dass wir feststeckten und nicht weiter kamen. Dass es Sachen gab, die wir uns nicht verzeihen konnten. Dass es uns als Team schon bald nicht mehr geben würde. Sie hatte an etwas gerüttelt, an das niemand herankommen durfte, hatte mich bloßgestellt und verwundet. Und ich hatte ihr Vertrauen missbraucht.

Es war nicht notwendig, dass ich ihr meinen Seitensprung gestand. Sie merkte es von sich aus und machte mir keinen Vorwurf. Dazu hatte sie sich schon zu weit von mir entfernt.

Wir trennten uns eine Woche später. Als wir ihren Geburtstag feierten mit einem Ausflug nach München, wo wir sonntags hinfuhren, ganz früh morgens, spazieren gingen im Englischen Garten und an den Isarauen, lachten und vergnügt waren, ein letztes Mal miteinander.

Später kauerten wir im Pavillon am Hofgarten, heulten wie zwei Kinder und hielten uns fest, krallten die Hände in die

Klamotten und hatten keine Ahnung, warum wir uns liebten und nicht zusammen bleiben konnten. Sie fuhr voraus, einen Zug vor mir zurück nach Salzburg, ließ mich verweint am Bahnsteig stehen. Als ich ihr folgte, im nächsten Interregio, rauschten die Alpen am geöffneten Fenster vorbei. Ich soff zwei Flaschen Lambrusco und der Geschmack zurückeroberter Pennerfreiheit klebte an meinem Gaumen. Ich hatte das beglückende Gefühl, dass meine Zukunft wieder zum Abenteuer geworden und ich verdammt noch mal nicht reif war für so was Erwachsenes wie Konsequenz oder Verantwortung. Es würde eine Wunde bleiben und die beunruhigende Ahnung, es vielleicht nie richtig hinzukriegen, diese Sache mit Familie und Liebe und so.

Und weil einer Schuld sein musste, verzichtete ich darauf, meinem Erzeuger zu schreiben. Was ich mir doch vorgenommen hatte – aber nur, um Denise einen Gefallen zu tun. Wenigstens in dieser Angelegenheit blieb ich standhaft, obwohl Mohsen Lashgari mich mit weiteren Briefen bombardierte, die ich ungeöffnet in den Papierkorb rieseln ließ. Ich kannte ja den Inhalt: in mein Leben sollte ich ihn lassen. Doch das würde ich niemals tun.

Einzig seine Fotos hob ich mir auf. Das Alte mit Schlaghose und Elviskoteletten heftete ich sogar an meinen Kleiderschrank.

Wenn ich nichts Besseres zu tun hatte, stellte ich mir vor, wie er durch meine Stadt irrte, damals, Anfang der 70er. Wie er Frauen abschleppte, Ämter aufsuchte und vor den Schaufenstern stand. Wie er Rockmusik hörte und über den Rummel spazierte. Und sich so frei und einsam fühlte in dieser Wüste Deutschland, wie Jahre später sein verlorener Sohn im ganzen Universum.

DER ERSTE TAG

Als ich mit verschlafenen Augen aus dem Zimmer trat, hatte ich Gelegenheit, den Rest der Wohnung zu erkunden. Gestern Nacht wäre ich damit überfordert gewesen.

Der Hauptraum, also das Wohnzimmer, war elegant eingerichtet, fast zu pompös.

Neben dem Barocksofa thronten drei Sessel der gleichen Sitzgruppe. Alle trugen ein rotes Samtmuster, auf das Figuren in Rokoko-Aufmachung gestickt waren. Dazwischen lehnten Wandpolster an der weißen Tapete. Von der Mitte der Stuckdecke ragte ein Kronleuchter, in einer Ecke rauschte die Klimaanlage. Alle drei Wohnräume waren mit Perserteppichen belegt, mehreren übereinander.

Das Nebenzimmer, in dem gebetet wurde, war kaum eingerichtet. Außer Wandpolstern entdeckte ich keine Möbelstücke, keine Bilder an der Tapete, nur einen Türhaken in der Wand und daneben einen langen Schlitz. Daraus schloss ich, dass es zumindest einen Wandschrank gab.

Einiges kam mir seltsam vor. Wo, bitte, schlief die Familie? Das einzige Bett hatten sie ihrem Gast überlassen. In der Wohnung lebten aber drei Personen. Und warum gab es weder Regale, noch Schränke oder Tische? Ich beschloss, Mohsen, den ich mit Mahtaab in der Küche murmeln und klappern hörte, mit Fragen zu löchern, wenn ich aus dem Bad gekommen wäre.

Neben dem Stehklo lehnte ein Plastiksitz mit Loch in der Mitte. Ich musste lächeln, weil ich vermutete, dass sie den für mich besorgt hatten. Dummerweise war er zu klein und rutschte ständig mit einem Bein vom Beckenrand, wenn ich versuchte, mich auf ihn zu setzen. Es half nichts, ich musste mich in die Hocke begeben.

Als ich Papier abreißen wollte, merkte ich, dass es keins gab. Stattdessen baumelte ein Gummischlauch am Gewinde und war um den Wasserhahn geschlungen. Ich hielt das Schlauchende an meinen Hintern, und spülte ihn umständlich ab. Da ich ihn aber nirgendwo trocknen konnte, fühlte ich mich, als ich endlich das Klo verließ und in die Küche trat, wie ein eingenässtes Wickelkind. Wie mein behinderter Bruder diese Kür bewältigte, mochte ich mir gar nicht vorstellen.

Mohsen und Mahtaab hockten an einer kleinen Wachsplane auf dem Küchenboden, die mit Fladenbrot, Marmelade und Schafskäse gedeckt war. Kauend begrüßten sie mich.

»Hast du gut geschlafen?«, rief Mohsen.

Ich log, ich hätte wunderbar geschlafen. Mahtaab schuf mit einem Lächeln Platz und schob mir Teller und eine Tasse zu. »Chai?«, fragte sie.

Erleichtert, dass der persische Ausdruck für Tee so international war, dass ich ihn verstanden hatte, nickte ich ihr zu. Sie erhob sich, nahm ein Kännchen vom dampfenden Samowar, goss mir ein und legte eine Handvoll Zuckerwürfel auf die Untertasse. Das tat sie gelassen, in fließender Bewegung. Es machte Spaß, sie zu beobachten. Wie ein Buddha ruhte sie jetzt wieder mit massigem Körper und Hauskleid neben mir auf dem Fliesenboden.

Ich nahm zur Kenntnis, dass sie keinen Schleier trug und ihr dünnes, braunes Haar an den Schultern hinunterfiel. Gestern hatten alle Frauen in der Wohnung einen Schleier getragen und ich hatte Mohsen gefragt, warum sie verhüllt wären. Irgendwo hatte ich gelesen, dass sich die Damen nur in der Öffentlichkeit zu bedecken hätten.

»In unserer Familie ist es anders«, hatte er geantwortet. »Sie tragen es gerne. Eine gläubige Frau ist wie ein Diamant, den man nicht offen zur Schau trägt. Sie lässt sich von keinem Mann ansehen, ob im Haus oder draußen. Es sei denn, er ist ihr Gatte, Bruder, Vater oder Sohn.«

Aha. Demzufolge schien ich für Mahtaab eine Art Sohn zu sein.

Ich zwängte mich im Schneidersitz an die Plane, und erkundigte mich, ob die beiden ebenfalls gut geschlafen hätten und vor allen Dingen, wo.

Mohsen schob mir Fladenbrot an den Teller. Es roch ofenwarm und war ganz kross. Heute Morgen musste er mich nicht zum Essen zwingen. Ich riss mir ein Stück ab und beschmierte es mit Schafskäse.

»Wir schlafen auf dem Teppich, das ist gesünder«, sagte er. Ich stutzte. »Ohne Matratze?«

»Ich habe ein Kissen, das reicht. Mahtaab hat eine Schlafmatte und Mohammed eine Decke.«

Ich kam mir vor wie ein Schmarotzer, weil ich das einzige Bett besetzte. Aber Mohsen hatte mir gestern keine Wahl gelassen, und mich einfach in den Schlafraum geschoben.

Er schien meine Gedanken zu erraten. »Keiner von uns nutzt das Bett. Wir mögen das nicht«, lachte er. »Es ist für Gäste da.«

Grinsend schüttelte ich den Kopf, weil ich ihm das nicht abnahm. Nur wusste ich, dass es keinen Sinn hatte, das zu sagen.

»Wo ist Mohammed?«, erkundigte ich mich und steckte mir traditionsbewusst einen Kandis zwischen die Vorderzähne.

Gestern nach dem Essen hatte ich die Tee-Profis beobachten können, wie elegant sie den Zucker zum Schmelzen brachten. Vergeblich versuchte ich sie zu kopieren. Die Flüssigkeit rann mir Kinn und Lippen hinab und Mahtaab begann zu kichern.

»Er ist im Keller«, antwortete Mohsen, der das nicht mitbekam, weil er sich erhoben hatte. »Mohammed malt Bilder.«

Ich begann zu begreifen, dass der Weißgesichtige im Schlafzimmer Mohammeds Schöpfung war. »Darf ich ihm zuschauen?«, fragte ich.

Mohsen blickte mich zärtlich an. »Er bittet darum«, lächelte er und verließ die Küche.

Ich öffnete die zerbeulte Kellertür. Dahinter kauerte mein Bruder auf einem verdreckten Teppich. Sein Gesicht strahlte, als er mich kommen sah. Er hatte einen Pinsel in der Hand und übertünchte auf einem Gemälde, das vor ihm lag, das Gesicht eines Reiters mit weißer Farbe.

Das ist wohl sein Stil, dachte ich. Vermutlich macht er die Visagen auf all seinen Bildern unkenntlich. Künstlerisch gar keine schlechte Idee – zumindest besser als die Bilder.

Mohsen war mir nach unten gefolgt und bemerkte meinen fragenden Blick. »Seit Kurzem ist es verboten, das Gesicht unserer Imame zu sehen«, erklärte er mir. Mohammeds Lieblingsmotiv sei Imam Hussein, der Enkel des Propheten, dem nach dem Tod seines Vaters die Herrschaft des Islam aberkannt worden, doch der im Kampf dafür gefallen wäre. Ich erkannte ihn als den Reiter mit dem Schwert, der auch im Schlafraum als Gemälde prangte. Mein Eindruck, dass der weiße Klecks ursprünglich nicht zum Bild gehört hatte, war richtig gewesen. Mein Bruder war also einer, der sich an die Regeln hielt. Ich fragte mich nur, ob er sie auch sinnvoll fand.

Mohsen lachte, als ich ihn das fragte. »Was die Mullahs bestimmen, hat schon seinen Sinn«, sagte er. »Man muss nicht alles hinterfragen. Im Iran hat man sonst ein schweres Leben, und ...« Er tippte mit zwei Fingern an die Stirn und verzog das Gesicht zu einer Grimasse, »... Kopfschmerzen!«

An der Wand entdeckte ich ein Porträt seines Helden, das Mohammed noch nicht übermalt hatte. Ich betrachtete Husseins geradlinige Züge, seinen gestutzten Vollbart, die leuchtenden, entschlossenen Augen, den majestätisch funkelnden Turban, und überlegte, dass man den Kerl doch herzeigen konnte. Wenn er wirklich so ausgesehen hatte, war er von Allah gesegnet worden!

Ich blickte mich um, damit ich auf andere Gedanken kam. Dieser Kellerraum war eingerichtet wie ein Abstellschuppen. Neben Leinenportraits, die in Ecken gestapelt lehnten, verstreut an den Wänden hingen und auf dem Boden halbfertig herumlagen, standen mitten im Raum kaputte Holzstühle und eine verstaubte Kommode.

Ich war überrascht, denn hier unten wirkte es möblierter

als in der Wohnung. Essiggeruch stach mir in die Nase und es stank nach Wasserfarbe. Mohsen zeigte auf ein Gemälde an der Wand, das allein aus einem grünen Schriftzug bestand.

»Mahdi«, sagte er und seine Stimme zitterte ehrfurchtsvoll, »unser verborgener Imam.«

Es erstaunte mich nicht, ihn so verborgen zu sehen, dass er scheinbar nur als Name existierte.

»Er ist der letzte unserer zwölf Imame, der rechtmäßigen Nachfolger des Propheten«, erklärte er mir. »Daran glauben wir Schiiten. Er war vier Jahre alt, als er verschwunden ist.«

Ich stutzte und meinte, er hätte sich versprochen. »Gestorben«, korrigierte ich ihn.

»Nein, verschwunden«, beharrte Mohsen, »eines Tages war er nicht mehr da. Er hatte keine Brüder und daher auch keinen Nachfolger. Aber er wird wiederkommen.«

»Wann?«, fragte ich.

»Bald«, sagte Mohsen und blickte das Gemälde seines Sohnes an. Wasser schoss ihm in die Augen. »Sehr bald. Zusammen mit eurem Jesus. Beide werden sie kommen und die Erde erlösen.«

Ich betrachtete meinen Vater, und musste daran denken, dass in einem Hollywoodfilm in einem solchen Moment ganz viele Geigen erklungen wären.

Mohammed hob den Kopf und blickte mir in die Augen. Vermutlich hatte er meine Gedanken erraten. »Inshallah«, sagte er dabei und grinste mich an. »Hof-fen-t-lich!«

Verunsichert begann ich zu lachen.

Am Nachmittag fing Mohsen an, mir sein Teheran zu präsentieren. Er hockte mit Sonnenbrille am Steuer und wir bretterten an Jungs auf Motorrädern mit Plastikfenstern vorbei. Wir umkreisten den Freiheitsturm, das Azadi-Denkmal, das mir auf dem Cover vieler Prospekte und Reiseführer über den Iran schon ins Auge gefallen war. Mohsens Wohnung im Stadtteil Tarasht, westlich vom Zentrum, lag nicht weit von ihm entfernt. Es ragte über der Metropole wie ein persischer Eiffelturm, war aber nicht einmal ein Viertel so groß. Der

Schah hatte es in den 60er-Jahren als Symbol für Freiheit errichtet, und dennoch wurde es unter den Mullahs als Wahrzeichen Teherans weiter geduldet. Es sah aus wie eine moderne Mischung aus Pyramide und Triumpfbogen. Die Betonflügel, an denen man unter dem weißen Gemäuer durchmarschieren konnte, wirkten, als würde der Koloss jeden Moment abheben und unter klobigen Schwingen davonflattern. An seinen Rändern hockten junge Wahrsagerinnen mit gegerbter Haut, Händler mit Schmuck und CD's vor den Füßen, sowie Privattaxifahrer, die rauchend Ortsnamen hinaustrompeten, in der Hoffnung Mitfahrer zu finden.

Anschließend passierten wir Kioskbuden, Obststände, bis zur Decke gefüllte Krämerläden und Shops für Telefonzubehör. Das Hupen und der Motorenlärm auf der verstopften Vali-Asr, der Hauptverkehrsstraße zwischen Süd- und Nordteheran, schmerzten mir in den Ohren. Ich atmete die Luft ein, die mich ein wenig abkühlte und genoss die Hitze, die vom Pflaster aufstieg, das Treiben an den Straßenrändern, die ausgestreckten Arme und den Singsang der Autostopper, die Energie einer ungezähmten Welt.

Ich grinste vor mich hin, nachdem ich aufgehört hatte, Geisterfahrer zu zählen: Mopeds, welche ganzen Kernfamilien Platz boten, und Kleintransporter, die nach einer Kreuzung in unsere Spur geraten waren und denen Mohsen kommentarlos ausgewichen war. Bei Verkehrsknoten putzten Jungs mit Schwamm und Eimer Windschutzscheiben. Sie hielten ihre Hände, Spielzeug und Süßigkeiten durch die offenen Fenster, um dafür Geld zu bekommen. In dieselben Öffnungen ragten dann auch Knie und Ellbögen von Motorradfahrern. Fahrräder sah ich nirgends.

Während die Stadt an mir vorbeirauschte, lehnte ich mich nach draußen und blickte durch den Staub nach oben. Ich entdeckte keine Sonne, obwohl sie uns brüten ließ. Eine dunkelgraue Wolke hing über der Stadt. Beim näheren Hinsehen entpuppte sie sich als undurchdringlicher Abgasfilm – Teheran schien ein verseuchter Moloch zu sein. Zahlreiche

Passanten mit Atemschutzmasken verstärkten meinen Eindruck.

An unverputzten Wohnblöcken dominierten farbenfroh die handgemalten Porträts von Revolutions-Mullahs das Straßenbild. Gemälde bartreicher Männer mit Gewehren und Uniform, die in die Ferne blickten, und zahllose Einschusslöcher erinnerten daran, dass der Krieg noch nicht lange beendet war. Auf einen Blockrücken hatte jemand überlebensgroß das Skelett der Freiheitsstatue gezeichnet. Mohsen wies mit dem Finger darauf. »Das Haus habe ich gemacht«, sagte er stolz.

Ich blickte ihn an.

»Nach der Revolution habe ich eine Firma gegründet. Heute lebe ich von den Mieten der Häuser, die wir gebaut haben«, sagte er. »Beim Schah war es schwierig für mich, zu überleben. Ich hangelte mich von Job zu Job. Als wir ihn vertrieben hatten, waren Freunde von mir in guten Positionen.«

Er lächelte mich an und wartete, wie ich reagieren würde. Ich wusste es nicht. Ich begriff nur, dass mein Vater mir gerade mitgeteilt hatte, dass er zu den Profiteuren des Mullahregimes gehörte. Dagegen war nichts zu sagen. Ich hoffte aber, dass er keiner von denen war, die Angst und Schrecken verbreiteten. Mit so einem wollte ich nicht im Auto sitzen. Geschweige denn verwandt sein.

»Magst du Chomeini?« fragte ich mit großen Augen wie ein Erstklässler.

Er lachte und schien sich über meine Ignoranz zu freuen. »Ich-bin-Hez-bol-la-hi«, skandierte er. »Verstehst du, Mathias? Chomeini ist mein Freund. Chamenei ist mein Freund. Ahmadinedschad ist mein Freund. Wir gehören zur Partei Gottes.«

Das rief er vergnügt als würde er einen Witz erzählen. Dann brabbelte er ein paar Worte auf Persisch hinterher. Vermutlich begleitete er seine Aussage mit einem Gebet.

Ich konnte nichts sagen. Eine Weile herrschte unangenehmes Schweigen.

»Ich habe in der Revolution gekämpft, weißt du?« unterbrach er die Stille, nachdem ich ihm beim Denken hatte zuhören können. Er hatte überlegt, wie er seinem Balg aus dem Westen so etwas am besten erklärte. »Ich habe mit ihnen und ich habe für sie gekämpft: Für die Schiia – für die Partei Alis; für die Rechte unseres Volkes. Das hat Blut gekostet, Mathias. Seitdem weiß die Welt, dass man mit Iranern rechnen muss.«

Ich schluckte. War mein Vater ein Islamist? Es dauerte eine Weile, bis ich meine Gedanken geordnet hatte. »Findest du etwa gut, was im Namen Allahs in der Welt geschieht?«, rief ich dann. »Flugzeuge fliegen in Türme, Züge explodieren, Urlauber werden entführt und Menschen hingerichtet, nur weil sie anders denken! Die Leute, die das anstellen, behaupten doch auch, sie gehörten zur Partei Gottes!«

Mohsen ließ mit einer Antwort nicht lange auf sich warten. »Das eine hat mit dem anderen nichts zu tun«, erwiderte er. »Das sind gottlose Typen, die sowas machen. Sie haben nur eins im Sinn: ihre Macht.«

»Aha. Und was anderes wollen die Mullahs?«

Er überlegte und kräuselte die Stirn. »Sie geben unserem Volk den Stolz wieder. Und nicht nur uns, sondern allen Muslims. Sie zeigen, dass eine andere Welt als die amerikanische möglich ist.«

»Von der lebt ihr aber sehr gut. Wenn der Westen noch mehr Sanktionen verhängt, werdet ihr ausbluten.«

Mohsens Augen funkelten vergnügt. Auch durch seine Sonnenbrille konnte ich das erkennen. »Das stimmt doch nicht«, sagte er, und seine Stimme zitterte. »Nach der Revolution haben sie versucht, uns auszubluten. Wir haben einen Krieg gewonnen, den wir fast ohne Waffen geführt haben. Nicht wir haben den Irak, sondern der Irak hat uns angegriffen. Und trotzdem wurde er von Amerika bewaffnet. Sie wollten uns alle ausrotten. Doch wir haben es ihnen gezeigt, und der Krieg hat die Revolution gestärkt. Seitdem wird die Industrie in unserem Land immer größer. Wir haben den Westen nicht mehr nötig.«

Ich begriff langsam: Mein Vater war kein Islamist. Er war ein persischer Patriot. Doch ich glaubte zu erkennen, dass die Grenze fließend war.

»Und jetzt wollt ihr noch die Atombombe«, warf ich ein, schon etwas resigniert.

Mohsen bekam einen Lachanfall, in Glucksern, die wohlig aus seiner Kehle drangen. Ich musste grinsen, denn mir war aufgefallen, dass unsere Art zu lachen, sich ungeheuer ähnelte. Hätte man mir ein Tonband damit vorgespielt, wäre ich überzeugt gewesen, mich selbst zu hören.

»Israel hat die Atombombe«, sagte er. »Pakistan hat die Atombombe, Indien, Russland, USA und China. Warum also nicht wir?«

»Damit ihr Israel nicht angreifen könnt.«

»Und Israel darf uns angreifen?« Plötzlich wurde er laut. »Der Westen will den Iran doch nur klein halten. Wie zur Zeit der Schahs, als Persien eine Kolonie war, der man leicht das Öl abzapfen konnte. So leicht geht das jetzt nicht mehr. Schon gar nicht, wenn wir ein Atomstaat sind. Amerika soll nur kommen. Es wird schon sehen, was es davon hat.«

»Was denn?«, erkundigte ich mich.

Mohsen grinste. »Zumindest einen neuen Weltkrieg.«

Darauf parkte er seinen Khodro an einer menschenüberfüllten Straßenecke in der verdreckten Altstadt. Scheinbar hatte er keine Lust mehr auf das Gespräch und hieß mich mit einer Handbewegung, auszusteigen. Vor der Kühlerhaube ragte ein verkalkter Wasserspender aus dem Boden. Mohsen drehte den Hahn auf und wir spritzten den Schweiß von unseren Körpern, rieben Flüssigkeit an Achseln und Brust.

Anschließend rannte mein Vater voran und ich folgte ihm, den Bazar entlang, dessen Eingangshalle sich gegenüber dem Gelände der Fürstenpaläste erhob. Es war ein mächtiger, alter Bazar, die Halle etwa zehn Meter hoch. Oben wölbte sich majestätisch eine Steindecke, wie bei einer gotischen Kirche. Von einer Verkaufshalle schoben wir uns in die nächste, durch einen Menschenauflauf zum anderen. Plätze mit Springbrunnen in der Mitte unterbrachen am Rande von Moscheen die endlosen Passagen. An Fuhren mit meterhoch festgezurrten Stoffballen wurden wir vorbei gedrückt, an Kindern, die Säcke schleppten und lässigen Jugendlichen mit Sonnenbrillen und Hilfiger-Shirts. Mir fiel auf, dass fast keine Frau um uns zu sehen war; an meinem Körper spürte ich nur übelriechende Männerhemden und verschwitzte Jungsgesichter. Erst, als wir den Bereich der Parfüm- und Kosmetikstände streiften, entdeckte ich Hundertschaften von Damen. Jede von ihnen war züchtig bedeckt, die meisten mit schwarzen Tüchern. Nur ihre Unterarme zeigten manchmal nackte Haut, an der sie schnupperten. Aufgeregt tauschten sie Flakons, während Kinder um ihre Beine tollten.

An Banken und Teppichlagern drängten wir vorbei, an Hinterhöfen, wo Lastesel auf ihren Einsatz warteten und Waren aller Art sich auf Holzpaletten stapelten.

In Teehäusern kauerten Männer, die Gebetsketten zwischen den Fingern drehten, auf quadratischen Sitzliegen. Sie schlürften Getränke, während sich alte Frauen ihren Tee an der Bordsteinkante servieren ließen, um auf keinen Fall den Männerbereich zu betreten.

Obwohl meine Zunge vor Hitze am Gaumen klebte, konnte ich mich nicht satt sehen an Schmuckhändlern in Pluderhosen mit Tüchern um die nasse Stirn, die in Ecken hockten, an Gläschen nippten oder Handys an ihre Ohren hielten.

Mohsen aber ging es scheinbar darum, möglichst schnell hier herauszukommen. Mit zügigem Schritt wanderte er mehrere Meter vor mir, nur mit Anstrengung war ich immer wieder in der Lage, durch die Masse von Rücken den meines Vaters zu erkennen.

»Nicht so schnell, Mohsen!«, schrie ich wie ein Vierjähriger, der nicht fähig war, den Schritten der Großen zu folgen. Auf einmal blieb ich stehen und begriff: Mohsen rannte so schnell, weil er böse auf mich war! Seit wir aus dem Auto gestiegen waren, hatte er nicht mit mir geredet, und ich wusste noch nicht mal, wohin wir gingen. Vielleicht hatte ich ihn mit meinen Worten beleidigt. Vielleicht hatte ich ihn entäuscht, weil ich nicht die Meinung eines islamischen Revolutionärs teilte. Auch wenn er mein leiblicher Vater war und mir das beweisen musste: Er war immer noch ein Muslim. Und die waren bekanntlich schnell zu verletzen. Mir kamen Fernsehbilder von aufgebrachten Orientalen in den Sinn, die US-Flaggen verbrannten, weil dort irgendjemand Mohammed beleidigt hatte. Na, das konnte ja ein herrlicher Urlaub werden. Da kannte ich meinen Erzeuger noch nicht mal einen Tag und schon waren wir zerstritten. Vielleicht wartete er darauf, dass ich Reue zeigte. Doch das Gegenteil war der Fall – ich spürte, wie Wut in mir aufstieg: Da lud mich dieser Mensch in dieses fremde Land ein und zeigte mir hier seine radikalsten Seiten! Wes Geistes Kind er war, hätte er mir doch schon früher offenbaren können. Wahrscheinlich war ich ihm momentan so egal, wie ich ihm 20 Jahre gewesen war. Am liebsten wäre ich auf der Stelle umgekehrt und hätte den nächsten Flug nach Deutschland genommen. Stattdessen kreischte ich: »Lass mich nicht allein, Mohsen!« Ich hatte ihn bereits aus den Augen verloren.

»Hitler gut!«, rief mir auf Englisch ein Käppiträger hinterher, als er meine Sprache hörte, »hat nur seine Arbeit nicht beendet!« Erst nach einer Weile verstand ich, dass er den Holocaust meinte. Irritiert ließ ich mich weitertreiben. Wo war ich hier bloß hingeraten?

Auf dem Foto, das an die Tapetenwand geklatscht war, konnte ich die Terrasse einer Zementsteinvilla erkennen. Ein Rasenstück mündete im Bildrahmen und zeigte an den Seiten eine Palme und einen Orangenbaum. Mohsen stand wie ein Denkmal in der Mitte. Seine Hände ruhten auf den Schultern von Mohammed und Taraneh, die ihren Tschador zusammenkniff. Alle schienen unbeschwert und lachten in die Linse. Ich nahm an, dass Mahtaab fotografiert hatte, die Blicke zur Kamera wirkten vertraut. Mohammed streckte seine Brust heraus und posierte aufrecht. Es war ihm keine Behinderung anzumerken. Taranehs Gesicht strahlte kindlich wie meines vor zehn Jahren. So alt schätzte ich auch die Aufnahme.

Das Gebäude kam mir bekannt vor. Nach einiger Zeit begriff ich, dass es der Ort des Motivs war, welches mir Mohsen vor Jahren zusammen mit den Pistazien nach Salzburg geschickt hatte.

»Schön«, nickte ich ihm zu. »Ist das weit von hier?«

Mohsen beugte sich über die Spüle seines Büros und füllte zwei Gläser mit Leitungswasser. »Nein«, grinste er, »etwa drei Stunden. Hinter der Villa beginnt das Meer.«

Er hatte mich in seine Autowerkstatt geführt, von der er mir berichtete, dass er sie vor Jahren aufgebaut hatte, nun aber an einen Pächter vermietete. Dennoch hatte er auf dem Gelände, das von einer Steinmauer umschlossen war, ein kleines Bürohäuschen für sich und seine Immobiliengeschäfte reserviert. Milchglaswand und Gittertür trennten es vom Arbeitsfeld Abduls und Meisans, der beiden Mechaniker.

Wie seine Wohnung blieb auch Mohsens Arbeitszimmer überschaubar: Ein Metallschreibtisch mit zwei Schubladen, ein Waschbecken, drei Stühle und ein paar Trainingshanteln waren lieblos im Raum verteilt. Der wirkte karg und unwohnlich auf seinem Gummiboden.

Das Areal der Werkstatt lag nur wenige Schritte vom Westausgang des Bazars entfernt. Nun verstand ich, warum er mich da durchgeführt hatte. Mein Vater wollte mir beweisen, dass er nicht irgendwer, sondern ein Macher war, der auf Augenhöhe mit den einflussreichen Bazaris stand. Einer, dessen Geschäfte im Handelszentrum Teherans blühten. Das alles hatte ich am Blinken seiner Augen erkannt, als er mich mit ausgestrecktem Arm auf sein verschmiertes Gelände gelenkt hatte.

Aber sein Verhalten auf dem Weg dorthin blieb mir weiter schleierhaft. Nachdem ich im Markttrubel beinahe untergegangen war, hatte er mir plötzlich an einem Melonensaftstand gegenübergestanden. Er fragte mich ernsthaft, wo ich die ganze Zeit gewesen wäre. Ich wischte mir den Schweiß von der Stirn, griff mit der anderen Hand seinen Hemdärmel und ließ bis zum Hallenausgang nicht mehr los. Davon, dass wir gefühlte Stunden einen Streit ohne Worte gefochten hatten, hatte keiner von uns mehr was erwähnt.

Nun reichte er mir das Wasserglas, stellte sich neben mich und betrachtete am Wandputz eine Weile das Foto seiner Familie.

»Wenn man zum Kaspischen Meer fährt, kommt man an Felsen vorbei, an herrlichem Gebirge«, sagte er, ohne den Blick abzuwenden. »Und die Wiesen werden immer grüner und saftiger. Ich würde es dir gerne zeigen.«

»Dann lass uns hinfahren!«, freute ich mich.

»Wir können nicht hinfahren«, sagte Mohsen und legte seinen Arm um meine Hüften. »Das Haus gehört mir nicht mehr. Ich musste es verkaufen.«

Er wandte sich mir zu und kniff die Augen zusammen. So konnte ich nicht erkennen, ob sein Lächeln echt war oder nur gespielt.

»Früher, Mathias, war ich reich«, sagte er leise. »Ich habe Häuser gebaut und wusste nicht wohin mit dem Geld. Als ich aus Deutschland zurückkam, habe ich angefangen, mich hochzuarbeiten. Zusammen mit Hussein, meinem Bruder, bin ich irgendwann in die Baufirma eines Verwandten eingestiegen. Nachdem wir den Schah gestürzt hatten, bekam ich dadurch die Chance, eine eigene zu gründen. Dieses Haus da und noch ein paar andere musste ich aber vor Jahren verkaufen, weil ich sehr viel Geld brauchte.« Er machte eine Pause. »Geld für Mohammeds Operationen.«

Ich schluckte. »Was ist mit ihm?«

Mohsen blickte nach unten. »Bis er 15 war hat er viel Sport getrieben und ist auf der Straße herumgesprungen. Wie alle Jungen. Nur er war nicht wie alle Jungen, Mathias. Er trug etwas in sich. Es fing an, als er vor Rückenschmerzen nicht mehr zur Schule gehen konnte. Ein Arzt untersuchte ihn und stellte fest, dass dies erst der Anfang war. Dass er nie wieder gesund werden würde. Im Gegenteil. Die Knochen würden brüchig und seine Fähigkeit zu gehen, würde er ganz verlieren. Das Augenlicht und auch die Sprache.« Seine Stimme begann zu beben. Doch er redete weiter. »Ein paar Jahre, Mathias, und er wird nicht mehr gehen, sehen und sprechen können. Im Iran zahlt die Krankenversicherung kaum etwas. Ich habe Häuser verkaufen müssen und mein Vermögen aufgebraucht. Viele Ärzte haben ihn behandelt und operiert, auch im Ausland. Es hat nichts gebracht.«

Mir kam Mohammeds Gesicht in den Sinn. Wie er gestern am Türpfosten gestanden und mich angelacht hatte. Wie wir uns festgehalten hatten, als würden wir uns nicht mehr loslassen wollen. Meine Knie drohten einzuknicken. Schnell radierte ich sein Bild aus dem Kopf. Und wieder drehte sich mein Magen.

»Fühlst du dich schuldig an seiner Krankheit?«, wollte ich wissen. Ich hatte keine Ahnung, wie ich auf die Frage gekommen war. Mohsen stürzte sein Wasser in einem Schluck hinunter. Dann schleppte er sich zum Schreibtisch und zog die Schublade auf.

»Ich fühle es nicht«, sagte er, »ich bin es.« Er setzte sich. »Ich bin schuldig und er wird mir nie vergeben. Genau wie du.«

Ich öffnete die Lippen, um etwas zu sagen, wusste aber nicht was. Im gleichen Moment griff Mohsen in die Schublade und warf ein weiteres Foto auf den Tisch. Er schaute zu mir, versuchte ein Lächeln. »Das ist für dich« sagte er, »sieh es dir an.«

»Was ist das?«

»Sieh es dir an.«

Das Farbbild, das auf der Metallplatte lag, war verschwommen. Der gezackte Rand schien typisch für Fotos aus den 70ern. Was mir als erstes an ihr auffiel, war der braune Wuschelkopf, dichte Locken füllten ein Drittel der Aufnahme. Sie hockte auf einer Fensterbank, die Oberschenkel zur Brust gedrückt. Sie trug ein Kleid mit Blümchenmuster. Darin wirkte sie pummelig. Auch wenn die Arme, die sie um die Knie geschlungen hatte, das verdecken sollten, ahnte ich ihren ausladenden Vorbau. Sie lachte so breit, dass sich die Pupillen in Schlitze verwandelten. Ich hatte das Bedürfnis, ihr das Lachen

104

vom Gesicht zu reißen, um in ihre Augen schauen zu können. Dass sie die nicht offen hielt, kam mir vor wie eine Beleidigung. Ihre Fröhlichkeit glaubte ich ihr nicht. Auf den Wangen sprossen Pickel – oder lag das an der Aufnahme? Ihre Stirn glänzte in der Sonne, die durch das Fenster auf den Kopf fiel, und blieb ein heller Fleck. Die Finger der linken Hand stießen leicht nach vorn, wie zur Abwehr gegen den Fotografen. Ich vermutete, dass dies Mohsen gewesen war.

Ohne dass er es sagte, wusste ich, um wen es sich bei dem Mädchen handelte. Ich drehte mich um und zog wahllos eine Hantel hoch, die auf dem Boden herumlag.

»Mathias, ich möchte ...«

»Ich will nichts von ihr wissen«, unterbrach ich und stemmte die Hantel in Richtung Brust. Sie war schwerer als gedacht.

»Mathias, deine ...«

Ich schrie: »Ich will nichts von ihr wissen!«

Mohsen starrte mich an. Ich tat, als würde ich das nicht merken, und nahm erneut die Hantel ins Visier. Ich streckte den Arm aus, mit der Faust nach unten. Dabei versuchte ich nicht an das Foto zu denken.

Lange hatte ich mich auf diesen Augenblick vorbereitet und in allen Varianten durchgespielt. Es schien nur natürlich: Jetzt wusste ich, wer der Vater war, nun sollte ich auch von der Mutter erfahren. Was Mohsen mir heute über meinen Halbbruder berichtet hatte und über ihn selbst, reichte erstmal für einige Stunden Magenschmerzen. Diese Frau aber stand auf einem anderen Zettel.

Es hatte zwölf Jahre gedauert, bis ich meinem Erzeuger im Büro seiner Autowerkstatt gegenüberstehen konnte. Und das nur, weil er so hartnäckig geblieben war. Er hatte sich in den Kopf gesetzt, mich kennenzulernen. Und nun, eine Dekade später, stand ich in Teheran. Ihn und mich trennten eine Kultur und ein Kontinent. Von meiner Mutter aber trennte mich ein Leben, unsere einzige Verbindung war der Konjunktiv.

20 Jahre hatten wir in einer Stadt gewohnt, und diese

Chance hatte sie verstreichen lassen. Mit ein bisschen Willen hätte sie mich treffen können, selbst Mohsen hatte das hinge-kriegt. Bei ihr wäre ich früher schwach geworden.

Doch zum Glück war sie geblieben, wo sie war. Es machte alles einfacher, wenn man nichts voneinander wusste. Sie hat-te mich abgestoßen, und es war völlig egal, warum. Ich konnte ihr sowieso nicht verzeihen.

Mein Bizeps streckte sich gleichmäßig. Schweiß nässte Haare und Stirn und auch die Augen wurden feucht.

Mohsen hatte begriffen. Ohne noch etwas zu erwidern, ließ er das Foto in der Schublade verschwinden und erhob sich.

»Lass uns gehen«, sagte er und stellte die Gläser auf die Spüle. »Mahtaab wartet mit dem Essen.«

DIE ZWÖLF JAHRE DAVOR

Erfolgreich hatte ich in Salzburg dafür gesorgt, dass der Mann aus Persien mir nicht zu nahe kam. Und alles andere auch nicht. Damit ging es mir deutlich besser.

Ich konzentrierte mich auf Dinge, die mit Spiel zu tun hatten, kümmerte mich weder um Haushalt, regelmäßiges Essen oder ausreichend Schlaf. Neben dem Unterricht probte ich stattdessen Lesungen, Performances und Liederabende, mit denen ich im Umland auftrat und ein Zubrot verdiente. Ich wirkte in Studentenfilmen mit und nahm jede noch so kleine Theaterrolle an, die ich bekommen konnte. Ich entwickelte mich zu dem, was man einen Workaholic nennt – ausgelöst durch ein paar Bestätigungserlebnisse, die mir die Arbeit erleichterten.

Meine Schwierigkeiten mit Kollegen und dem Studium waren weggeblasen, wie nie da gewesen, nachdem ich mich von Denise getrennt hatte. Partys, Beschäftigungsrausch und belanglose Mädchengeschichten besiegten meine Liebe und hüpften auf ihr herum. Als hätte ein Kampf stattgefunden, zwischen Gott und Teufel, bei dem der Letztere gewann.

Fortan blieb das Kopfkino aus, ich kümmerte mich darum, unangenehme Details von mir wegzuhalten. Auf diese Weise bestand ich Jahre später mein Diplom. Sogar mit Bravour, wie ich mit Erstaunen feststellte.

Je länger mein Leben dauerte und je weniger ich darüber nachdachte, desto mehr genoss ich es. Und das – im wahrsten Sinn des Wortes – in vollen Zügen: Die Bahn wurde mein Zuhause, beim Fahren fühlte ich mich wohl. Es war mir gelungen, aus Millionen Lebensstilen, den richtigen für mich herauszupicken. Das Reisen und Leben in spielenden Gruppen, die für kurze Zeit zusammenfanden, aufeinanderhockten und sich leicht voneinander trennten, wurden immer mehr zu meinem Daseinsinhalt, zu meinem Ein und Alles.

Die eine Frau gab es nicht, das vermied ich. Es gab meist mehrere und oft wussten sie voneinander. Ich liebte und pflegte diesen Stil. Das machte mich wohl für sie reizvoll. Je weiter sie weg wohnten, umso lieber war es mir.

So zog ich durch die Lande, immer auf der Suche nach Abenteuern, die auf der Bühne stattfanden und manchmal auch dahinter. Immer neue Orte sog ich auf, Deutschland, Österreich und die Schweiz konnten nicht groß genug für mich sein. War ich irgendwo angekommen, bemühte ich mich schon, abzuhauen. Oft hatte ich Parallelverträge, dazwischen Drehtage oder einen Soloauftritt – kein Weg war mir zu weit, kein Engagement zu viel. Angebote abzusagen wäre mir nicht eingefallen. Ständig war ich »on the road«, mit keinen Möbeln im Gepäck, einzig ein paar Koffern, die mich Adler im Flug nicht aus den Wolken ziehen konnten.

Das war die eine Seite, die romantische und ich zeigte sie gern. Aber es gab auch eine andere, die ich für mich behielt. Ich fraß oft sinnlos in mich hinein, um es gleich wieder auszukotzen. Wochenlang stach mir das Zwerchfell, Tag und Nacht, weil sich da die Angst festgesetzt hatte, im nächsten Augenblick tot umzufallen – dass mein Leben beendet würde, ohne dass ich es beendet hätte.

Niemanden ließ ich wirklich an mich heran. Vor den Kollegen trug ich eine Maske, und wenn ich spürte, dass sie ahnten, was dahinter war, ging ich ihnen aus dem Weg. Freunde hatte ich wenige, aber auch vor ihnen spielte ich eine Rolle: Ich gab den Mann, der alles im Griff hatte. Ich gewöhnte mir nervöse Körperzuckungen an. Meistens brachen die aus, wenn ich allein war. Einen Menschenauflauf ertrug ich immer weniger, weil mir das die Kehle zuschnürte. An meiner Unruhe drohte ich zu ersticken. Einmal brach ich bei einer Premierenfeier ohnmächtig zusammen. Da ich es rechtzeitig zur Toilette geschafft hatte, bekam keiner etwas mit. Ich war innerlich krank, hätte das aber niemals zugegeben, nicht vor mir und nicht vor anderen. Ich lief weg und wusste nicht, wovor. Meine Seele, so schien es, hatte ich unterwegs verloren.

Ich war Anfang 30, als ich nach Berlin übersiedelte. Die Hauptstadt schien praktisch, weil ich zu dieser Zeit viel im Osten zu tun hatte, einige Kollegen, die ich mochte, hier ebenfalls lebten und ein Freund mir eine billige Bleibe anbot. Ich bezog eine Kreuzberger Altbauwohnung, mit Stuckdecke, Kohleofen, Fertigdusche und Etagenklo. Und plötzlich, als ich zum ersten Mal das Fenster öffnete, um durchzuatmen, ahnte ich, dass Berlin nicht nur eine Station für mich sein würde. Ich wusste nicht, wie und warum, aber diese Stadt hatte die Chance, mich einzufangen und zu erden.

Nach ein paar Monaten erhielt ich ein Festengagement am Berliner Ensemble. Während ich am Telefon die Zusage bekam, nach wochenlangem Warten und Bangen, kauerte ich mit Magenkrämpfen im Bett und konnte nicht einmal aufstehen, um eine Flasche Sekt vom Spätkauf zu holen.

Ich war dabei, mich an meiner neuen Arbeitsstelle hoch zu dienen, von Kleinstrollen über kleine Rollen bis zu ersten Texten, da klingelte eines Nachts das Telefon.

»Hier ist Pegah«, sagte eine rauchige Stimme. »Es ist wichtig. Es geht um deinen Vater.«

Die Stimme behauptete, eine iranische Verwandte zu sein. Ich war kurz davor, aufzulegen, tat es aber nicht. Offensichtlich hatte ich mich verändert, seit dem Telefonat mit Mohsen vor über zehn Jahren. Ich ließ sie ausreden, und als sie gestand, dass sie im Internet nach mir geforscht und dem Pförtner des Berliner Ensembles meine Telefonnummer abgeluchst hätte, war ich ihr nicht böse. Im Gegenteil, ich freute mich sogar. Sie sagte, sie hätte etwas Wichtiges für mich. Und nicht nur für mich, auch für meinen Vater und für sie selbst, die sie Wochen daran gearbeitet hätte.

Nach zwei Tagen lag im Postkasten ein Großumschlag mit einem Schwung beschriebener Blätter, zwei Drittel handverfasst in arabischer Schrift, der Rest in deutsch computerge-druckt.

Jetzt, da jene Zeilen zum wiederholten Male vor meinen Augen liegen, kommt das seltsam vertraute, fremde Gefühl wieder, durch das ich beim ersten Lesen in eine Vergangenheit entführt worden war, mit der ich nichts zu tun hatte und irgendwie doch ganz viel.

Teheran, im Trauermonat Muharram

DER BRIEF MEINES VATERS

Im Namen Allahs, des Allerbarmers, des Barmherzigen.

Mein lieber, geliebter Sohn Mathias,
fast zwölf Jahre ist es her, dass ich mit Dir geredet habe. Geschrieben hast Du mir nie und wenn ich Dich anrufen wollte, warst Du nicht zu erreichen. Oft habe ich am Telefon Deine Eltern gesprochen, wir haben uns viel erzählt, aber Deine Adresse wollten sie mir nicht geben. Sie sagten, Du hättest es ihnen nicht erlaubt.

Ich weiß, dass Du mittlerweile in Berlin lebst, das haben sie mir verraten. Eine Verwandte von uns lebt ebenfalls in Berlin. Sie heißt Pegah, und ist Deine Großkusine. Sie war oft in meinem Haus, als Kind und als Jugendliche, als sie noch in Teheran gewohnt hat. Ich habe ihr Deine Sprache beigebracht, als klar war, dass sie nach Deutschland gehen wird. Jetzt möchte ich, dass sie mir hilft. Ich möchte, dass sie meinen Brief übersetzt. Denn für das, was ich Dir schreiben will, reicht mein Deutsch nicht. Es ist meine Geschichte, die Geschichte meines Lebens und ich hätte gern, dass Du sie liest. Irgendwann, wenn es Pegah gelungen sein wird, Dich zu finden. Vielleicht wird das erst in Jahren oder Jahrzehnten sein, aber das macht nichts. Ich habe Geduld. Auch falls ich dann längst tot sein werde, ist mir wichtig, dass Du erfährst, wer dieser Mann war, der behauptete, Dein Vater zu sein. Ich fange vorne an:

Ich heiße Mohsen Lashgari und wurde 1323 islamischer Zeit geboren, im letzten Jahr des Zweiten Weltkrieges, in einem kleinen Dorf am Rande von Teheran, das Tarasht hieß. Dort hatten sich viele Bauern aus dem Umland niedergelassen, weil das Leben in den Bergen immer schwieriger geworden war. Ich bin der zweite Sohn Hossein Gholis, eines nordpersischen Landarbeiters. Der war mit seiner hübschen Frau Sahra, einer entfernten Kusine von ihm, in Stadtnähe gekommen, weil er hörte, dass es dort etwas zu bauen gibt.

Drei Jahre vor meiner Geburt war der alte Reza Schah in Südafrika gestorben. An gebrochenem Herzen, wie man munkelte, weil ihm die Alliierten seine Herrschaft weggenommen hatten. Sein ältester Sohn Mohammed Reza hatte ihn mit Hilfe der Besatzungsmächte beerbt und ließ entgegen seinem Vater die Leute ungestraft ihren Glauben ausleben, worauf ein Großteil der Bevölkerung aufatmete.

Als kleiner Junge, der fromm wie seine Eltern an die zwölf Imame der Schiiten glaubte, schien die Welt für mich in Ordnung. Bis zu jenem Tag, als ich vier Jahre alt war und mit meinen Geschwistern auf einem Sandhügel spielte, der neben unserem Lehmhaus lag. Mein Vater kam zu uns und Tränen rannen ihm über das Gesicht. Er nahm mich in den Arm und mit mir meine Brüder Hussein und Mahmood und meine Schwester Sari. Reden konnte er dabei nicht.

Am Abend war ganz Tarasht in unserem Haus versammelt. Die Frauen verschwanden mit Wannen in der Küche, verschlossen sie hinter sich. Und erst, als Amme Darja mich beiseite nahm, begriff ich, was sich ereignet hatte. Sie erklärte mir, dass unsere Mutter jetzt bei Allah weilen würde. Der Allmächtige hätte sie zu sich gerufen. Es wäre alles ganz schnell gegangen, etwas im Kopf einfach ausgefallen. Ein paar Sekunden nur, dann wäre sie erlöst gewesen. Mit einem Lächeln hätte sie da gelegen, mit verklärten Augen, so als hätte sie Gott in jenem Augenblick schon gesehen. Ich verstand das noch nicht. Aber ich wusste in diesem Moment, dass sich jetzt alles ändern würde.

In den ersten Jahren nach ihrem Tod kümmerte sich mein Vater nicht nur um das Brot auf dem Tisch, arbeitete schwer und oft bis tief in die Nacht. Sondern er erzählte uns Kindern auch Geschichten aus der Schahnameh, dem Buch der Könige, über Rostam, den persischen Helden und seine mutigen Reiter, lachte mit uns und fragte, was wir den Tag über getrieben hätten. Bisher hatte ich meinen Vater nur verschlossen und ernsthaft erlebt. Jetzt tollte er manchmal mit uns herum und nahm uns sogar mit zu den Großen ins Teehaus. Das war wie das Paradies, und ich sehnte mich danach, ein richtiger Mann zu werden. Trotzdem fehlte mir meine Mutter, ihre gütigen Augen, die weiche Stimme und die Art, wie sie zuhörte.

Fürs Essen und den Haushalt sorgte jetzt Amme Darja, die Schwester meines Vaters, die mehrmals am Tage zu uns kam und ebenfalls ein offenes Ohr hatte für alle Nöte, die uns plagten.

Aber eines Tages betrat eine andere Frau die Hütte. Sie war mit meinem Vater gekommen. Er hatte sie aus einem Dorf mitgebracht, wo er gelegentlich arbeitete. Sie war viel jünger als er, lächelte uns Kinder seltsam an, oft grundlos und viel zu lange, und das machte mir Angst.

Es dauerte nur kurze Zeit, dann gab es eine Hochzeit in Tarasht. Aus Semnon, dem Heimatort der jungen Frau, kamen die Verwandten. Es waren hunderte, ich hatte den Eindruck, ein Dorf würde das andere heiraten. Es war das erste Mal, dass ich eine Hochzeit miterlebte und ich sah meinen Vater tanzen, was der sonst niemals tat, denn Schiiten war es verboten, sich in der Öffentlichkeit erotisch zu bewegen. Doch Männer und Frauen verbrachten das Fest getrennt.

Ich hatte Freude an diesen drei Tagen. Ich warf Blüten in die Luft, genoss Früchte und Süßigkeiten, welche ständig gereicht wurden, die edlen und seltenen Gerichte und ausgelassenen Menschen, die zur Musik der Tar-Spieler und der vielen Trommeln sangen und sich im Rhythmus wiegten. Das alles, ahnte ich, würde mir für lange Zeit in Erinnerung bleiben, weil es für lange Zeit der schönste Tag bleiben sollte, den ich erleben durfte. Der Alltag hingegen sah anders aus.

Mein Vater kümmerte sich immer weniger um uns Kinder. Amme Darja, die uns mit rührseligen Dorfgeschichten und ihrer aufgeweckten Art aufgemuntert hatte, kam fortan nur noch selten, und den Haushalt und die Erziehung bestritt nun unsere neue Mutter Mariam.

Sie war zwar schön, besaß aber den bösen Blick, wie ich gleich erkannte. Sie war eine schlampige Hausfrau und eine schlechte Köchin. Sie schlug uns Kinder, wenn wir nicht gehorchten. Und es war ihr egal, was ich, der ich jetzt zur Schule ging und sehr fleißig war, an guten Noten mit nach Hause brachte.

Vater kam so müde und verschlossen von der Arbeit, wie er das vor dem Tod seiner Frau getan hatte. Wenn ich ihm oder einem meiner Geschwister das Herz ausschüttete, wurde er ungehalten und laut. Er sagte streng, wir sollten den Anweisungen von Mutter Mariam folgen, Geduld mit ihr haben und ihr gefälligst beistehen. Was außerhalb des Hauses stattfände, wäre Männersache. Drinnen hätte seine Frau das Sagen.

Wenn ich das hörte, legte ich mich auf den Teppich, schloss die Augen und tat, als wäre ich nicht da. Ich träumte von den Geschichten, die mein Vater erzählt hatte, als es Mutter Mariam hier noch nicht gab. Ich hoffte, dass sie sterben würde.

In Teheran wuchs ebenfalls der Unmut. Immer mehr war in den Gesprächen auf der Straße und in den Lehmbauten die Rede davon, dass der Schah für seine Paläste jenes Geld einsackte, dass die wachsende Bevölkerung erwirtschaftete. Pläne, das Erdöl zu verstaatlichen und sich damit von den Westmächten unabhängig zu machen, scheiterten. Die CIA stürzte Premierminister Mossadegh, der die Stimme der breiten Masse vertrat, und sorgte für die Rückkehr des von Amerika unterstützten Mohammed Reza Schah, der von Mossadegh kurze Zeit aus dem Land getrieben worden war.

Ich entdeckte an den trüben Augen meines Vaters und der immer schlechter werdenden Laune Mutter Mariams, dass es nicht recht aufwärts ging. Es kam wenig frisches Essen auf den Tisch, statt Weizen- gab es Gerstenbrot, das Frühstück fiel oft ganz aus und neue Kleidung gab es überhaupt nicht. Wenn wir Kinder heraus wuchsen, wurden die Klamotten mit Stofffetzen erweitert.

Die Zeiten waren hart, weil die Preise mächtig anzogen. Das sah ich an den vielen Bettlern in den Gassen von Tarasht, die einst aus den Provinzen hoffnungsvoll in Stadtnähe gekommen waren, und nun sehen mussten, dass es keine Arbeit für sie gab. Sie lebten in Erdlöchern, in vollgestopften Lehmhütten, waren mager wie Skelette und hatten rötliche, übelriechende Auswüchse auf ihrer Haut.

Eines Tages erschien mein Vater früher als gewohnt zuhause und sah bleich und eingefallen aus. Er sagte, er müsse sich nur ein wenig ausruhen, dann würde er zum Essen kommen, legte sich auf eine Decke und stand nicht mehr auf. Mehrere Wochen blieb er dort. Er sprach nicht, aß nicht und zwei Ärzte, die wir aufgetrie-

ben hatten, wussten keinen Rat. Er konnte nicht vermitteln, was ihm fehlte. Wenn sie ihn etwas fragten, lächelte er nur und drehte sich zur Seite.

An dem Tag, als er im Sterben lag, versammelte sich ein Großteil der Verwandtschaft am Lager. Alle Gebete, die sie für ihn sprachen, sollten nutzlos bleiben. Irre traten seine Augen hervor. Seine Wangen waren nur noch Knochen und bewegen konnte er sich kaum noch. Einzig sein Lächeln hatte er behalten. Ich dachte daran, dass die Mutter ebenfalls gelächelt hatte, als sie zum Allmächtigen gerufen wurde. Und ich fing an, mich von ihm zu verabschieden.

Der Körper meines Vaters war zuletzt schweißgebadet. Er atmete nur noch schwach. Und jetzt, da die ganze Familie immer eindringlicher betete, rührte er ein wenig die Lippen, als wollte er mitsprechen. Am Abend war es dann vorbei.

Der Zug der Trauernden war groß, als die Männer des Dorfes am nächsten Morgen die Leiche meines Vaters in blütenweiße Tücher legten und durch Tarasht trugen. Hossein Gholi hatte nicht nur eine unüberschaubare Familie gehabt, sondern war auch sonst ein geschätzter Mann gewesen. Er hatte viel für die Entwicklung des Dorfes getan, sich im Ältestenrat dafür eingesetzt, die vielen Zugereisten aus dem Umland zu integrieren, darüber hinaus nie gezögert, wenn jemand aus der Umgebung seine Hilfe gebraucht hatte.

Er wurde neben unserer Mutter beigesetzt. Alt und Jung schlugen sich heulend auf die Brust, riefen die Sure: »Aus der Erde haben wir euch geschaffen, zu ihr kommt ihr zurück und aus ihr tretet ihr ein anderes Mal wieder hervor«, und betete drei Tage und drei Nächte lang. Dann ging jeder in sein Haus und wir Kinder waren von nun an vollends Waisen.

Die folgenden Wochen sah man Mutter Mariam nicht an, was sie durchmachen musste. Sie ertrug ihren Schmerz still und mit beinah beängstigender Fassung. Für mich war es schwer zu durchschauen, ob sie ihre Gefühle nicht zuließ, oder gar keine hatte.

Obwohl ich wusste, dass es falsch war, gab ich ihr die Schuld an seinem Tod. Und ich verkroch mich immer mehr in mir selbst.

Ich begriff nicht, dass mein Vater nie wieder zur Tür hereinkommen und nie wieder Geschichten erzählen würde. Aber ich wagte

*nicht, darüber nachzudenken. Auch ich vergoss keine einzige Trä-
ne in den vierzig Trauertagen, die Pflicht waren für jeden gläubigen Schiiten.*

*Zwei Monate danach versammelte Mutter Mariam uns Kin-
der. Sie erklärte, dass kein Geld mehr da sei und wir fortan einer Arbeit nachgehen müssten. Mahmood war zu jung, Sari half
im Haushalt, daher blickte sie Hussein an, der mittlerweile 14
war, und mich, seinen um ein Jahr jüngeren Bruder. Mir war das
ganz recht. Ich hatte die Schule satt und das Verhältnis zu meiner Stiefmutter war auch durch die letzte, furchtbare Zeit nicht
besser geworden. Der Tod des Vaters war, das wusste ich, der end-
gültige Abschied von meiner Kindheit. Und ich war besessen zu
erfahren, was jetzt kommen würde.*

*Von Abbas, einem Verwandten, der zur Beisetzung gekommen war
und eine Baufirma am nördlichen Rand Teherans gegründet hatte,
erhielt ich zusammen mit Hussein das Angebot, als Schweißer zu
arbeiten. Ich hatte so etwas noch nie gemacht, aber es faszinierte
mich, wenn Flammen schlugen und ich meine Muskeln benutzen
konnte, welche jetzt ständig wuchsen. Zudem war ich lernbegierig
und bereit, die erste Zeit wenig Geld zu verdienen. Mein Bruder
fragte mich, ob ich mitkäme und wir beide machten uns zusammen
mit unserem Kleidersack auf den Weg, in der Nähe von Darband
am Stadtrand eine Schweißerlehre zu beginnen.*

*Den geringen Lohn, den wir erhielten, schickten wir nach Hause
und wohnten kostenlos im Hause Abbas, der eine prächtige Wohnung am Felshang besaß. Wir Brüder teilten uns in einer Nische
das Schlaflager und wurden zum ersten Mal in unserem Leben
großzügig verpflegt, jeden Tag mit Reis, Fleisch und vielen Früchten. Aber wir schufteten auch jeden Tag über 13 Stunden.*

*In den Norden der Stadt zogen immer mehr reiche Familien, weil
die Luft im tiefer liegenden Süden durch Abgase zu stickig geworden war, so dass es eine Menge Arbeit für uns gab. Ich war sehr
ehrgeizig. Ich wusste, dass das der einzige Weg sein würde, ein
eigenständiges Leben zu führen und nicht von meiner Familie ab-
hängig zu bleiben, was ich auf gar keinen Fall wollte.*

*Die Stadt mit ihrem bunten Treiben, die vielen Autos und Men-
schen waren etwas völlig Neues für uns Heranwachsende, obwohl*

*unser Dorf nur ein paar Kilometer entfernt lag. In Tarasht bevor-
zugte man Lasttiere, um voranzukommen. Die Dörfler lebten einfach und unangestrengt, jeder kannte jeden und es gab keine Ge-
heimnisse.*

*Hier dagegen war alles unbekannt, aufregend und schnell. Manch-
mal strichen wir abends nach der Arbeit mit leeren Taschen über
die erleuchteten Boulevards. Wir sahen die blinkenden Signale der
Kinos und Nachtclubs, die es damals noch gab. Wir beobachteten
geschminkte Frauen, wie sie mit kurzen Röcken und ganz ohne
Schleier ihre prachtvollen Frisuren spazieren trugen – eingehakt
bei Herren mit westlichen Hüten und Krawatten. In Tarasht trug
jede Frau einen Tschador, Männer und Frauen hüteten sich davor,
einander öffentlich zu berühren. Tanz und Kosmetik waren un-
gern geduldet, und selbst die Kinder hielten sich ehrfürchtig an die
Grundsätze der Ulama, der schiitischen Geistlichkeit.*

*Auf den Plätzen im Schatten der Schah-Paläste aber prangten
Farbbilder von überlebensgroßen Filmstars aus Amerika oder
Europa an den Kaufhauswänden und Säulen. Fast barbusige
Frauen bewarben Getränke, welche wir nie im Leben gesehen hat-
ten. Das alles verwirrte und interessierte uns gleichermaßen.*

*Meine Kraft war nach einem harten Arbeitstag keineswegs ver-
braucht, und so musste mir etwas einfallen, sie in andere Bahnen
zu lenken. Ich beobachtete, wie junge Männer meines Alters mit
lässig über die Schulter geworfenen Stoffsäcken einen alten Beton-
bau aufsuchten und hinter Mauern verschwanden. Sie lachten,
frotzelten und tobten herum, als sie hineingingen. Das gefiel mir,
und einmal mischte ich mich unter sie. Ich betrat einen großen
Saal, von dessen Hauptwand die grünweißrote Staatsflagge den
Raum überwachte. Halbnackte Jungs standen sich darunter jeweils zu zweit gegenüber. Sie tänzelten nervös, gingen plötzlich
aufeinander los, umarmten sich dabei unbequem und probierten
den anderen in seltsamen Verrenkungen auf Matten zu werfen.*

*»Was machen die da?«, fragte ich einen bärtigen Herrn im Trai-
ningsanzug, der etwas abseits stand. Der lächelte mich spöttisch an.
»Ringen«, sagte er. »Sag bloß, du weißt nicht, was das ist?«
Ich sagte nichts. Ich hatte schon von diesem Sport gehört, denn
auch in Tarasht kämpften die Jungen auf der Straße. Aber hier
sah das ganz anders aus.*

»Du bist wohl nicht aus Teheran. Hier wirst du kaum einen finden, der nicht ringt. Komm einmal mit.«

Der Mann führte mich in den Umkleidebereich und griff in ein
Regal, wo eine Menge alter Sporthosen herum lagen. »Zieh das
mal an. Ich denke, es wird dir passen.«

Ich zog Hemd und Hose aus und stieg in den löchrigen Schlüpfer.

»Du hast eine gute Figur«, sagte der Mann. »Vielleicht machen
wir was aus dir.«

Er lachte und legte den Arm um meine Schulter. Dann führte er
mich zu einem schlaksigen Jungen in der Mitte der Halle, den ich
schon lange beobachtet hatte. Er war bei weitem der wendigste
und eleganteste Kämpfer von allen. Ich registrierte, dass der bärtige Mann dem Jungen mit großem Respekt begegnete.

»Zeig dem Kleinen mal ein paar Grundtechniken, Ali«, sagte er
zu dem Jugendlichen, der sich gelangweilt von seinem hoffnungs-
los unterlegenen Partner wandte und mich abschätzig musterte.

Eine Stunde später war Ali völlig außer Atem, doch ich wollte
nicht aufhören. Ich gewann Freude an den Techniken, die der
Große mir zeigte und die ich mühelos umsetzen konnte.

»Du hast Talent«, sagte der bärtige Mann, der nach einiger Zeit
wieder zu uns trat. »Komm nächste Woche wieder. So einen wie
dich können wir brauchen.«

Ich staunte nicht schlecht, als ich das hörte. So etwas hatte noch
niemand zu mir gesagt. Befriedigt machte ich mich auf den Weg
zu Abbas und flog fast durch die gepflasterten Straßen des Neu-
baugebietes. Es war das erste Mal, dass mir jemand zutraute, etwas Besonderes zu schaffen. Das machte mir gewaltigen Mut. Ich
lief an den Alleen vorbei, den riesigen Kaufhallen und Traffiken
und fühlte mich immer noch kein bisschen müde.

Fortan dachte ich bei der harten Arbeit nicht mehr allein an
meine Familie, die das Geld brauchte, sondern freute mich auf
die Abende in der Trainingshalle. Ich wollte dem Bärtigen, der
sich als Ormaz Shabani vorgestellt hatte, und dessen Zöglingen
beweisen, was in einem Jungen vom Stadtrand alles steckte. Eigentlich hätte ich aus einer reichen Familie stammen müssen, um
das Training hier zu bezahlen. Aber Ormaz Shabani hatte anscheinend begriffen, dass in mir ein Kampfgeist loderte, von dem
sich seine verwöhnten Schüler einiges abschneiden konnten. Also

ließ er mich kostenlos mittrainieren, ohne das vor den anderen Jungen zu erwähnen. Auf diese Weise hatte ich meine Ruhe und wurde wie einer von ihnen behandelt. Das bedeutete mir bei den Kindern gebildeter Eltern sehr viel, denn in Tarasht hatte ich vorwiegend mit Analphabeten zu tun – die Lehrer in meiner Schule waren meist ehemalige Landarbeiter, die mir wenig hatten beibringen können. Ich lernte sehr schnell und mein Ehrgeiz, zu den Besten zu gehören, war ungeheuer.

Auf der Matte merkte ich, wie viel Wut sich in all den Jahren angesammelt hatte, die ich mit dem Tod meiner Eltern, der ungewollten Ersatzmutter und harter Kinderarbeit verbracht hatte – wie viel Enttäuschung und Trauer, und wie viel Angst. Still stellte ich mir im Kampf vor, ich wäre Imam Hussein, der große schiitische Märtyrer, und hätte alle meine Waffen auf dem Todesflecken von Kerbela verloren. Deswegen müsste ich nun mit bloßen Händen den verhassten Umayyaden entgegentreten, die sich in massiver Überzahl befänden und mir die Herrschaft des Islam streitig machen wollten. Doch anders als in der Überlieferung würde ich den heiligen Imam erfolgreich rächen.

Ich stritt also nicht nur für mich, das verstand ich. Ich stritt für meine Ehre als Schiit, als Iraner, als Bewohner von Tarasht und als Mensch, der es wert war, ernst genommen zu werden. Meine Ehre, das lernte ich in diesen ersten Monaten des Trainings, würde mir nie, niemals geraubt werden, egal, was da käme. Ich war erwachsen geworden ...

FERIEN IN TEHERAN

»Du solltest mehr Sport treiben«, rief Mohsen mir zu und blickte sich auf dem Felshang schmunzelnd um. Etliche Schritte hinter ihm keuchte ich an Restauranttempeln vorbei. Die wirkten mit Stapelbalkonen und Dachverzierungen wie Kunstschlösser im Disneyland. Touristengruppen schleckten dort Eiscreme, während ihre Sonnenbrillen im Mittagslicht glitzerten. Freiluftcafés, eins nah über dem anderen, mit Wellblech überdeckt und bunten Glühbirnen geschmückt, luden an den Hängen zum Verweilen ein. Ihre Terrassen, mit Zierpflanzen in Szene gesetzt, öffneten den Blick auf eine rauschende Wasserpracht, welche Gäste auf Sitzliegen an sich vorüberstürzen ließen. Vorwiegend Jugendliche hockten darauf, führten ihren Tee mit Feigen oder kleinen Kuchen zum Mund und ignorierten das öffentliche Berührverbot des anderen Geschlechts: Aus dem Augenwinkel beobachtete ich Küsschen und Händchenhalten. Männer mit Speisekarten warteten an den Eingängen und warben um uns, doch erfolglos. Ohne Kommentar winkte Mohsen ab und ich zuckte ihnen mit den Achseln hinterher.

Darakeh, so nannte sich dieser Wanderpfad inmitten des Nordteheraner Stadtteils Darband, der vor gut einem Menschenleben noch ein Bergdorf war, heute eine von Souvenirläden und Teehäusern umsäumte Felskuppe, auf der mir Mohsen seit einer halben Stunde schwer atmend von Revolution und vom Krieg erzählte. Er schilderte, wie der Schah in seinen letzten Jahren die Macht der Schiiten im Volk unterschätzt, sich stattdessen auf die kommunistischen Parteien gestürzt hätte, um deren Einfluss im Keim zu ersticken. Wie alle Kalten Krieger hätte er bis kurz vor seinem Sturz geglaubt, dass die Wurzel der Opposition in der benachbarten Sowjetunion zu finden sei. »Er war kein gläubiger Mensch«, erklärte Mohsen. »Das war sein größtes Problem. Er hätte keinen Bezug zu den Traditionen und der Lebensweise des einfachen Volkes gehabt.« Letztlich hätte Mohsen aber die wirtschaftliche Not und der Glaube an die Gerechtigkeit Gottes auf die Straße getrieben. Er hätte von Anfang an einer Revolution des Islam die Stange gehalten, lange bevor er gewusst hätte, dass Ruhollah Chomeini, der vom Schah vertriebene Schiitenführer, aus dem Exil zurückkehren wollte. Als über die Lautsprecher des Freiheitsplatzes die Botschaften hallten, welche »der Imam« in Audiokassetten aus Paris zu den Hunderttausenden seiner Anhänger gesandt hatte, ahnte Mohsen, dass in diesem Menschen die Rettung liegen könnte. Der Schah musste zusammen mit seiner Armee dem Druck der Masse nachgeben, verließ seine Heimat und löste ein wahres Volksfest aus, weil alle Iraner wussten, dass er nie wiederkommen würde. Ein Damm war gebrochen. Tage- und nächtelang tanzte, schrie und heulte das ganze Land. Ein befreites Volk lag sich in den Armen, Mohsen hatte so etwas noch nie erlebt. Die Revolution bedeutete aber auch Chaos, die Menschen brachen gewaltsam in Staatsgebäude ein, plünderten, was sie kriegen konnten, Nachbarn brachten sich um, wenn sie politisch auf verschiedenen Seiten standen und Schah-Anhänger wurden in Selbstjustiz hingerichtet. Das gab für Mohsen den Ausschlag, sich den Revolutionsgarden als Polizist, als Pasdaran, zur Verfügung zu stellen. Die schahtreue Polizei war selbstverständlich entmachtet worden. In den kommenden Monaten, als das Land noch nicht stabil war, versuchte er, bewaffnet auf den Straßen für Ruhe zu sorgen, schlichtete Streit, verhaftete Plünderer und Mitglieder des alten Terrorregimes. An Hinrichtungen wäre er nicht beteiligt gewesen, doch wenn ihm das befohlen worden wäre, hätte es ihm nichts ausgemacht. »Ein ganzes Leben waren wir von diesen Hunden unterdrückt worden«, erwiderte er meinen fassungslosen Blick. »Es war eine blutige Zeit.«

Wir kraxelten an Sträuchern und einer wenig vertrauensvollen Holzbrüstung entlang, die vor dem Gebirgsstrom schützen sollte. Der Marsch entwickelte sich beschwerlich, die Steintreppe war nass, sperrig und voller Tücken. Ständig rutschte ich ab und stieß meinen Knöchel an den Felskanten. Ungerührt davon berichtete mir Mohsen, wie irakische Flieger im Jahr nach der Revolution die Hauptstadt bombardiert hätten und er selbst mit mangelhafter Militärausrüstung in den Krieg gezogen wäre, in die Provinz Chusestan, ins südiranische Grenzgebiet, wo die Auseinandersetzung um die Ölfelder am erbittertsten getobt hätte. Als einer der tapfersten Krieger seiner Truppe wäre er aber nach einiger Zeit mit einer Sondereinheit in den Süd-Libanon geschickt worden, um die schiitischen Milizen im Kampf gegen die vorrückenden Streitkräfte Israels zu unterstützen. In einem Trainingslager wurde er für den Nahkampf ausgebildet, bis bei einem Luftangriff ein Bombensplitter in seinen Oberschenkel drang und Mohsen um ein Haar verblutet wäre. Nach mehreren Operationen durfte er nicht wieder zurück an die Front, obwohl er als überzeugter »Hezbollahi«, als Kämpfer Gottes, den »Dschihad« am liebsten vorangetrieben hätte. Stattdessen bildete er sich weiter, reiste nach Mekka, gründete als Gepilgerter, als»Haddsch Mohsen«, wie er von seiner Umgebung fortan ehrfürchtig genannt wurde, in Teheran eine kleine Firma, mauserte sich inmitten irakischer Bomben zu einem angesehenen Bauunternehmer und einer Art Bürgermeister seines expandierenden Stadtteils Tarasht. Bis heute wäre er der Politik seines Heimatortes treu geblieben. Er lachte. »Geld habe ich aber nie dafür bekommen.«

Ich hörte meinem Vater ungläubig zu. Was er berichtete, hätte mich sprachlos gemacht, wenn ich das durch die Anstrengung nicht schon gewesen wäre.

Wir passierten eine rostige Stahlbrücke, worüber zwei speckbärtige Händler versuchten, einen Esel zu ziehen. Der Esel schleppte dicke Säcke, die ihm an den Seiten herunterhingen. Zusätzlich waren auf seinen Rücken mehrere Kisten Wasserflaschen gezurrt. Er rührte sich nicht von der Stelle, scheinbar hatte er Angst, ins Wasser zu stürzen. Die Händler trugen verschmutzte Käppis und ihre Pluderhosen sahen abgenutzt aus. Sie wirkten wie die letzten Bewohner des Bergdorfs und taten mir leid, da sie schon lange an der Brücke zu stehen und nicht voranzukommen schienen. Als wir sie hinter uns gelassen hatten, drehte ich mich noch einmal um und bekam mit, dass der Esel seinen Willen erhielt. Der Stämmigere der beiden räumte ihn ab, während der andere das Lasttier kopfschüttelnd zurück in die Berge führte. Nun wuchtete der Stämmige die Säcke auf den eigenen Rücken, ließ die Wasserkisten am Geländer stehen und begann seine Ware schwankend über die Brücke zu schleppen. Dabei fluchte er vor sich hin.

Der Wasserfall rauschte so gewaltig, dass ich Mohsens Worte kaum mehr verstand. Er erkundigte sich nach meiner Kindheit, und ich schrie, sie wäre unbeschwert gewesen, bis zu dem Tag, da ich mit sieben zum ersten Mal wegen meines Aussehens vermöbelt worden wäre. Ein paar ältere Jungs hätten mich auf dem Weg zur Schule manchmal abgepasst, »Kümmeltürke« genannt, meine Mütze weggenommen und mit der Faust in die Magengrube gehauen.

Mohsen wirkte entsetzt. »Hast du dich gewehrt?«

»Ich konnte nicht, ich habe auch niemand davon erzählt. Ich bin andere Wege zur Schule gegangen, um den Jungs nicht zu begegnen, aber gefunden haben sie mich immer.« Ich lächelte. »Wahrscheinlich hab ich mich gern zum Opfer gemacht.«

»Was meinst du damit?«

»Diese Kerle waren die ersten, die ausgesprochen haben, was mich immer gequält hat«, sagte ich. »In meinem Örtchen gab es fast keine Ausländer. Ich bin anders als die meisten gewesen, und mein Aussehen bewies das. Aber niemand redete mit mir darüber. Vielleicht hatte ich als Kind das Gefühl, ich müsste für mein Anderssein bestraft werden. Begreifst du das, Mohsen?«

»Nein.«

Ich richtete an der Holzbrüstung meinen Blick nach unten. Tonnen von Wasser zogen in Sekundenschnelle an den Hängen vorbei. Dennoch verfingen sich am Ufer Plastikflaschen und Getränkedosen.

»Du bist einer von uns«, rief Mohsen mir zu. »Das bist du immer gewesen, und schon damals hast du das gemerkt.«

Ich schmunzelte. Der Weg geriet holpriger und die Steine, auf denen wir wanderten, wurden größer. Dünne Bäumchen begleiteten unseren Marsch und trockene Sträucher. Hinter Blattwerk, Ästen und Büschen wurde auf einmal der Blick auf ein Gebirge frei. Ich atmete aus, lehnte mich an den Stamm einer Birke und blickte ins felsumhüllte Tal. Kein Mensch war weit und breit zu sehen, nur endlose, kahle Berghänge. Von Osten zogen dicke Wolken auf.

»Tochal«, keuchte Mohsen und rutschte am Stamm hinab. »Das ist Tochal, auf das wir blicken. Der Berg dahinten misst 4.000 Meter.«

Vor uns erstreckte sich eine Felskette, vereinzelte Wälder lukten an den kantigen Wänden wie Büschel hervor und eine Bergspitze stach mitten in den trüben Himmel. Auf ihrem Gipfel entdeckte ich eine Schneemütze, obwohl es doch schon Juli war. Ich schüttelte mich. Die Temperaturen waren auf dem Weg nach oben gesunken, das merkte ich, als ein Luftzug meine verschwitzte Brust kühlte. Mein Atem und der Puls beruhigten sich.

»Hast du eine Zigarette?«, fragte Mohsen, und verwundert kramte ich die nasse Winstonpackung aus der Hemdtasche hervor.

»Du ziehst also nicht nur an der Wasserpfeife?« lachte ich ihn an. Er grinste übers ganze Gesicht. Die wulstigen Nüstern dehnten sich in die Breite.

Ich reichte ihm Feuer, zündete mir auch eine an und schweigend inhalierten wir eine Weile unsere Glimmstängel.

»Deine Mutter ist eine gute Malerin«, sagte Mohsen. Ich stutzte. Erst nach Sekunden begriff ich, dass er auf das Ölgemälde anspielte, das meine Mama als Geschenk für ihn gemalt hatte: eine schlesische Berglandschaft.

Ich nickte. »Und du schreibst sehr schön. Hab deinen langen Brief sehr genossen. Wo hast du das gelernt?«

Mohsen drückte seine Kippe am Baumstamm aus. »Ich bin ein Selfmademan«, lachte er. »Alles, was ich kann, habe ich mir selbst beigebracht«. Er schaute nach oben, wo ein Wolkenkoloss über unseren Köpfen thronte. Weder Mohsen noch ich machten Anstalten, vor dem drohenden Gewitter zu fliehen. »Und Allah hat mir dabei geholfen.«

Nach zwei, drei Tagen pendelte sich mein Rhythmus für die folgenden Wochen allmählich ein: Wir gingen spät schlafen, standen vormittags auf, Mohsen, Mahtaab und Mohammed legten sich nach dem Frühgebet vor Sonnenaufgang meistens wieder hin.

Gegen zehn trat ich aus dem Schlafraum und wurde zuerst vom Flachbildschirm begrüßt, der das Glaubensprogramm des staatlichen Fernsehens ins Wohnzimmer strahlte: Bunte Blumen sprossen in Nahaufnahme hinter fliegender Schrift, Flötenklänge säuselten über Standbildern von Mullahs vor grünen Vorhängen. Schwarzweißaufnahmen zeigten die Kaaba in Mekka und ihre Menschenmassen, welche in Hubschrauberperspektive wie Bienenschwärme in einer Wabe wirkten, die sich um die Königin drehten. Dazu gab es Bilder aus dem achtjährigen Golfkrieg gegen den Irak − Soldaten in Wüsten und Bergen, die mit Maschinengewehren und Stirnbändern in die Kameras lachten. Fotos spazierten über die Mattscheibe, mit jungen Männern vor glitzernden Bächen und Landschaften, und lösten sich kunstvoll auf, vermutlich lebten diese Burschen nicht mehr. Manchmal vernahm ich aus dem Off eine Männerstimme, rhythmisiert und beschwörend.

Mohammed, dessen Lieblingsbeschäftigung nach dem Malen Fernsehen war, wirkte gebannt, wenn er vor solchen Sendungen hockte. Oft brabbelte er in sich hinein, vermutlich ein Gebet, und seine Augen leuchteten wie die eines Kindes.

Nach knappem Frühstück mit Fladenbrot und Tee brauste ich mit Mohsen jeden Tag in die Stadt. Er hatte es sich zur Aufgabe gemacht, mir jenes Teheran vorzustellen, das er selbst für wertvoll hielt. Mohammed zog es währenddessen vor, die Flimmerkiste zu bestaunen und Mahtaab werkelte in der Küche schon fürs Mittagessen.

Tarasht durfte ich erleben, Mohsens Heimat, ein Dorf mitten in der Stadt, mit improvisierten Zementhäusern und löchrigem Pflaster, wo die Mehrzahl meiner Verwandten lebte. Mohsen führte mich im Barbiersalon seines Schwagers Parvis ein, dem Treffpunkt der Männer des Ortes, die auf Plastikstühlen hockten, sich rasieren ließen und bei Tee, Gelächter und Geschwätz oft den ganzen Tag totschlugen.

Er präsentierte mir im luftigen Norden die Sommerresidenzen der Pahlavis, der letzten Schahdynastie, die deren ausschweifenden Lebensstil so unverschämt demonstrierten, dass ich mich, ohne es zu wollen, auf die Seite der islamischen Revolutionäre stellte.

Auf der Fahrt an den südlichen Rand der Stadt blinkten mir von weitem vier Minarette entgegen und eine in der Sonne schimmernde Goldkuppel: das Grab des Revolutionsführers, des »Rahbars« Chomeini. In einer von Säulen getragenen Messehalle wurde sein Schreinhäuschen bestaunt, beheult, berührt und geküsst. Während Gläubige den Leichnam anbeteten als Inkarnation des verborgenen Imam, musterten ihn andere als Überrest eines Gurus, der ein fortschrittliches Land ins Mittelalter zurückwarf. Für Mohsen, mit dem ich eine Großbaustelle passiert hatte, bevor in der Eingangshalle die Geschlechter getrennt Einlass erhielten, war Chomeini keins von beiden, wie er mir gestand – und doch ein Retter und Erlöser, den er bis heute bewunderte. Vor dem Mausoleum tobten Kinder und picknickten Großfamilien.

In Fluren oder Innenhöfen alter Moscheen, die ich in diesen Tagen zu sehen bekam, ließ ich auf Holzregalen meine Schuhe stehen, wusch mir an Brunnen mit Gummischläuchen Arme und Gesicht und lenkte schließlich in mosaikvertäfelten Hallen auf Teppichen kniend wie ein echter Muslim meinen Blick zur Qibla-Wand, die Richtung Mekka wies. Entspannt ging es hier zu, in diesem Geruchscocktail aus Schweiß, Fußkäse, herbem After-Shave, Rosenöl und süßlicher Pomade. Geschwiegen wurde selten, dagegen gelacht, gefläzt, herumspaziert und geplaudert wie bei einem Kaffee-

kränzchen. Frauen beteten in einer abgesonderten Halle –
»um die Männer durch ihre Reize nicht zu stören«, wie mir
Mohsen erklärte.

Ähnliches entdeckte ich im Straßenverkehr. In Stadtbussen, an denen wir mit dem Khodro vorbeizogen, saßen die
Damen stets auf den hinteren Sitzen, dasselbe in den meisten der PKW, die wir passierten. Die Metro, erst kürzlich
eingeweiht, reservierte Waggons ausschließlich fürs schöne
Geschlecht, das aber problemlos auch gemischte betreten
durfte. An der Kopfbedeckung der Frauen, erzählte Mohsen, könne man ihren Glauben ablesen. Die überzeugten
Schiitinnen wären in schwarze, weite Tschadors gehüllt, ihr
Haar nicht ansatzweise erkennbar. Die weniger religiösen,
meist jüngeren Damen klemmten bunte Schals an der hinteren Kopfhälfte fest, waren aufreizend geschminkt, trugen
taillierte Manteaus und hochhackige Stiefel. Ich konnte mir
nicht verkneifen, diese Einheitsmode anziehend zu finden:
Der Hijab, also das Kopftuch, verlieh den Orientschönheiten
eine Mischung aus Geheimnis und Unschuld, obwohl mir
selbstverständlich bewusst war, dass die wenigsten sich freiwillig bedeckten – jedenfalls nicht bei dieser Temperatur.

»Warum bist du noch kein Vater?«, erkundigte sich Mohsen, als wir mit dem Wagen am Denkmal Ferdouzis entlangfuhren, des Dichterfürsten, das in der Mitte eines Straßenrondells seines eigenen Platzes protzte.

»Vielleicht bist du kein gutes Vorbild für mich gewesen«,
grinste ich von der Beifahrerseite und wusste, dass das nur
eine Ausrede war. Dennoch blieb Mohsen eine Weile still.

An der Metro-Station »Imam Chomeini Platz« beobachtete ich einen Papagei, der aus einer Glasschale Papierröllchen
pickte. »Die Zukunft«, erklärte mir Mohsen. »Der Vogel wählt
Verse von Hafis aus, unserem größten Dichter. Die sollen
für den Käufer in Erfüllung gehen.« Er verzog das Gesicht.
»Aberglaube! Nichts für einen guten Muslim.« Er zwinkerte
mir zu und warf dabei einen Geldschein in einen der zahllosen
blauen Kästen, den Spendenboxen für die Armen.

Auf dem Bazar ließen wir uns von einem aufdringlichen Pferdeschwanzträger in dessen Teppichkammer entführen, eine Eisentreppe hoch in eins der oberen Stockwerke. Dort zeigte er uns in brüchigem Englisch bei Tee und Orangensaft seine üppige Nomaden-Läufersammlung: feinste Knüpfereien, meist 100 Jahre alt, welche ich auf der Stelle mitgenommen hätte, wenn genügend Toman in meiner Börse gewesen wären. Nach etlichen Gläschen und einer Dutzendschaft von Teppichen drückte mir der Händler zum Abschied eine edle Stickerei in die Hand, das Abbild eines Monarchen schmückte das handgearbeitete Muster.

«It's yours«, sagte er, «it's a gift for you!«

Zunächst begriff ich die Geste nicht. Schließlich war mir unangenehm, dass er umsonst seinen ganzen Bestand vorgeführt hatte. Dann aber senkte ich meinen Kopf, lächelte und bedankte mich. Ich rollte das Zierstück vorsichtig zusammen, verstaute es in meinem Rucksack und trat den Rückweg an. Doch der Mann griff mich am Arm.

»Onehundredthousand«, sagte er und öffnete seine Hand. Dabei grinste er unsicher. Ich schüttelte den Kopf, knallte die Stickerei auf den Tresen und verschwand, ohne mich zu verabschieden. Ich hörte, wie Mohsen den Kerl beschwichtigte und mir hinterher rannte.

»Er musste es so machen«, versuchte er mich zu beruhigen. »Das ist Taarof.«

»Was bitte?«

»Es ist Pflicht für einen Iraner, dir zu schenken, was du schön findest. Du darfst es nur nicht annehmen.«

Taarof ist ein Ritual, erklärte er, bei dem man mit Geschenkangeboten, Komplimenten und Höflichkeiten überhäuft würde. Die müsste man jedoch verweigern und mit größeren erwidern.

Ich musste lachen. »Muss ich das verstehen?«

Mohsen nahm mich in den Arm und schmunzelte.

»Nein, mein Junge. Aber es ist hier so.«

Der Lunch am späten Nachmittag uferte meist aus und der Rest des Tages war Verwandten reserviert. Jeder Abend offenbarte neue Gesichter, die mir bei der Ankunft entgangen waren; nur vereinzelt erkannte ich sie wieder. Familienbesuche schienen ihr Lieblingshobby zu sein.

Oft kauerten 20 Leute bei Tee und Süßigkeiten auf den Teppichen der Tarashter Wohnung von Sari, der Schwester meines Vaters, die ich als meine Tante »Amme« nennen durfte, stets getrennt nach Männern und Frauen, diskutierten, lachten, lauschten dem Gesang der Volksweisen, welche die alten Männer von Topftrommeln begleitet vortrugen und spielten mit den Kindern, die nicht schlafen gehen wollten. Wir tanzten, rauchten Wasserpfeife und ich begab mich unter Klatschen und Gelächter auf eine pantomimische Fliegenjagd, die ich bis zur Erschöpfung wiederholen musste. Auch meine Bemühungen um die Landessprache sorgten regelmäßig für Heiterkeit.

Manchmal verabschiedeten sich Einzelne für Minuten, um in der Ecke den Gebetsstein auszulegen und das »Namaz« zu murmeln. Meist lief der Fernseher: vor allem westliche Actionserien, wo Zärtlichkeitsszenen herausgeschnitten waren.

Einmal präsentierte ich Videoaufnahmen von Mohsens Wohnung, die ich gefilmt hatte. Meine Schwester Taraneh war darauf barhäuptig zu sehen. Als sie sich auf dem Bildschirm entdeckte, begann sie zu kreischen, stürmte vor den Fernseher und stellte sich rücklings davor – schließlich gab es hier Männer, die nicht verwandt genug mit ihr waren, als dass sie sie ohne Tschador hätten sehen dürfen! Ein Vetter wandte sich mir zu und murmelte verschwörerisch: »I've seen your sister, I've really seen her...«, worauf die ganze Gesellschaft vor Lachen losprustete – inclusive meiner Schwester.

Meine »Amme« Sari war ein unauffälliges Mütterchen mit spitzbübischen Augen, einer Hakennase und besaß das unstillbare Verlangen, mich permanent zu streicheln. Während ich neben ihr saß, kam ich mir wie ein Kleinkind vor, das auf dem Boden spielen wollte, aber die Erwachsenen nicht von ihrem Schoß hinunterließen. Unentwegt fuhr sie über meine Hände und Unterarme, ohne mich eines Blickes zu würdigen.

Es war, als hätte sie Angst, ich würde ihr wegrennen, was ich auch am liebsten getan hätte.

Ihr Mann Parvis, der Barbier, zeichnete sich durch Froschaugen aus, die aus seiner Nickelbrille hervorstachen und in die Runde lugten, um auf keinen Fall was Witziges oder eine gute Geschichte zu verpassen.

Ihr ältester Sohn hieß Bahram, ein aufgequollener End-30er mit Schnurrbart und angegrauten Locken. Er besaß einen Rundrücken, seine Brust hing nach vorne, von einem stolzen Perser zeigte er keine Spur. Dafür beherrschte er einen deutschen Satz, den er mir beim ersten Händedruck mit bassgedrückter Stimme präsentierte – und jedes Mal, wenn ich mich zu ihm wandte: »Ich-durfte-keine-Nippel-lecken-und-keine-Falte-zum-Verstecken!« Verständnislos lächelte ich ihn an, bis er mir in seinem Privatraum, einem Kellerzimmer, eine CD der Deutschrockgruppe Rammstein vorspielte, von der dieser Satz stammte.

Bahram war geschieden, wie er mir auf Englisch berichtete, nach einem halben Jahr hätte die arrangierte Ehe keinen Sinn mehr gemacht. Seitdem lebte er wieder bei den Eltern, arbeitete in einem Kebap-Restaurant und rauchte in seiner Freizeit Opium.

Ein weiterer Sohn meiner Tante war Ali Reza, ein hübscher Pomadenkopf von Mitte 20, der im Gegensatz zu seinem Bruder die Brustwarzen gern ans Muskelshirt presste, auf dem selbstverständlich ein Markenname prangte. Sein ganzes Auftreten ließ den Schluss zu, dass er in einer ganz anderen Welt lebte als sein Bruder. Er erzählte, er würde studieren, wollte Ingenieur werden, müsste aber bald zur Armee, was er aus ästhetischen Gründen gar nicht begrüßte. »I don't like shaving«, gestand er mit verkniffenem Gesicht und fuhr sich dabei durchs schulterlange Haar.

Ali Reza war es, der mir während einer wilden Autofahrt in die Nordstadt beibrachte, wie man in Teheran das andere Geschlecht kennenlernte. An einer Ampel in Nähe der Universität, wo der Smog durch die Höhenlage erträglicher war als in

Tarasht, kam ein Wagen gackernder Mädchen neben uns zum Stehen. Ihre Fenster standen offen und sie kicherten zu uns herüber. Kurz entschlossen griff Ali Reza ins Handschuhfach, zauberte ein Handy hervor, holte minimalen Schwung und just in dem Moment, wo die Ampel umschlug, schleuderte er das Gerät in den Nachbarwagen, direkt auf den Schoß einer Hübschen mit Sonnenbrille und rosa Kopfschal, die erschrocken ihren Mund aufriss, bevor wir losbrausten. In voller Fahrt zog er ein weiteres Handy aus der Hosentasche, wählte eine Nummer, lachte ins Gerät und ich begriff erst nach Sekunden, dass er mit dem Handy telefonierte, das er ins Auto der Mädchen geworfen hatte. Nach dem Auflegen erklärte er mir, er wäre in zwei Stunden im Café verabredet. Schließlich dürften diese guterzogenen iranischen Töchter, zwinkerte er mir zu, nicht einfach so sein Telefon behalten.

Kurz vor dem Schlafengehen schaute noch Morteza, der Hauspenner, bei Mohsen vorbei, um einen Bissen vom späten Abendessen zu ergattern. Mohsen beherbergte ihn in einer Abstellkammer im Keller. Er besaß sogar einen Schlüssel, doch oft zog er es vor, im Park zu übernachten. Morteza war ein frohgelaunter Zeitgenosse mittleren Alters, bewegte sich in der Wohnung nur auf mitgebrachten Pappstreifen, weil er sich selbst für unrein hielt, schnatterte ständig von Allah und den Suren und segnete alle, die um ihn herum waren. Wenn er weit nach Mitternacht die Pappen bei jedem Schritt zur Haustür vor sich ausgebreitet und die Bühne seines Auftritts verlassen hatte, konnte sich die Familie endlich zur Ruhe legen.

An einem Freitag, dem Gebetstag, machte sich der Kern meiner Sippschaft auf den Weg, den Friedhof Behesht-e Sahra zu besuchen, ein kilometerlanges Areal, das gut eine Meile vom Mausoleum Chomeinis entfernt von endlosen Nadelbaumalleen umsäumt wurde.

An seinen Rändern boten Händler Erfrischungsgetränke feil und aus Dutzenden Lautsprechern drangen Klagegesänge

kleiner Jungs, von Trommeln begleitet. Auf den Steinfliesen
tausender Grabinschriften ging es zu wie auf einem Rummel.
Kinder spielten Fangen, während Frauen auf den Gräbern
hockten und Blumen ablegten. Jugendliche keiften sich an
und junge Mütter versuchten, ihre Kleinen an den Händen
zu fassen und dabei ihren Tschador nicht zu verlieren. Ich
stützte Mohammed am Arm, der sich in einen Anzug geworfen hatte, und er schenkte mir sein ansteckendes Lachen.
Bahram und Ali Reza kicherten über Fußballerbildchen, die
sie austauschten und Amme Sari schimpfte mit Mahtaab,
ich hatte keine Ahnung, was die beiden verhandelten. Meine
Schwester Taraneh schlenderte mit dem dreijährigen Reza,
ihrem jüngsten Spross, hinterher und ließ sich manchmal
von Blumenhändlern beraten. Mohsen und Parvis prüften die
Stämmchen frisch gepflanzter Bäume.

Die Gräber der Millionen Kriegsmärtyrer, an denen wir
jetzt vorbeiflanierten, waren größtenteils von buntem Wellblech überdacht. Staatsflaggen baumelten über Schaukästen
auf Metallbeinen. Die Vitrinen waren durch Kerzen, Anden-
ken und Bildchen ausgeschmückt, ebenso wie die Böden mit
Blumensträußen. In den Kästen prangten die Porträts jener
Toten, die unter der darunterliegenden Steinplatte ruhten. Ich
erschrak, als ich erkannte, wie jung die meisten dieser Burschen wohl gestorben waren. Manche trugen auf ihren Bildern schon einen Schnurrbart, doch viele ein glattes, kind-
liches Gesicht. Hinter den Aufnahmen lehnten Gemälde mit
strahlendem Himmel, Wasserfällen und prächtigen Gärten.
Daneben waren Urkunden ausgestellt, Gebetsketten und
manchmal sogar Stoffpuppen. Soweit das Auge reichte tote
junge Männer und Knaben.

Auf einmal stockte mein Atem. Das Foto in einer der Vitrinen kam mir bekannt vor. Parvis nahm seine Mütze ab, und
Ali Reza die Sonnenbrille, um seine feuchten Augen mit den
Fingern zu trocknen. Murmelnd ließ Taraneh ihren Rosen-
strauß, den sie beim Händler erstanden hatte, vor dem Kasten
niedersinken.

Mohsen stand neben mir. Er wirkte verlegen. »Ein Verwandter«, sagte er nur.

Mein Mund öffnete sich und ich starrte durchs Glas. Ich erkannte das Schwarzweißbild in meinem Schlafraum: Der Junge mit dem Glücksgesicht, nicht älter als zwölf Jahre. Es war dasselbe Lachen, dieselben Augen, dieselbe Lebenslust, überschäumend und provozierend. Es war derselbe Junge.

»Ein Verwandter?«, flüsterte ich, »was für ein Verwandter?«

An die Rückseite der Vitrine war das Bild eines Himmels geklebt, davor lag ein Angelhaken, ein Schulheft und ein Spielzeug-Oldtimer.

»Hamed«, hauchte er, und ich spürte, wie er versuchte, seine Tränen zu unterdrücken. »Das ist Hamed. Mein Sohn.« Ich blickte zu Taraneh. Die schaute mit verweinten Lidern zurück, als erwartete sie eine Reaktion. Ich wusste nur nicht, welche.

»Hamed ...«, stammelte ich, betrachtete durch die Scheibe meinen unbekannten Bruder, und entdeckte das winzige Hochglanzgemälde eines kleinen Schimmelreiters mit Goldschwert und grünem Tuch über dem Gesicht: der verschwundene Imam, wie ich sofort vermutete, Kind und Erlöser. Plötzlich stieg Hass in mir auf. Ich hatte keinen Funken Lust, je von ihm erlöst zu werden.

DER BRIEF MEINES VATERS

... Um die Zeit Kennedys etablierte der Schah mit Hilfe Englands und den USA einen westlich orientierten Geheimdienst, der uns Iranern offenbarte, wie sehr er seinem Volk misstraute. Amerika lieferte ihm dazu Waffenarsenale und stationierte US-Soldaten überall im Land.

Mohammed Reza mutierte immer mehr zur Marionette erdölgeifernder Westmächte und im eigenen Staat zum Tyrannen, der verhaftete, folterte und umbrachte, was gegen ihn war und sich dabei erwischen ließ.

Ich war 18 Jahre alt, als im Monat Ramadan über die Plätze und Straßen Teherans Männer und tief verschleierte Frauen aller Altersgruppen zogen, Transparente über sich hielten, Bilder und Schriftzüge vor sich her trugen, und lautstark einen Namen skandierten: »Chomeini!«

Ich hatte keine Ahnung, wer das war. Aber als ich Polizisten mit Schlagstöcken und Gewehren sah, die auf die Marschierenden einprügelten, auch auf Frauen und Kinder, sie an den Haaren rissen, um sie auf ihre Laster zu zerren, als ich mitbekam, dass geschossen wurde, dass junge Männer auf dem Boden lagen und sich in ihrem eigenen Blut wälzten, als ich Schreie hörte und in Panik davonlaufende Menschen, die vor Minuten noch mit zorngerötetem Gesicht »Nieder mit dem Tyrannen!« gerufen hatten, da verstand ich, dass dieser Mann, für den die Leute hier eine Lanze brachen, etwas mit meinem geliebten und verehrten Imam Hussein zu tun haben musste, der gegen den Kalifen Yazid aufbegehrt hatte. Jenem Yazid, der von nun an in meinen Augen als Mohammed Reza Schah zurück auf die Welt gekommen war, um alle Schiiten zu vernichten.

Mein Bruder Hussein erzählte, Chomeini sei in der heiligen Stadt Quom ein Gelehrter an der Theologiehochschule, welche die Mi-

lizen angegriffen hätten, weil sie Oppositionelle dort vermuteten.
Er hätte mit einer Rede die Islamisierung aller Lebensbereiche ge-
fordert, und so klar zum Heiligen Krieg gegen den Schah aufgeru-
fen, dass es in den Ohren der geknechteten Gläubigen eine wahre
Freude gewesen sein musste.
Nun allerdings wurde er dafür mit der Ausweisung bestraft und
in die Türkei abgeschoben.
Wir hatten keine Möglichkeit, an weiteren Kundgebungen teilzu-
nehmen, denn es gab keine mehr. Die vergangenen Monate waren
blutig gewesen. Viel Aggression hatte sich entladen und die Mo-
narchie ihre Krallen gezeigt. Die meisten Leute hatten nun Angst,
etwas gegen ihren verhassten Herrscher zu unternehmen und zo-
gen sich in ihr Privatleben zurück.
Ich aber fühlte, etwas war in mir frei geworden, das ich noch nicht
benennen konnte. Als würde mich ein unsichtbarer Magnet im-
mer weiter wegziehen von dem, was meine Heimat war, welche
mich von nun an abstieß.
Ormaz Shabani kümmerte sich zeitweilig wie ein Vater um mich,
seinen eifrigsten Schützling, für den das Training weiterhin die
einzige Freude war. Als ich bei einem Wettkampf gegen einen an-
deren Club der Stadt besonders erfolgreich gekämpft und zwei ge-
fürchtete Gegner auf die Matte gezwungen hatte, reichte mir der
Bärtige ein dickes Buch und sagte:
»Du bist etwas ganz Besonderes, mein Guter. Deshalb schenke ich
dir diesen Roman, der mir viel bedeutet.«
Er lächelte dabei und klopfte mir auf die Schulter. Ich hatte Trä-
nen in den Augen. Leider konnte ich nur schlecht lesen. Es reichte
gerade für Koran und Sunna, die ich wöchentlich studierte. Einen
Roman hatte ich mir noch nie vorgenommen. Aber ich war so ge-
rührt von diesem Geschenk, dass ich in den folgenden Wochen
das Training vernachlässigte. An den Abenden verschwand ich
in meiner Nische, aß und trank wenig und versenkte mich statt-
dessen in die Lektüre, las stockend oftmals auch meinem Bruder
vor. Ich studierte das Geschriebene wie besessen, mehrere Male,
so dass ich es bald auswendig konnte.
Das Buch hieß »Die Brüder und ihre Hoffnung«, und war von
einem jungen iranischen Autor, den ich nicht gekannt hatte. Es
handelte von zwei persischen Brüdern, die sich mit zusammen

gebastelten Motorrädern auf den Weg machten, die Erde zu
entdecken. Acht Jahre waren sie unterwegs und lernten dabei
so ziemlich jeden Staat dieser Welt kennen. Das Buch endete
traurig, denn unterwegs wurden sie von einer umherstreunenden
Räuberbande umgebracht. Trotzdem veränderte diese Geschichte
mein Leben.

Ich war ein tiefgläubiger Schiit, der sich den islamischen Regeln,
den Mullahs und seiner Familie immer verpflichtet gefühlt hatte.
Dennoch wurde der Wunsch in mir frei, diesen Iran, wo mein Leben zu einem einzigen unruhigen Kampf mutierte, für immer zu
verlassen, egal wohin. Ich berichtete Hussein von meinen Gedanken. Aber den hatte das Buch kalt gelassen.

»Widmen wir uns der Arbeit«, sagte er nur. »Wir haben unsere
Familie zu ernähren. Denkst du denn wirklich, woanders lebt es
sich besser?«

»Das weiß ich nicht«, sagte ich, »aber herausfinden muss ich es.«

Eines Tages erschienen zwei junge Amerikaner in der Trainingshalle. Sie waren bunt gekleidet, trugen lange Haare und enge Jeans,
fast wie auf den Plakaten der großen Kinopaläste.

Ormaz Shabani erzählte mir, dass es sich bei den beiden um Film-
männer handelte, um Studenten, die neugierig auf den Iran wären
und hier günstig produzieren wollten, da es in den Staaten zu teuer
wäre. Sie schauten sich nach jungen, kräftigen Männern um, die sie
für ihre Filme gebrauchen könnten. Und er hätte neben anderen
auch mich empfohlen. Bezahlt würde nicht gut, aber ein paar Toman könnte man sich schon dabei verdienen, und immerhin wäre
man auf der Leinwand.

»Wegen der Verständigung brauchst du dir keine Sorgen zu machen«, beruhigte mich Ormaz, »das Team besteht größtenteils aus
Iranern, und gedreht wird meist in den Bergen um Teheran. Ein
bisschen Urlaub von deiner Maloche wird dir doch ganz gut tun!«
Ich wusste nicht recht, was ich davon halten sollte. Ein ameri-
kanischer Film? Die USA waren doch neben dem Schah die Erz-
feinde der schiitischen Welt.

Aber das Angebot klang verlockend. Ich sah mein Bild schon an
den Litfaßsäulen und Plakatbannern.

Ein mulmiges Gefühl machte sich in mir breit, leichtfertig meine

Herkunft zu verraten, meinen Glauben und auch meine Eltern.
Hussein war der erste, dem ich meine Zweifel anvertraute. Der
aber reagierte begeistert. »Mohsen, ich freue mich für dich!«, rief
er, »jetzt wirst du berühmt!«
Ich lachte. »Erst einmal muss ich Abbas fragen. Und dann wird es
vermutlich eine kleine Rolle sein.«
Mein Vetter hatte nichts einzuwenden. Momentan gab es eh nicht
soviel Arbeit und er wollte dem Glück seines jungen Verwandten
nicht im Wege stehen. »Mach unserer Familie alle Ehre«, sagte
er nur.
Mir schien eigenartig, dass niemand meine Gewissensqualen zu
teilen schien. Selbst bei meinen traditionellen Verwandten waren
alle Vorurteile gegenüber Amerika angesichts der Welt des großen
Films auf einmal wie weggewischt. Wobei doch ich derjenige war,
der der Enge dieses Landes über kurz oder lang Lebewohl sagen
wollte und nicht die anderen. Oder hatte der Schah mit seiner
verwestlichten Politik auch schon die Herzen meiner Familie in-
fiziert? Vielleicht auch schon mein eigenes? Ich schüttelte mich,
bevor ich in dieser Nacht einschlief, träumte schlecht und sagte
Ormaz Shabani am nächsten Tag zu.
Was jetzt begann, war die schönste Zeit, die ich bisher erlebt hat-
te. Am ersten Drehtag sollte ich in einer Badeanstalt in Nähe der
Trainingshalle erscheinen, die vom Filmteam komplett auf den
Kopf gestellt worden war. Auf dem ganzen Gelände lagen Kabel
und Lichter herum, seltsame Geräte, die ich noch niemals gesehen
hatte und ein paar riesige Kameras, die wie neugierige Roboter
ständig in Bewegung waren. Dazu ein Gewusel an Leuten, die ge-
schäftig und aufgeregt wirkten, allesamt ordentlich gekleidet und
wohl aus gutem Hause, wie ich sofort vermutete.
Einer der beiden Amerikaner, die ich beim Training gesehen hatte,
kam auf mich zu, ein schlaksiger Lockenkopf mit Brille, nur wenig
älter als ich, und redete in Englisch auf mich ein. Ein gedrungenes
Männchen, das sich als Bahman vorstellte und sein Assistent sein
mochte, erklärte mir, was ich in den nächsten Stunden zu tun hatte.
Ich sollte einen von Rebellen bezahlten Bösewicht mimen, der ei-
nen ahnungslosen Touristen ermordete. Der Tourist wurde von
Ali gespielt, meinem Kampfpartner aus dem Club, der aber eine
blonde Perücke aufgesetzt bekam, damit er westlicher wirkte.

Das Drehbuch kannte ich nicht, aber das war auch nicht wichtig für mich. Hauptsache war, ich konnte das tun, was ich mittlerweile am besten beherrschte, nämlich kämpfen.

Ein Mann schminkte meinen halbnackten Körper dunkel, damit er martialischer aussah. Ein anderer wickelte mir ein Badetuch um die Hüften. Mit Bahman lief ich die Wege ab, die er mir genannt hatte. Und nun sollte es losgehen.

Vielleicht war es ein Vorteil für mich, dass ich noch nie einen Film gesehen hatte. Vielleicht war es gut, dass ich nicht nachdachte und die Kameras, die mich beobachteten und die vielen Leute, die sich nicht bewegten, während ich mich bewegte, nicht richtig ernst nehmen konnte. Vielleicht brachte es mir etwas, dass ich mir bei allem, was ich tat, Imam Hussein vorstellte, der gegen Yazid aufbegehrte. Jedenfalls fiel es mir leicht, die Bewegungen zu wiederholen, welche die anderen von mir erwarteten. Letztendlich war das alles wie beim Ringen, nur etwas einfacher.

Der Amerikaner rief ein paar Worte, auf die ich mit gestrecktem Körper reagierte. Es herrschte Stille, und ich stand im Mittelpunkt. Alle blickten auf eine Holzbank vor den Umkleidespinden, auf der ich regungslos verharrte. Mein nackter Oberkörper glänzte vor Schweiß und ich blickte finster. Ganz langsam, so, wie Bahman mir gesagt hatte, bewegte ich meinen Kopf in Richtung Durchgang zu den Duschen, von wo ich rauschendes Wasser vernahm.

Die Kamera folgte mir, da ich jetzt los marschierte. Sie filmte meinen Rücken, als ich vor einer der Kabinen zum Stehen kam, den Vorhang mit kraftvoller Geste zur Seite riss und den blonden Ali, der dahinter auftauchte, brutal zu Boden stieß.

Der Amerikaner rief: »Cut!«, und ich wurde von allen Seiten gelobt. Ich war stolz auf mich.

Die Szene wurde zwar noch viele Male wiederholt, oft umgebaut und aus allen erdenklichen Positionen gefilmt, aber ich war am Ende des Tages glücklich, etwas für mich gelernt und geschafft zu haben.

Obwohl ich für Amerikaner arbeitete, hatte ich das Gefühl, das für meinen Glauben, meine Familie und meine Freiheit gleichermaßen zu tun.

Am nächsten Tag trafen wir Ringer uns mit dem Filmteam schon kurz nach dem Frühgebet, um mit Autos, Lastwagen und Klein-

*bussen, den Dreh am Damavand im Elbursgebirge unweit von
Teheran fortzusetzen.*

*Der Damavand, das wusste ich, war der größte Berg des Landes.
Ein mächtiger Schichtvulkan von über 5.000 Metern Höhe, im
Sommer beinah schneefrei, doch im Winter wuchtete sich seine helle Spitze wie ein Keil in den blauen Himmel. Er war das
Gefängnis des dreiköpfigen Drachen Azhi Dahaka, der auf ewig
an die gewaltigen Felsen gekettet bleiben musste. Und zu seinen
Füßen hatte sich Kay Arash, der mutige und kluge Bogenschüt-
ze, einst im Kampf gegen die Turanier aufgeopfert. Sein Körper
war mit dem seines Pfeils verschmolzen, wie einst Hossein Gholi
an unzähligen Abenden uns Kindern erzählt hatte. Und dieser
Pfeil behütete für Jahrhunderte die Iraner vor ihren barbarischen
Feinden.*

*Noch nie hatte ich so weit die Stadtgrenze verlassen. Ich sog den
Geruch der Freiheit in mich auf, als ich auf der Ladefläche eines
offenen Lastwagens an den blühenden Wiesen, Gebirgshängen,
Felsvorsprüngen, Schaf- und Kamelherden vorbeigefahren wurde
und der Wind um meine Haare blies.*

*Die Szenen, die hier am steinigen Rand des Gebirges gedreht wur-
den, waren um einiges aufwendiger als die in der Badeanstalt.*

*Nach stundenlangen Vorbereitungen bekam ich zusammen mit
meinen Mitstreitern ein Holzgewehr in die Hand gedrückt. Mit
denen sollten wir uns hinter mannshohen Felsen verstecken, auf
ein Zeichen hervorluken, und so tun, als würden wir nach vorne
schießen. Einer nach dem anderen würde dann umfallen – in einer Reihenfolge, die vorher festgelegt worden war.*

*Ich sollte als drittletzter sterben. Vorher musste ich mich jedoch
einen Felsen hinaufhangeln, von dort auf einen höheren Absatz
springen und ihn ein paar Meter entlanglaufen. Erst dort sollte
ich niedergestreckt zu Boden sacken und mich, im Todeskampf
krümmend, dem Allmächtigen ergeben. Ich fühlte mich dabei so
heldenhaft wie ein kleiner Junge. Weit entfernt war das schließlich nicht von dem, was ich in Tarasht mit meinen Brüdern und
Freunden so gerne in den staubigen Gassen gespielt hatte.*

*Weil aber ständig technische Probleme auftauchten – mal war
es zu windig, zu viel Sonne oder es streikten die Aggregate –, und
auch die Darsteller nicht immer zum richtigen Zeitpunkt mach-*

*ten, was man ihnen aufgetragen hatte, wurde diese Schießerei
zwei volle Tage gedreht, jeweils bis zur Dämmerung, bei der die
Temperatur umschlug und ich zu frieren begann.*

*Wir übernachteten in den Lastern auf dünnen Decken. Eine dicke
Plane wurde als Dach übergezogen und wir mummelten uns in
unsere mitgebrachten Kleider, denn die kühle Luft kroch in die
verschwitzten Körper.*

*Wir bibberten, und weil wir nicht einschlafen konnten und etwas
gegen die Kälte tun mussten, erzählten Ali und ich uns dreckige
Witze, die wir von der Schule oder Baustelle kannten. Und als
mein Kampfgenosse nach immer leiser werdendem Gekicher ein-
genickt war, blieb nur noch ich wach.*

*Neugierig spitzte ich die Ohren und hörte den Wind an der Plane
entlangpfeifen. Ich roch die Berge, sog sie ein wie ein Erstickender
und stellte mir vor, in Australien zu sein, mitten in der Steppe,
in Afrika oder in den saftigen Gräsern Europas, die ich nur von
Bildern kannte. Dort, wo es sich auf immer so leben ließ, wie ich
es in den letzten Tagen getan hatte. So frei und so aufregend und
so völlig ohne Angst.*

*Und als ich schließlich einschlief, träumte ich mich auf den Holz-
pfeil des Arash. Und ich ritt auf ihm vom Elbursgebirge bis hin zum
Kaspischen Meer, von dort die Wellen entlang zu den europäischen
Inseln, und über die Kontinente quer durch die ganze Welt.*

*Am späten Abend des nächsten Tages fuhr der Tross zurück nach
Teheran. Zusammen mit meinen Kameraden ließ ich mich von
Bahman auszahlen, da unsere Arbeit für den Film beendet war.
Es kam etwas weniger raus, als ich bei Abbas für den Tag erhielt,
aber das machte nichts. Die Zeit, die ich gerade erlebt hatte, ließ
sich mit Geld nicht aufwiegen. Als ich mir ein Herz nahm und
dem lockigen Amerikaner mit einem Händedruck Lebewohl sagen wollte, winkte er Bahman heran und redete auf ihn ein. Ich
verstand, dass es um mich dabei ging. Bahman erklärte nun auf
Farsi, was der Amerikaner von mir wollte. »Mister Chapman hat
deine Arbeit sehr gefallen. In zwei Wochen fliegt er mit seinem
Partner, dem Produzenten, zurück in die USA. Er würde gerne
einigen von euch dort eine Chance geben und etwas beim amerikanischen Konsulat für euch tun. Wenn du Lust hast, nimmt er*

dich mit! Für starke Männer, die einen Kampfsport beherrschen, gibt es in den Staaten immer Arbeit beim Film ...«

Ich blickte den Assistenten ungläubig an. Hatte der Amerikaner das wirklich gesagt? Ich erwiderte, dass ich das noch einmal überdenken müsste. Aber im Stillen stand mein Entschluss bereits fest. Ich verabschiedete mich herzlich, und während ich nach Hause ging, wurde mein Gang mit jedem Schritt leichter. Ohne es zu wollen, lachte ich laut vor mich hin. Mein Herz tanzte, denn ich begriff, dass das, worauf ich so lange gewartet hatte, nun eingetreten war. Meine Gebete und Wünsche waren erhört worden!

In einer Seitenstraße suchte ich eine Moschee auf. Ich warf mich auf den Boden, heulte vor Glück und dankte dem Allmächtigen für diese unendliche Gnade. Denn obwohl es sich um Amerika handelte, wusste ich, dass ich diese Chance nutzen würde.

Als ich in der gleichen Nacht Abbas Haus betrat, merkte ich sofort, dass etwas nicht stimmte. Die Räume waren leer und machten den Eindruck, als wäre seit Stunden niemand hier gewesen. Nirgendwo lagen Matratzen oder Nachtmatten ausgebreitet, auf denen sonst Abbas und seine Familie um diese Zeit schon ruhten. Ich stieß an die Tür des kleinen Raums, in dem ich mit Hussein wohnte, warf einen Blick zur Schlafnische und erschrak. Wie ein Geist hockte mein Bruder dort regungslos im Dunkeln, nur am schmalen Lichtschein zu erkennen, der durch einen Schlitz des Fenstervorhangs fiel.

Als ich näher trat, sah ich, dass Hussein mit aufgerissenen Augen in die Ferne starrte. Wahrscheinlich hatte er mein Kommen gar nicht bemerkt. Ich setzte mich neben ihn und wagte nicht zu fragen, was los war. Eine furchtbare Ahnung beschlich mich, und es dauerte eine Ewigkeit, bis mein Bruder zu sprechen begann.

»Mutter Mariam ...«, flüsterte er.

Das war alles. Ich atmete auf.

Aha, dachte ich. Sie hatte es also wieder geschafft, Unheil zu stiften. War sie aufgekreuzt und hatte Hussein beschimpft? Wir würden nicht genug Geld bringen und ich mir eh nur die Zeit vertreiben, mit brotlosen Flausen wie Sport und Filmerei? Hatte sie Hussein geprügelt, so wie sie das mit unserem kleinen Bruder tat, und früher auch mit mir? Hatte sie unsere Schwester Sari wieder malträtiert, mit ihrer Giftzunge beleidigt, dass sie sowieso keinen Mann abkriegen würde, weil sie zu hässlich wäre und nicht genügend arbeitete?

Fast wöchentlich erreichten mich neue Schauergeschichten über unsere Ersatzmutter, die mir ins Herz stachen und mich verbitterten. Ich war schon lange nicht in Tarasht aufgekreuzt, weil ich keine Lust mehr hatte auf familiäre Sorgen oder Tränen oder schlaflose Nächte. Davon hatte ich als Kind schon genug gehabt. Ich kniff meine Lippen zusammen. Nein, sagte ich mir. Diese Frau würde nicht mehr meine Seele erfassen, mich nie wieder unter Druck setzen, wie sie das immer noch bei meinen Geschwistern tat und uns das kostbare Leben zur Hölle machte. Innerlich war ich bereits woanders.

»Sie ist tot«, sagte Hussein plötzlich. Ich verstand nicht recht.

»Ihre Leiche wurde gefunden. Verkohlt. In einem Graben.« Er blickte mich an. »Mahmood ist zu uns auf die Baustelle gekommen. Abbas und seine Familie sind in Tarasht. Ich selbst wollte auf dich warten. Ich ... ich weiß nicht, was ich sagen soll.«

Er sackte auf einmal zusammen und begann zu schluchzen wie ein kleines Kind. Ich sagte nichts, legte nur ganz langsam meine Hand auf Husseins Schulter und drückte meinen Bruder an die Brust.

Wir erreichten Tarasht noch vor Sonnenaufgang, nach kilometerlangem Marsch durch die nächtliche Stadt, bei dem wir schweigend nebeneinander hergegangen waren. Als wir die Tür unserer Hütte öffneten, lag niemand dort im Bett. Unsere Geschwister saßen hilflos auf dem Boden.

Verwandte waren da und Nachbarn, die still in ihre Tücher weinten und durch die Räume schlichen.

Ich konnte nicht fragen, was geschehen war. Zu verwirrt waren alle, zu sehr in ihren eigenen Gedanken gefangen. Zu tief saß der Schock. Erst am Vormittag, als sich die meisten zurückgezogen hatten, erfuhr ich von meinem Bruder Mahmood die ganze Geschichte.

Mutter Mariam hätte sich in den letzten Wochen immer mehr von den Kindern und dem Haushalt entfernt. Sie war noch reizbarer als sonst und tischte meist nur noch vertrocknetes Brot auf und ein paar Früchte. Nachts hörte er oft, wie sie aus der Hütte schlich, aber Mahmood sagte nie etwas zu ihr, um keinen Krach zu riskieren.

Im Dorf aber munkelte man, sie habe ein Verhältnis mit einem *jungen Landstreicher, der am Rande des Dorfes hauste und sich mit Almosen und kleinen Geschäften über Wasser hielt. Beobachtet habe allerdings keiner etwas. Jeder habe es nur von einem anderen gehört.*

Vor ein paar Tagen war Sari aufgestanden, um mit ihr das Frühstück zu bereiten, als sie merkte, dass Mariams Lager unangerührt war. Sie fragte alle im Dorf, ob jemand sie gesehen hätte, aber keiner konnte etwas sagen.

Nach zwei Tagen kam ein Polizist, zeigte ihr einen rußigen Silberring und sagte, ein Straßenhändler habe die verkohlte Leiche einer Frau entdeckt, in einer Senke in der Nähe des Dorfes. Er müsse wissen, ob der Ring ihrer verschwundenen Stiefmutter gehöre. Sari wäre zusammengebrochen, als sie darauf die eingravierten Initialen ihres Vaters erkannt hätte.

Wie genau und warum sie umgekommen war, wusste niemand. Eine Benzinlache schwamm in ihrer Fundnähe und ein ausgegossener Kanister. Das konnte vieles bedeuten.

Das Wort Selbstmord sprach niemand aus und von jenem ominösen Landstreicher fehlte jede Spur. Was, wenn es ein Unfall gewesen war? Es fiel schwer, den Hergang zu rekonstruieren, also ließ man es bleiben.

Mich fröstelte und es kamen mir finstere Dinge in den Sinn. Ich verkroch mich in eine Ecke, um mehrere Stunden zu beten. Tränen flossen aus mir heraus, wie ich das noch nie erlebt hatte.

Es war, als hätte ihr Ableben Schleusen geöffnet, die ich beim Tod meiner Eltern sicher verschlossen hatte. Auf einmal wurde mir bewusst, dass meine üblen Gedanken über Mutter Mariam ihr Sterben provoziert hatten und fühlte mich an ihrem Tod schuldig. Weil ihre Überreste nicht aufgebahrt werden konnten und erst recht nicht gewaschen, füllten die Frauen ihre Asche in einen Krug, wischten ihn sorgsam ab und verpackten ihn in weiße Laken, mit denen sie ihn zur Grabesstätte trugen.

Mariam war nicht besonders beliebt gewesen im Dorf. Die Gerüchte und Umstände ihres Todes trugen ebenfalls nicht dazu bei, trotzdem bedauerte man uns Kinder, die wir zum wiederholten Male Waisen wurden.

72 Stunden und noch einmal 40 Trauertage betete das ganze Dorf um Mariams Seele. Nur ich betete auch um meine ...

DER BEGINN DER LETZTEN TAGE

Die Haut schälte sie in Stücken herunter, nicht in langen Bahnen. Das machte sie bedächtig und liebevoll, als hätte sie Angst, das Fruchtfleisch zu verletzen. In der Hand, die das Messer umschloss, sammelte sie abgetrennte Fetzen, um sie zu einem Häufchen auf den Gartentisch zu legen. Warum sie lächelte, war mir unklar. Vielleicht ahnte sie, dass ich sie beobachtete und das schon ziemlich lange. Als hätte sich mein Blickfeld wie ein Zoom auf sie verengt, nahm ich erst spät den kleinen Reza wahr, der nur mit Badehose bedeckt, neben ihr Luftgitarre spielte und auf sie einschnatterte. Sein Bäuchlein wölbte sich rhythmisch, während Poolwasserreste vom dünnen Körper tropften.

Vermutlich fand sie lustig, was mein Neffe erzählte, manchmal prustete sie los und schloss die Augen, als wären ihr die Geschichten peinlich.

Kein einziges Mal schaute sie auf, weder zu Reza, noch zu mir, der ich einige Meter weiter in einer Hollywoodschaukel fläzte, deren Eisengerüst an eine Akazie gepflanzt war. Meine Sonnenbrille und die entspannte Haltung sollten ein Signal sein, dass ich schlief. Anders konnte ich meiner Familie nicht zeigen, dass ich ein paar Minuten Ruhe brauchte. Für das Mädchen aber hätte ich eine Ausnahme gemacht.

Es wunderte mich, dass sie mir erst heute auffiel. Oder war es tatsächlich die erste Familienversammlung in diesen Wochen, an der sie sich beteiligte? Soviel ich überblicken konnte, war sie die Tochter einer Kusine von Mohsen, wurde »Elham« gerufen. Doch wenn ich ihr schon früher begegnet wäre, hätte ich mich an sie erinnert. Oder gar von ihr geträumt.

Auf der Fahrt zu diesem Ort, der sich Karadsch nannte und eine Stunde nördlich von Teheran lag, war sie mir zum ersten Mal aufgefallen. Sie saß in der hintersten Reihe, um auf die Kinder aufzupassen. Bezad, der dicke Mann meiner Schwester Taraneh, arbeitete als Fahrer und hatte sich bei seinem Arbeitgeber einen Schulbus mit Samtvorhängen ausgeborgt, um 56 Mitglieder unserer Familie zu einem Wochenendausflug zu kutschieren. Sämtliche Generationen waren in dieser bunten Gesellschaft vertreten, die sich bei offenen Fenstern an Steppen mit Lehmdörfern vorbeibewegte, und durch Gebete, Witzchen, Raufereien, Gesang und Kitzeleien die Zeit im Bus vertrieb. Freilich in respektvollem Abstand zum anderen Geschlecht. Abbas, ein Vetter und der ehemalige Arbeitgeber Mohsens, hatte sich am Rande der Kleinstadt eine Zementsteinvilla mit Waldgrundstück und Swimmingpool errichtet, die er sich als Urlaubswohnsitz hielt. Obwohl er selbst nicht oft zugegen war, und auch an diesem Wochenende lieber in Teheran weilte, durften Verwandte das Anwesen jederzeit nutzen.

Wer zu wem gehörte und in welcher Beziehung hatte ich schon lange aufgegeben, herauszufinden. Die Namen von 200 Familienangehörigen, die mir in diesen Wochen begegnet waren, und deren Verwandtschaftsverhältnis schafften mich. Und das ärgerte mich, da ich selbst vorbehaltlos akzeptiert wurde − auch ohne mit den meisten reden zu können. Als hätte ich in meinem Leben nichts anderes getan als Zeit mit ihnen zu verbringen. Es war seltsam, wie nah ich mich dieser Familie fühlte, aufgehoben bei Leuten, deren Leben ich doch gar nicht kannte. Blut, dachte ich, ist wohl dicker als Sprache. Und auch als Kultur.

Doch Elham hatte ich erst heute entdeckt. Es kam mir vor, als wäre sie erschienen und würde nur für mich existieren. Und für den kleinen Reza, dem sie lachend den geschälten Apfel überreichte. Ihr roter Kopfschal war nach hinten gerutscht, so dass ihr der schwarze Pony über die Stirn fiel. Die Ärmel ihres Pullis hatte sie hochgekrempelt und die Halspartie war unbedeckt. Ich erschrak, denn so viel nackte Mädchenhaut hatte ich in den gesamten letzten Wochen nicht gesehen.

Sie schien um die 20 zu sein. Ihre Taille und der pfirsichförmige Hintern zeichneten sich durch die enge Trainingshose ab. Ihre Nase verlief zierlich und spitz, die Lider hatte sie ungeschminkt gelassen, doch dunkle Wimpern betonten die Tiefe ihrer Augen. Zwischen den Vorderzähnen prangte eine schmale Lücke, die mich wahnsinnig werden ließ, sobald mein Blick auf sie fiel. Elham bewegte sich vorsichtig, als bestünde sie aus Porzellan. Sie war eine Schönheit, keine Frage. Doch ihr Aussehen war es nicht, was mich anzog – nicht allein. Während ich Elham durch meine Sonnenbrille betrachtete, wurde mir warm in der Magengegend und ich hatte das Gefühl, nie mehr etwas tun zu müssen. Und nie mehr etwas tun zu können. Es lähmte mich, ihr zuzusehen, wie sie ihre Hände an einem Taschentuch abwischte und mit Reza Worte wechselte. Ich beneidete das Kind, das neben ihr stehen durfte und in seinen Apfel biss. Ich musste grinsen, denn ein Gedanke kam mir in den Sinn, den ich bisher verdrängt hatte: Beim Betrachten dieses Mädchens, das mir noch keinen Blick geschenkt hatte, konnte ich mir zum ersten Mal in meinem Leben vorstellen, Papa zu werden. Ein Bild prägte sich mir ein: Reza, fixiert auf den Apfel und Elham, die das Messer auf dem Tisch ablegte. Im Hintergrund spielten zwei kleine Mädchen Federball.

Wie um mein Stillleben zu zerstören, griff Elham nach einem Korb winziger Äpfel, der unter dem Tisch gestanden hatte, und machte sich daran, an die Männer und Jungs, die im Swimmingpool plantschten, vom Beckenrand aus Obst zu verteilen. Es musste heiß sein unter ihrem Schal und dem Pullover, ich sah es ihrem Blick an, der verriet, dass sie am liebsten hineingesprungen wäre. Doch die Frauen durften erst nachmittags in den Pool, wenn die Männer im Haus verschwunden wären und Jalousien hinuntergelassen hätten. Mohsen hatte mir die Regeln erklärt.

Als würde mein Blick von einem Faden geführt, musste ich immer in ihre Richtung schauen. Ich sah sie tänzeln und auflachen, weil sie von einem glatzköpfigen Teenager aus dem Becken mit Wasser bespritzt worden war. Ihre Fröhlichkeit machte mich traurig hinter meinen Gläsern, fast begann ich zu weinen. Vermutlich, weil ich wusste, dass es aussichtslos war, von einer solchen Frau zu träumen. Zum Glück sah niemand meine Augen, auch nicht Mohsen, der auf einmal an die Schaukel trat und sich neben mich ins Polster fallen ließ. »Wie geht es dir, mein Sohn?«

Lachend schlug er mir auf den Schenkel. Ich spielte ihm ein Zucken meines Oberkörpers vor, als wäre ich gerade aufgewacht, vermied aber, die Brille abzunehmen. »Besser könnte es nicht gehen«, log ich.

Aus dem Pool winkte mir Mohammed zu, mein Bruder, der nicht wusste, wohin mit seinem Lachen. Ich winkte zurück. Das Bad schien seinen Gliedern gut zu tun. Doch die krummen Füße stützten ihn nicht am Beckenboden. Ein Lockenkopf fasste seinen Arm und führte ihn herum. Von der anderen Seite hielt ihn zu meiner Überraschung Mahtaab, die einzige Frau im Wasser, in einem Blümchenkleid, das sich an ihre Haut sog und den Blick auf die Unterwäsche fallen ließ, was sie eigenartigerweise nicht zu stören schien. Ihre Haare waren zudem unbedeckt und zu einem Schwanz geflochten. Wie ein pubertierendes Mädchen kicherte sie vor sich hin. Mohsen zeigte belustigt auf vier junge Männer, die auf dem Rasen das Federballspiel erobert hatten, und die ganze Zeit daneben schlugen.

Mich beschäftigte aber etwas anderes. Seit gestern dachte ich immer wieder daran, und bisher hatte ich keine Gelegenheit gefunden, mit Mohsen darüber zu sprechen.

»Ich muss dich was fragen«, begann ich.

»Ja?«

»Was ist mit Hamed passiert?«

Mohsen stutzte. Er bemühte sich, seine Augen spitzbübisch funkeln zu lassen. Ich erkannte, dass ihm meine Frage unangenehm war und er am liebsten nicht geantwortet hätte. Doch dazu war er zu höflich.

»Nach der Revolution war unser Land geschwächt«, fing er mühsam an. »Saddam hat das ausgenutzt. Wir hatten keine Waffen, nur unseren Stolz. Den Schah hatten wir gestürzt, was sollten uns Irak und die USA schon antun?« Mohsen setzte mit den Füßen die Schaukel in Gang und stoppte sie gleich wieder.

»Es war ein Glaubenskrieg, Mathias, gegen die Sunniten. So hat es Chomeini gesehen und viele von uns auch. Nach der Revolution waren wir Schiiten wieder groß. Saddam war der Islam nicht wichtig, aber alles, was schiitisch war, wollte er ausrotten. In seinem Land hat er das versucht; mit Giftgas ganze Dörfer vernichtet. Sein eigenes Volk – nur weil sie Schiiten waren.« Er putzte sich mit einem Stofffetzen die Nase. »Wir waren die Rache Imam Husseins, der in Kerbela für seinen Glauben starb; durch Yazid, den Tyrannen. Zunächst war der Schah für uns Yazid – dann Saddam.«

Mein Blick fiel wieder auf Mohammed. Er schwamm auf dem Rücken, schloss die Augen und grinste in den Himmel. Der Lockenkopf stützte ihn an Schultern und Beinen.

»In den Schulen begannen Mullahs zu predigen«, fuhr Mohsen fort. »Sie sprachen von den heiligen Märtyrern. Vom Glück, für den Islam zu sterben, von der Seligkeit im Jenseits.« Er schaute nach unten. »Das einzige, was sie brauchten, war eine Vorhut für die Front. Um Minen zu entschärfen. Esel hatten sich als nicht brauchbar erwiesen, die liefen vor der Gefahr einfach weg. Sie brauchten kleine Menschen.«

Ich vergaß zu atmen. »Hamed?«

»Sie hängten den Jungen Plastikschlüssel um den Hals, damit sie schneller ins Paradies kämen. Sie hielten ihnen sogar Testamente vor die Nase, die sie unterschreiben sollten.«

Hamed wäre zwölf gewesen, als er eines Tages von der Schule nicht nach Hause kam. Ein Nachbar erzählte Mohsen, er hätte gesehen, wie er mit Gleichaltrigen auf einen Laster gestiegen wäre. Das nächste, was er drei Wochen später über ihn erfahren hatte, war die Nachricht seines Todes. Die wäre ihm von einem Revolutionswächter überbracht worden.

Mohsen atmete schwer. Sein Lächeln hatte er aufgegeben. »Ich habe um ihn gebetet. Zunächst war ich stolz auf ihn – dass er so reif war, diesen Schritt zu gehen. Er hat sich freiwillig gemeldet. Er war so gläubig, so hilfsbereit. Alles, was er tat, machte er mit Leidenschaft. Dann begriff ich, dass er überredet wurde. Er war erst zwölf. Als ich von seinem Tod erfuhr, wollte ich nicht mehr leben. Aber Hamed, weißt du …?« Er schluckte. »Hamed gibt acht auf uns. Gott ist groß und Leben, Mathias …« Er versuchte mir in die Augen zu schauen. »Leben ist nicht 70 Jahre, oder 80. Leben ist 70 Millionen Jahre. Im Djannat, im Paradies.«

Er schnaubte ein weiteres Mal ins Taschentuch, schlug mir auf den Schenkel und stand auf. Er wankte dabei. Jemand tippte mir an den Arm. Als ich zur Seite blickte, stand der kleine Reza neben mir. Er reichte mir einen geschälten Apfel, als wollte er mir einen Goldbarren schenken. Zögernd nahm ich ihn entgegen.

Die Stimmung im Pool, in dem ich plantschte, erschien mir viel zu ausgelassen, um es lange zu bleiben. Ich hatte vergessen, wie gut es sich anfühlte, im Wasser zu toben, mit einer Horde Verrückter einem Gummiball nachzujagen und sich von Frauen, die am Beckenrand standen, anfeuern zu lassen.

Der Schrei war wie ein Schnitt quer durch die Idylle und kam scheinbar aus dem Nichts. Er klang weiblich und im Nu sprang alles aus dem Becken, als hätte sich das Spiel nach draußen verlagert. Zunächst hatte ich keine Ahnung, was los sein konnte, dann ahnte ich es. Wie besinnungslos paddelte auch ich zum Beckenrand und hangelte mich hoch. Ich stürzte über den Rasen, strauchelte, konnte meine Beine schlecht kontrollieren. Vor mir stolperte der kleine Reza wie besessen auf einen Körper zu, der seltsam verrenkt den Boden schmückte: Mohsen. Er war umringt von einer aufgebrachten Meute, die vor ihm kniete, schrie, heulte und panisch auf ihn einredete. Sein Gesicht war eine farblose Maske, die Pupillen zu riesigen Perlen geweitet und die Lippen einen Spalt weit geöffnet.

Ich war kurz davor, mich zu übergeben. Ich sah, wie meine Schwester Taraneh mit einer Hand seinen Kopf hielt, mit der anderen die eigenen Tränen abwischte. Ihr Brustkorb unterm Tschador hob und senkte sich so heftig, als müsste sie im nächsten Moment hyperventilieren. Ich mutmaßte, dass sie es war, die geschrien hatte. Ihr Sohn Hassan, der melancholische Dünne, lief wie aufgezogen auf und ab, brabbelte vor sich hin, als stünde er unter Schock und konnte sich nicht beruhigen. Elham wimmerte leise, kniete ebenfalls bei ihm und fächerte Mohsen mit einem Geschirrtuch Luft zu. Mahtaab stand wie eine Statue mit der Hand vor dem Mund, das Wasser triefte ihr vom Kleid, sie stierte abwechselnd zu Mohsen und zu mir hinüber und blieb sonst steif. Ein Glatzkopf rannte ins Haus, kam mit einem Kissen zurück, während ein Älterer einen Eisbeutel organisierte und auf Mohsens Stirn ablegte. Ich selbst konnte nicht sprechen und mich zunächst auch nicht bewegen. Dann schnappte ich eine Wolldecke vom Gartenstuhl und wedelte vor Mohsens Gesicht herum. Plötzlich fing ich an zu beten, ich weiß nicht zu welchem Gott. Ich begann zu weinen, fast tonlos und schüttelte mich vor Angst. Mohsen rührte sich nicht. Ich bekam nicht mit, ob er noch atmete. Was war eigentlich passiert? Er musste gestürzt sein. Ich hatte keine Ahnung: war es ein Herzinfarkt, eine Blutung im Gehirn, Schlaganfall, ein Kreislaufkollaps? Vielleicht auch was Harmloses? Doch das wirkte nicht so. Gab es denn verdammt nochmal keinen Arzt in der Runde?

»He's falling down«, sagte eine jüngere Frau leise zu mir, die die Frage meinem Gesicht ablas. Er hätte mit den Kindern gespielt, stammelte sie auf Englisch, und wäre plötzlich umgefallen.

Ich verstand das, doch beruhigte es mich nicht. Ich wedelte, das war das einzige, was ich für ihn tun konnte. Mohsens Blick war starr in den Himmel gerichtet, doch nahm ich wahr, dass seine Brust sich wölbte. Er lebte. Vielleicht bekam er mit, dass wir alle bei ihm waren. Dass wir ihm Kraft sendeten. Dass wir ihn brauchten und er uns nicht enttäuschen durfte. Auf einmal blickte er mich an. Ganz klar und ohne Lächeln. Sein

Blick traf mich frontal und ließ mich zurückweichen. Ich hörte auf zu wedeln. Dieser Kloß in meinem Kehlkopf, ich konnte ihn nicht mehr halten. Ich ließ die Decke fallen, beugte mich zu ihm und drückte seinen Kopf an meine Brust. Ich heulte, ein richtiger Krampf. Und ich war nicht in der Lage, aufzuhören. Ich bekam nicht mit, was die anderen machten. Ich sah nur meinen Vater. Ich hatte Angst um ihn. Ich wollte ihn nicht verlieren. Nicht noch einmal ...

Ich konnte nicht schlafen. Im Schneidersitz hockte ich auf einer Fußmatte, die die Zementfliesen der Villenveranda bedeckte. Karadsch war nicht Teheran, mir kam dieser Gedanke, als ich nach oben blickte. Der Himmel hier schien völlig unbedeckt, anders als in der Hauptstadt spendeten die Sterne Licht. Neugierig betrachtete ich die Halbmondsichel, zum Greifen nah, und überlegte, ob es Zufall war, dass ich sie heute im Iran zum ersten Mal wahrnahm. Ich zog an meiner Zigarette und mein Blick fiel auf eine Palme, die im Nachtwind raschelte. Zu einer Platane dahinter war von der Mitte ihres Stamms eine Wäscheleine gespannt, die am Nachmittag als Federballnetz gedient hatte. Auf dem schwarzen Rasen blinkten Spielautos, eine Schnorchelbrille und ein Badmintonschläger. Ich genoss die Stille, da alle, wirklich alle, zu schlafen schienen. Nur die Grillen schrien und aus einem offenen Fenster des Hauptraums vernahm ich Schnarchgeräusche. Es war ein aufregender Tag gewesen, meine Familie brauchte Ruhe. Eigentlich brauchte ich sie ebenfalls, nur hatte ich einfach nicht einschlafen können. Vielleicht war wieder mein aufgequollener Magen Schuld.

Vor dem Abendessen hatten die Frauen stundenlang die Küche belagert, um dicke Vorratssäcke, die sie aus Teheran mitgenommen hatten, in eine Mahlzeit zu verwandeln. Nach der Menge der Lebensmittel kam es mir vor, als wollten wir in Karadsch einen mehrjährigen Atomkrieg überdauern.

Beim Essen war Mohsen noch schwach gewesen und hatte nur etwas Barbari, ein im Ofen aufgewärmtes Fladenbrot, zu sich genommen. Das hatte ihn aber nicht gehindert, nach alter

Manier meinen Teller mit Kellen voll angebratenem Reis, einer Fleischsauce, Hühnchenschenkeln und einem knoblauchlastigen Auberginengericht ständig wieder voll zu laden.

»Einem kranken Mann darfst du nichts abschlagen«, hatte er sich über meine müden Proteste lustig gemacht, und mir war klar gewesen, dass ich wie bei jeder Mahlzeit gegen seine Fressnötigung keine Chance haben würde.

»So was wie heute ist mir noch nie passiert«, versicherte er mir, während die Frauen unsere Geschirrberge im menschenleeren Pool abwuschen – zum Glück besaß er einen Filter. »Ich weiß auch nicht, wie das passieren konnte.« Im Stillen vermutete ich, dass es mit der Hitze zu tun hatte. Oder damit, was er von Hamed berichtet hatte. Oder mit mir. Ich hoffte nicht, mir ernsthaft Sorgen um ihn machen zu müssen. In den nächsten Tagen wollte ich ihn überreden, einen Arzt aufzusuchen.

Als Nachtisch, es war bereits Mitternacht, gab es neben Eiscreme und Obst getrocknete Sonnenblumenkerne, und nach dem Abendgebet und einem Tee zog sich jeder langsam in seinen Schlafbereich zurück.

Vielleicht war mir auch der Teppich, auf dem ich die Nacht verbringen sollte, als Matratze zu hart gewesen. Die Männer hatten im Wohnzimmer auf dem großen Läufer ihre Köpfe auf Kissen gebettet, eng nebeneinander. Mohsen hatte von hinten den Arm um meine Brust geschlungen.

Die Frauen ruhten, vermutlich in einem ähnlichen Raum, ein Stockwerk darüber. Nur die kleinen Jungs kuschelten dort bei ihrer Mama. Mohsen hatte laut vor sich hingeschnarcht, der Oberkörper von einem Jäckchen bedeckt. Er hatte nach kaltem Schweiß gerochen, doch vom Schock des Nachmittags war er vermutlich geheilt. Mir selbst aber saß sein Ohnmachtsanfall, der nicht länger als fünf Minuten gedauert hatte, noch in den Gliedern.

Es war nicht leicht gewesen, mich aus Mohsens schlafender Umarmung zu befreien. Sanft hatte ich seinen Arm von meiner Brust gehoben und mich vorbei an den schlummernden Männern an die Luft geschlängelt.

Hier kauerte ich also auf der Veranda und drückte an der Steinplatte meinen Zigarettenstummel platt. Ich griff in die Hosentasche, zückte einen Ikeableistift und mein Notizbüchlein und versuchte etwas aufzuschreiben: Einen Brief an meinen toten Bruder. Viele Dinge rotierten in meinem Kopf und ich konnte sie schlecht in Worte fassen.

Hamed, überlegte ich. Gestern habe ich erfahren, dass du existiert hast. Und heute, wie du gestorben bist. Mir bleibt nichts von dir, als mir dein Leben vorzustellen: Wie du am Kaspischen Meer auf Bäumen turnst und deinen Eltern zuwinkst. Wie du mit Taraneh und Mohammed zum Fischen gehst und als erster etwas fängst. Wie du mit deinem Vater um die Wette rennst, ihn auf den letzten Metern gewinnen lässt. Und wie du dich freust, dass er sich darüber freut. Wie du deiner Mutter hilfst, Decken zusammen zu falten und einem Mitschüler Spickzettel zuschiebst. Vielleicht hast du aber auch meistens gebetet, weil du wohl geahnt hast, dass du nicht alt werden würdest. Warst du ein glücklicher Junge? Ich will dich mit meinen Fragen einen Augenblick neben mich auf die Veranda holen, Hamed. Vielleicht bist du dann ein bisschen weniger tot.

Es wäre schön, wenn du alles Tolle, was Menschen erleben können, im Schnelldurchlauf erlebt hättest. Du warst zwölf, als du starbst. Mag sein, dass ich naiv bin, aber vielleicht hattest du schon Gelegenheit, dich zu verlieben. Ich hoffe es, denn das ist wahrscheinlich das schönste Gefühl, das Menschen haben können. Manchmal auch das schrecklichste, aber die Fantasien, das Bangen und Schmachten, das hätte ich dir gegönnt.

Ich weiß, du hattest wenig Gelegenheit, Mädchen kennenzulernen, weil bei euch die Schulen getrennt sind. Aber vielleicht ist dir ja eins begegnet, das dich angeblickt hat wie einen vollwertigen Mann. Das dir gezeigt hat, dass du lebst. Dass du nicht nur ein Wesen bist, das Pflichten erfüllt und Rituale, die dafür da sind, was nach dem Leben kommt. Und an das du gedacht hast, nachts wenn du dich geträumt hast in den Djannat, wo sie dich verwöhnen würde. Oder 72 Mädchen, die genauso sein würden wie sie. Vielleicht hast du auch an so ein Mädchen gedacht, als sie dir dein Testament unter die Nase hielten, als sie dich dazu brachten, dich als Minenfutter zu melden und für die gute Sache zu sterben, für den heiligen Krieg. Und auch als es dich erwischt hat, wahrscheinlich in einer trostlosen Steppe in den Grenzgebieten, nachdem deine Knie bei jedem Schritt vor Angst geschlottert haben müssen. Oder bist du freudig in den Tod gerannt?

Ich legte den Bleistift neben mich, weil ich von der Seite Schritte gehört hatte. Es waren leise, tappende Schritte, wie von Ballettschlappen oder feuchten Füßen. Als ich mich umwandte, brach das Tappen ab. Es würde ja wohl kein Eindringling sein, überlegte ich. Ich beruhigte mich damit, dass das Areal eine meterhohe Steinmauer umgab und das Tor durch Metallspitzen geschützt war. Die Schritte kamen von der Terrasse. Ich steckte mein Notizbuch ein. »Hello?«

Ich erhielt keine Antwort. »HELLO?«

»Schscht ...«, machte es kaum hörbar. Ich erhob mich und blickte um die Ecke. Da stand Elham.

Mein Herz schlug höher und ich verwandelte mich in einen Holzpflock. Selbst wenn ich gewollt hätte, hätte ich keinen Ton herausgebracht.

Sie hatte einen dunklen Haustschador übergeworfen, der ihre Umrisse nur schwer erkennen ließ. Ihre Füße waren nackt. Sie nippte an einem Wasserglas.

Das hatte sie nach dem Essen ebenfalls getan, weder Süßigkeiten probiert, noch Tee. Ich erinnerte mich, dass sie als einzige Frau aber von der Wasserpfeife mit Aprikosentabak nicht ablassen konnte, die Amir Hussein, der freundliche Mops, zum Abschluss des Abends aufbereitet hatte. Eigentlich hätte der Schlauch die Runde machen sollen, doch bei ihr war er regelmäßig ins Stocken geraten. Von den Jungs, die rauchen wollten und zu kurz gekommen schienen, war sie dafür ausgeschimpft worden, doch allem Anschein nach hatte ihr das nichts ausgemacht.

Nun blickte sie in den kleinen Akazienwald hinein, der sich

hinter dem Swimming Pool erhob und tat erneut so als wäre ich nicht da. Dann aber wandte sie mir plötzlich das Gesicht zu und legte den Zeigefinger auf ihre Lippen. Mit der anderen Hand wies sie mich an, stehen zu bleiben, obwohl ich nicht vorgehabt hatte, mich zu bewegen, stellte das Glas auf dem Gartentisch ab und begann lautlos über die Rasenfläche zu wandern. Nicht ein einziges Mal blickte sie zurück, und ich hatte keine Ahnung, wohin sie wollte. Vorsichtig steuerte sie auf das Wäldchen zu. Ich gehorchte ihr, rührte mich keinen Zentimeter von der Stelle und stierte mit stockendem Atem hinterher. Sie wird schon wissen, was sie tut, dachte ich mir. Vielleicht hatte sie vor, zu beten.

Doch kurz bevor sie im Schwarz der Bäume verschwand, drehte sie sich zu mir. Sie lächelte, das konnte ich schwach erkennen, und gab mir mit der Hand ein Zeichen, ihr zu folgen. Zuerst wusste ich nicht, wie ich reagieren sollte. Intuitiv blickte ich mich um. Wir waren tatsächlich die einzigen unserer Gruppe, die sich an der frischen Luft aufhielten, in dieser lauen Nacht. Keiner war auf die Idee gekommen, im Garten zu schlafen. Die Terrassentür war geschlossen. Ich zog also meine Socken herunter, steckte sie in die Potasche und machte mich auf den Weg zu ihr. Das Gras war feucht, es kühlte meine Füße, ich ließ mir Zeit beim Gehen. Elham verharrte unbewegt im Halbdunkel neben einem dicken Stamm und beobachtete mich: Ihr erster Blick, den ich auf mir spürte, und es wäre gelogen, zu behaupten, er hätte mich nicht verunsichert. Mein Magen kribbelte und ich versuchte zu lächeln. Kein einziges Wort hatte ich bisher mit dieser Frau gesprochen, es noch nicht einmal versucht. Als ich endlich das Waldstück erreichte, drehte Elham mir den Rücken zu und huschte ins Dunkel. Das Reisig unter ihren Füßen knackte, so dass ich ihr folgen konnte, auch wenn mein Blick sie verlor. Doch im nächsten Augenblick vernahm ich sie nicht mehr. Ich hielt den Atem an und lauschte. Es war so still, als wäre ich allein. Ich wagte nicht, mich zu rühren. Auf einmal fuhr ich zusammen: Eine Hand legte sich auf meinen Unterarm.

»Stop!«, flüsterte Elham und ihre Stimme klang nah an meinem Nacken. Ich konnte sie riechen. Da waren die Reste des Aprikosentabaks, ein Hauch Schlaf und Schweiß, der meinen Atem zittrig machte. Sie streifte mit ihren Fingerkuppen die Härchen meines Unterarms. Mit Gänsehaut hob ich die Hand, um ihr über die Wange zu fahren, vorsichtig, als könnte ich ihre Poren einzeln ertasten. Ich konnte kaum atmen, so nervös war ich, doch ich spürte jeden Lufthauch, den sie ausstieß.

Ein winziges Schmatzen verriet, dass sie ihre Lippen öffnete. Dann neigte sie sie mir zu.

Es ist verboten, dachte ich. Was wir zwei da tun, ist verboten. Zina sagt man hier dazu. Zina – das heißt Verhaftung, Folter, vielleicht sogar Tod.

Während wir uns küssten, flossen Tränen über ihre Wangen. Mit meinen Lippen versuchte ich sie aufzusaugen. Stoppen konnte ich sie nicht.

DER BRIEF MEINES VATERS

... Natürlich dachte ich nicht länger daran, nach Amerika zu gehen. Meine Familie konnte ich auf keinen Fall allein lassen. Zwar waren die Geschwister erwachsen, Mahmood arbeitete als Maurer in Tarasht, während Sari den Haushalt besorgte. Aber nun mussten wir alle zusammenhalten, mehr denn je. Wenn ich jetzt verschwunden wäre, hätte mir das niemand verziehen, weder ich mir selbst, noch die anderen.

Es wäre feige gewesen, hätte nach Flucht ausgesehen, und einst hatte ich verstanden, dass das Wichtigste für mich nach der Liebe zu Gott meine Ehre war, die ich nie und nimmer verraten durfte. Und Gott hatte mir mit dem Tod der Stiefmutter ein Zeichen gegeben. Ein dringendes, denn mein Entschluss, das Land zu verlassen, hatte bereits festgestanden. Ich sollte in Teheran bleiben, den Geschwistern beistehen und für meine schlimmen Gedanken büßen. Das hatte ich nun begriffen.

Hussein ging zurück in den Norden und arbeitete weiter für Abbas, während ich in Tarasht blieb und fortan die Familienangelegenheiten regelte. Mein Bruder war in den vergangenen Jahren für den Vetter unverzichtbar geworden, hatte seine Position in der Firma ausgebaut, während ich mich vornehmlich ums Training und meine Träume gekümmert hatte. Trotzdem war ich zuversichtlich, in Tarasht eine ordentliche Anstellung zu finden.

Beim Abschied bat ich Hussein um einen Gefallen: »Ich möchte, dass du Ormaz Shabani in der Trainingshalle besuchst. Sag ihm, dass er viel für mich getan hat und ich ihn immer in bester Erinnerung behalten werde. Vielleicht kreuzen sich ja noch einmal unsere Wege.«

Teheran hatte sich in den letzten Jahren zu einer Millionenmetropole ausgedehnt. Die schlechte Agrarpolitik des Schahs sorgte dafür, dass immer mehr Bauern die Landflucht antraten und die

Hauptstadt besiedelten. Seit dem Ende des Weltkriegs hatte sich die Bevölkerung verfünffacht.

Das Dörfchen Tarasht war schon mehrere Jahre in die Stadt eingemeindet. Seit der Flughafen Mehrabad in unmittelbarer Nähe erbaut worden war, rückte es stetig weiter in den Stadtkern. Das Straßennetz zum Flughafen musste ausgebaut werden und dort gab es reichlich Schweißerarbeit für mich. Bezahlt wurde sehr schlecht, da der Staat kein Geld für seine Straßenarbeiter übrig hatte.

Doch feierte sich der Schah mit den neuen Errungenschaften selbst und mit hochtrabenden Plänen, die gesamte Stadt zu modernisieren. Es profitierte davon nur eine Minderheit; von den Ölgeldern der Westmächte sahen ich und meinesgleichen nichts. Wir hatten nur unsere Hände schmutzig zu machen.

Ich fügte mich gut in die Rolle des Familienoberhauptes. Ich baute in meinen freien Stunden zusammen mit Mahmood und ein paar Verwandten ein flaches Haus direkt neben unsere Hütte, die wir fortan nur noch als Abstellkammer nutzten. Lehmbauten waren aus der Mode gekommen, denn mit Stromnetz, Kanalisation und Gaszufuhr waren sie nur schwer in Einklang zu bringen.

Wenn mich jemand auf mein früheres Vorhaben, das Land zu verlassen, ansprach, winkte ich ab und grinste abschätzig. »Jugendliche Flausen«, sagte ich dann, »die kann ich mir jetzt nicht mehr leisten.«

Falls mich in einsamen Nächten auf meiner Schlafmatte dann doch einmal die Sehnsucht packte, nahm ich den Roman zur Hand, welchen mir Ormaz Shabani für meine Kampfesleistungen geschenkt hatte, und widmete mich einigen Lieblingskapiteln.

Da ich mittlerweile über 20 war und reifer, konnte ich manchmal nicht umhin, mich über diese beiden Heißsporne zu amüsieren, die sich da so naiv und verantwortungslos aufgemacht hatten, die Welt zu erobern, und sich Gefahren aussetzten, die sie letztendlich umbrachten.

Nun also las ich dieses Buch anders: als Warnung, niemals meine Heimat zu verraten.

Einer der fleißigsten Helfer bei unserem Häuserbau war Parvis, der jüngste Sohn von Amme Darja. Ein hübscher Bengel mit

Stupsnase und frechem Scheitel, der im Friseursalon seines Vaters arbeitete. So ziemlich jeden Abend ließ er sich auf der Baustelle blicken, erwies sich als Sanitärexperte und errichtete fast in alleiniger Arbeit die kleine Terrasse.

Er genoss die Aufmerksamkeit, die ihm Sari schenkte, welche uns Männern in den Pausen Obst, Tee und Gebäck reichte, und dankte ihr so freundlich und augenzwinkernd, dass es mir auffiel.

Eines Abends kam Amme Darja zu Besuch. Sie zog mich in eine Ecke und vergewisserte sich, dass niemand uns zuhörte.

»Dir ist es bestimmt nicht entgangen, dass Parvis ein Auge auf deine Schwester geworfen hat«, sagte sie. »Du kennst unsere Tradition. Du weißt, es ist wichtig für uns, die Familie stark zu machen. Und deswegen weißt du auch, dass es gut für uns ist, Verwandte zu heiraten. Wir haben schlimme Dinge miteinander durchgemacht, Mohsen. Wir haben an Mariam gesehen, was passiert, wenn bei uns jemand Fremdes eindringt. Wir passen nicht zu den anderen, mein Junge. Wir passen zu uns. In Zukunft wird es umso notwendiger sein, dass unsere Familie zusammenhält. Ich bitte dich hiermit, einer Heirat von Parvis mit Sari zuzustimmen. Ich denke, sie ist eine gute Hausfrau und wird eine noch bessere Mutter sein. Über die Mitgift sprechen wir noch, Geld ist aber vorhanden.«

In der Tat war es in der Großfamilie seit Jahrhunderten Brauch, das eigene Blut zu ehelichen, um reinrassigen, starken Nachwuchs hervorzubringen. Natürlich gab es immer wieder Ausnahmeheiraten. Aber die waren eher wirtschaftlichen, als emotionalen Gründen geschuldet.

Diese Tradition war mir unangenehm, der ich mich noch vor kurzem als Gatte einer blonden Filmdiva in den Staaten gewähnt hatte. Bei entfernten Verwandten hatte ich erlebt, dass Inzest Krankheiten und Behinderungen an den Kindern zur Folge hatte, und zudem war mir kein hübsches Mädchen in meiner Familie aufgefallen, mit der es das zu riskieren lohnte. Aber was für mich nicht in Frage kam, hieß nicht zwingend etwas für andere.

Ich hatte tatsächlich die Zuneigung wahrgenommen, die Sari und Parvis füreinander hegten. Und eine bessere Partie konnte meine Schwester kaum finden. Sie war bei weitem nicht die schönste Jungfrau im Dorf und Parvis, wie ich oft mitbekam, durchaus umschwärmt. Dazu besaß sein Vater eine florierende Barbier-

stube, die einzige für Männer in Tarasht, und sein Sohn war der einzige im Ort, dem er das Handwerk gelehrt hatte.

Ein Termin für die Verlobung wurde nach einem vertraulichen Gespräch mit Sari ausgemacht, die meine Frage mit einem seligen Lächeln beantwortete, und einem mit Parvis und meinem Bruder Hussein, der eigens dafür zuhause erschienen war.

Und bald wurde das schönste Hochzeitsfest gefeiert, welches Tarasht seit langem erleben durfte. Nach altem Brauch ließ sich meine Schwester bei der Trauung Zeit, bevor sie dem Mullah antwortete – dadurch stieg die Mitgift in die Höhe. Als sie nach dreimaligem Nachfragen endlich das »Ja-Wort« gab, wurde das mit größtem Jubel quittiert. Und danach wurde wieder getanzt, gelacht und gegessen, so ausgelassen und hemmungslos, als wollte sich das ganze Dorf von einem Fluch befreien, der auf unserer Familie zu lasten schien.

Die folgenden Jahre schuftete ich im Straßenbau. Die Arbeit war hart, besonders im Sommer, wo zusätzliche Hitze die Schweißerei zu einer Tortur werden ließ.

So ähnlich stellte ich mir den Djahannam, den Hades vor. Ich würde in meinem Leben stets dafür sorgen, nach dem Tod in den himmlischen Garten, den Djannat aufzusteigen, wo Bäche von Milch und Honig flossen und ich auf kostbaren Teppichen und Sesseln liegend von 72 Jungfrauen den ganzen Tag Geflügel und Früchte serviert bekäme.

Eines Mittags hatte ich gerade eine Gebetspause beendet. Ich rollte meinen Teppich zusammen, und Saeed Moghaddam, mein Freund, den ich kannte, seit wir begonnen hatten, an dieser Straße zu arbeiten, tat das ebenso.

»Wo ist Rahim?«, fragte ich, nachdem ich einen kräftigen Schluck aus der Wasserflasche genommen hatte. Unseren Kollegen hatte ich heute noch nicht gesehen.

»Ach, weißt du's noch gar nicht?«, lachte Saeed. »Er hat sich beim Arbeitsamt auf eine Stelle im Ausland beworben. Gestern bekam er die Zusage, nach Deutschland zu gehen. Dort kann er beim Schiffbau anfangen. Es gibt da soviel Arbeit, dass sie von überall her Leute holen, aus Italien, Griechenland oder der Türkei. Ich hab mich auch beworben, und ich glaube, die Chancen stehen gar nicht schlecht.«

Was Saeed da sagte, versetzte mir einen Stich, und zwar mitten ins Herz. Plötzlich, von einem Moment auf den anderen war alles wieder da. Die Steppen Afrikas, die breiten Boulevards von New York und die prachtvollen Häuser Europas. All die exotischen Orte, von denen mir Bilder und Menschen mit leuchtenden Augen erzählt hatten.

Mir kamen die unbeschwerten Tage am Damavand in den Sinn. Jene Nacht, in der ich wach gelegen und gebetet hatte, endlich raus zu kommen aus meiner Enge, ein freies, ein selbstbestimmtes Leben zu führen, fernab von Familie und Verpflichtungen.

In den folgenden Stunden konnte ich schlecht arbeiten. Ich war unkonzentriert, verletzte mich sogar, als ich meinen kleinen Finger an einer scharfen Metallplatte aufschnitt, und umwickelt von einem dicken Verband durfte ich die Baustelle etwas früher verlassen.

Es werden also noch Arbeiter gesucht, sinnierte ich zuhause auf meinem Schlaflager über Saeeds Worte.

Die Hitze in dieser Nacht war unerträglich und ich hatte das Fenster aufgerissen, durch das der Motorenlärm von den Hauptstraßen und stickiger Abgasgeruch drangen.

Ich schlief nicht und meldete mich am nächsten Morgen krank. Ich log am Münzfernsprecher, die Hand hätte sich verschlimmert, und suchte das Arbeitsamt auf, ein mächtiger Betonklotz, der erst einige Jahre zuvor entstanden war. Mit mulmigem Gefühl wartete ich bis zum Abend.

Es waren hunderte, die hier in der Schlange vor mir standen. Ich wünschte im Stillen, nicht alle würden wie ich auf eine Stelle im Ausland hoffen und versuchte nicht daran zu denken, dass ich erneut im Begriff war, meine Familie zu verraten.

»Ihre Freunde haben recht«, sagte der bärtige Mann hinter seinem Schreibtisch und zog eine dicke Mappe hervor. »Es gibt in Deutschland Arbeit für Schweißer. Der Schiffbau dort floriert, es gründen sich neue Werften und die alten rüsten auf. Die Produktion ist so massiv, dass sie für Deutsche allein nicht zu bewältigen ist. In Norddeutschland sieht die Lage besonders gut aus, in zwei Wochen gehen ein paar Flieger mit iranischen Arbeitern dorthin. Ich werde ihre Unterlagen prüfen und Sie kriegen bald Bescheid. Kommen Sie einfach in den nächsten Tagen noch mal hierher.«

161

Zehn Tage später fuhr Parvis mit mir die holprige Landstraße entlang, die an den Hängen des Zagrosgebirges vorbeiführte. Er wies auf die von Ferne leuchtenden Berggipfel an der gegenüberliegenden Seite. »Das ist dein Land«, sagte er lachend zu mir, der ich das Fenster herunter gekurbelt hatte und ganz langsam zu begreifen begann, dass das hier meine letzten Tage waren. Die letzten mit meiner Familie und meine allerletzten im Iran – wie ich damals dachte.

Der Schwager hatte mich kurzerhand eingeladen, einen Großcousin seines Vaters in Isfahan zu besuchen, weil ich eines Abends zu ihm gekommen war. »Es ist soweit«, hatte ich nur gesagt. »Ich werde gehen.«

Das Auswahlverfahren hatte länger gedauert, als erwartet. Insgesamt eine Woche, die nicht vergehen wollte. Jeden Tag war ich unermüdlich im Arbeitsamt erschienen.

Die Genesung meiner Hand hatte ich bewusst hinausgezögert, indem ich den Verband nicht länger trug. Ich hatte mich in Schlangen gestellt, Stunden gewartet, und immer die gleiche Antwort erhalten: »Wir haben noch kein Ergebnis.«

Schließlich hatten meine Referenzen den Ausschlag gegeben, welche ich dem Mann hinterm Schreibtisch am dritten Tag gebracht hatte: ein ausgezeichnetes Lehrabschlusszeugnis von Abbas unterschrieben, einem der einflussreichsten Bauherren in Nordteheran. Dass es sich bei dem um meinen Vetter handelte, hatte ich nicht erwähnt.

Wir erreichten nach Stunden das Flusstal des Zayandeh Rud, an dem sich fruchtbare Wiesen und Wälder entlangzogen. Dahinter schimmerte uns die prachtvolle Oasenstadt mit ihren zahllosen Minaretten, Palästen und Kuppeln schon von weitem entgegen.

Da also lag Isfahan, die Perle des Safawidenreiches, so alt wie der Iran selbst, und mächtige Königsstadt glanzvoller Zeiten Persiens. Auf dicht bewachsenen Hügeln erhoben sich die Ruinen eines heidnischen Feuertempels. Baumwollfelder passierten wir, Fruchtfarmen, auf denen Orangen saftig glänzten und Aprikosen gediehen, Pfirsiche und viele Arten Wassermelonen.

Wir erreichten den Stadtkern über die breite Xaju-Brücke, und ich konnte mich nicht satt sehen an den riesigen Bögen, den Nischen und Arkaden, die in regelmäßigen Abständen das Glitzern des Flusswassers in meine Augen scheinen ließen.

Am Rande des großzügigen Meydan-e Shah, der auf allen Seiten von Bauwerken verschiedenster Stile, kunstvollen Pfeilern, Basaren und Moscheen umgeben war, ließen wir unseren Paykan stehen.

Wir stellten uns in die Mitte des von Touristenmassen und Pferdedroschken gefüllten Platzes auf eine Rasenfläche, die man verziert hatte mit zurechtgestutzten Büschen.

So oder so ähnlich stellte ich mir Venedig vor, oder Paris oder Rom oder München – alles Orte, die ich mir in den kommenden Jahren auf keinen Fall entgehen lassen würde. In jedem wollte ich mindestens ein halbes Jahr leben.

Diese Stadt war ein Vorgeschmack auf all das, was plötzlich so unverhofft auf mich einströmte. Und mein Herz tanzte bei dem Gedanken daran.

Wir inhalierten die kühle Luft, mit geschlossenen Augen, denn Isfahan war wie Teheran zwar eine Millionenstadt, aber für unsere verpesteten Nasen eine Erholung.

Das milde Klima und die vielen Plätze und Brücken, die nicht mit dem Auto befahren werden durften, sorgten dafür, dass immer ein frisches Lüftchen durch die Straßen zog.

Später flanierten wir über die Basare, mit ihren hohen Decken, Kuppeln und breiten Pforten, in der Blütezeit des Landes errichtet, vor über 300 Jahren, als Europa noch neidisch auf das gesegnete und fruchtreiche Land der Perser blickte.

In den winzigen Läden der Kunsthandwerker machten wir Halt. Ich kaufte kleine Geschenke, um sie meiner Familie und den engsten Freunden zu überreichen – beim Abschiedsfest, das mir Tarasht in drei Tagen veranstalten würde.

Wertvolle Qalamkar-Stoffe für die Frauen, mit farbenprächtigen Arabesken und Blumenmustern bestückt, vor allem für Sari, Amme Darja und Mahtaab, die ich für das hübscheste Mädchen im ganzen Dorfe hielt.

Ich schaute den Metallern zu, die an schwierigsten Kupfergravuren wirkten. Bei einem greisen Miniaturmaler erstand ich ein rotbraunes Stück Elfenbein für meinen Vetter Abbas und eine Vase mit einer jahrhundertealten Sportlerszene, die ich Ormaz Shabani übermorgen in die Trainingshalle bringen wollte.

Ich handelte Schatullen und Bilderrahmen für die Brüder er-

folgreich herunter. Meine letzten Toman investierte ich in einen wertvollen kleinen Teppich, ohne Parvis zu sagen, dass der für ihn bestimmt war. Denn sonst hätte mein Schwager mich vom Kauf abgebracht und selbst bezahlt, wie es die Tradition des Taarof, der Höflichkeit, vorsah.

Am Schluss unserer Anschaffungen dankten wir dem Allmächtigen für den Tag. Wir suchten die pompöse Lotfallah-Moschee auf, die sich am Ende des Basars befand. Unsere Schuhe zogen wir aus, wuschen uns am Brunnen rein und bestaunten die cremefarbene Kuppel mit ihren Blumenmustern und Arabesken.

Wir beobachteten, wie mit dem Sonnenstand deren Farben ständig wechselten. Eine rund laufende Inschrift entdeckten wir, auf blau schimmerndem Grund. Koransätze waren dort vermerkt und immer wieder, wie zur Erinnerung, die heiligen Namen Allahs, Mohammeds und Imam Alis, des einzigen direkten Nachfolgers des Propheten.

Während wir beteten, sogen wir die Schönheit des Innenraums auf, das Azurblau und Orange der Mosaike, Inschriften und Gitterfenster. Und wagten nicht, durch eine unbeholfene Bewegung, die Ehrfurcht dieser Hallen zu zerstören.

Als wir alles im Paykan verstaut hatten, verbrachten wir den Sonnenuntergang auf der Terrasse eines Teehauses am Rande der Brücke der 33 Bögen, welche elegant den breiten Fluss überspannte. Später wollten wir zu unserem Verwandten fahren, der mit seiner Familie ein Haus am Stadtrand besaß.

»Wieso hast du das getan?«, fragte ich, nachdem wir eine Weile schweigend dem im Gleichmaß vor sich hin rauschenden Lauf des Zayandeh Rud zugeschaut hatten, in dem sich das Abendrot spiegelte.

»Was getan?«, fragte Parvis.

Ich lachte. »Du hast mich hierher geführt, mir den Traum erfüllt, diese Stadt zu sehen. Sei ehrlich, normalerweise hättest du diese Fahrt nicht mit mir gemacht, sondern mit Sari und dem Kleinen. Allenfalls hättest du mich mitgenommen. Aber warum nur wir zwei?«

Parvis überlegte. »Isfahan, sagt doch ein altes Sprichwort«, erwiderte er nach einiger Zeit, »ist die Hälfte der Welt. Und der Iran ist die ganze.« Er blickte mich an. »Ich finde es schrecklich, dass du gehst. Ich habe immer gehofft, dass du deine Sehnsucht begräbst. Auch ich habe oft daran gedacht, woanders zu leben, wo man mehr Freiheit hat, Geld und Möglichkeiten. Aber das hier, Mohsen, das ist Iran, unsere Heimat! Schau sie dir an! Sie ist so groß, so schön, so weit und so prächtig! Sieh dir an, was unser Volk geschafft hat in all den Jahrtausenden! Wir leben im Land Zarathustras, hier wurde das Rad erfunden, die Hose und wir haben einst die Welt beherrscht, als die Europäer noch in ihren Wäldern hausten! Wir Perser, Mohsen, sind Querköpfe, die immer das Weltgeschehen beeinflusst haben! Alles, mein Freund, ist auf dieser gesegneten, dieser heiligen Erde vorhanden. Wir müssen nur rein greifen und sie formen und was Ordentliches aus ihr machen, wie wir das seit Urzeiten getan haben! Wenn aber alle weggehen, funktioniert das nicht ...«

Er blickte auf den Boden und ich klopfte ihm auf die Schulter.

»Nun werd mal nicht sentimental. Ein paar bleiben ja noch hier.«

»Aber warum nicht du?«

Ich seufzte. »Was hält mich denn hier? Meine Eltern sind tot, meine Schwester verheiratet. Ich selbst kann überall arbeiten. Ich weiß, ich bin Perser, und das werd ich auch immer bleiben. Aber im Herzen bin ich Wanderer. Und das muss ich leben.«

»Wirst du wiederkommen?«, fragte Parvis, als hätte er meine Worte nicht gehört und schaute mich durchdringend an.

Ich sagte nichts, sondern lächelte.

Ich wandte den Blick von meinem Schwager und ließ ihn über den Fluss gleiten, der vom Staudamm angetrieben in die Weite zog.

Es schwindelte mich plötzlich vor Glück und vor Fernweh. Langsam, noch nie im Leben war ich mir so sicher gewesen, schüttelte ich genussvoll meinen Kopf...

Mein lieber, geliebter Sohn Mathias. Gott ist groß, und er ist mein Zeuge, dass sich alles so abgespielt hat, wie ich es beschrieben habe. Jetzt bete ich darum, dass Du meinen Brief in Deiner Sprache erhältst. Ich habe Dir bei weitem noch nicht alles erzählt, nur einen kleinen Teil davon.

Ich komme aus dem Land, in welchem die Geschichten von Schehrazade entstanden sind, sie selbst hat keine in einer Nacht zu Ende erzählt. Sie wollte damit erreichen, dass der Kalif neugierig würde, wie es weitergeht. Du, mein Sohn Mathias, bist mein Kalif.

Ich will Dich nicht Deiner Familie wegnehmen, Deinem Land, Deiner Kultur. Ich möchte nur erfahren, wer Du bist und möchte, dass Du erfährst, wer ich bin. Sobald mir Pegah berichtet hat, dass Du diese Zeilen in Deiner Sprache erhalten hast, werde ich mich an die Arbeit machen, Dir zu schreiben, wie es mir in Deutschland ergangen ist. Warum ich wieder in den Iran wollte, und Dich zurückgelassen habe.

Wenn Gott will, muss ich es nicht schreiben. Dann werde ich es Dir erzählen, während Du mir gegenüber sitzt und einen Tee mit mir trinkst. Davon träume ich seit Jahren, und es ist der größte Wunsch, den ich habe. Möge Gott diesem Wunsch gnädig sein.

Aus Teheran, mit Liebe
Dein Vater Mohsen

Als ich das Schreiben zum ersten Mal gelesen hatte, zeigte mein Radiowecker 3 Uhr am Morgen, aber

VIER MONATE VOR TEHERAN

die Zeit war mir währenddessen nicht aufgefallen. Ich genehmigte mir eine Zigarette und sie zitterte zwischen meinen Fingern, genau wie die in Rahims Restaurant am Zweiten Weihnachtstag. Mit wackeligen Knien erreichte ich das Küchenfenster, öffnete es, lehnte mich hinaus und nahm gerade einmal wahr, dass die Kastanie ihre Äste im Schneesturm zu mir bog. Ansonsten blies ich Rauch in den Hof und meine Gedanken flatterten weit weg.

So nah wie in diesen Stunden war ich meinem Erzeuger nie gewesen. Vielleicht noch nie einem Menschen, denn er hatte mir gestattet, ganz tief in ihn zu schauen. Ich durfte seiner Sehnsucht »Guten Tag« sagen, seiner Liebe, seiner Hoffnung, und auch seinen Ängsten. Da kam jemand aus einer anderen Welt, aus einer anderen Zeit, mit völlig fremden Erfahrungen und einem Glauben, der nicht meiner war. Und trotzdem meinte ich über diese riesige Entfernung hinweg, ihn sehr genau zu kennen. Sehr genau zu wissen, wovon er sprach, wie er dachte und ihn dadurch atmen zu hören.

Durch mein Hirn schossen plötzlich so viele Fragen. Doch Mohsen Lashgari war ein Hund, und ich musste lächeln über seine Gerissenheit. Er rechnete mit meiner Neugier auf seine Geschichte und genoss es anscheinend, mich auf die Folter zu spannen.

Dass er ganz am Ende noch Scheherazade erwähnt hatte, schien mehr als nur ein Zufall: Obwohl erst ein paar Jahre mit ersehntem Festvertrag an einem großen Theater engagiert, war ich drauf und dran das Ganze an den Nagel zu hängen. Mich nervten despotische Regisseure und Intendanten: Inszenierungen, deren Ansatz ich nicht verstand und Rollen, die mich nicht befriedigten. Mit Vera, einer jungen Regisseurin, der es ähnlich ging, hatte ich Pläne geschmiedet. Wir wollten unsere eigene Firma aufmachen und Solostücke erarbeiten, so genanntes Erzähltheater, um ohne viele Requisiten und Bühnentamtam in Grundschulen aufzutreten. Die Geschichten sollten aus verschiedenen Kulturkreisen stammen. Zu diesem Zweck hatten wir auch Märchen aus 1001 Nacht durchstöbert und waren auf eins gestoßen, das uns beiden gefiel, für Kinder verständlich schien und auf eine Schulstunde zu kürzen war.

Es handelte von drei Königskindern, die von den neidischen Schwestern ihrer Mutter heimlich aus dem Kindbett gestohlen und ausgesetzt wurden. Ein alter Gärtner und seine Frau aber fanden sie und zogen sie auf. Nach dem Tod der Zieheltern, die ihnen nichts von ihrer Herkunft verraten hatten, gerieten die mittlerweile Erwachsenen durch viele Abenteuer in den Besitz von Bulbul, der allwissenden Zaubernachtigall und eines wundervollen Gartens. Von dessen Schönheit erfuhr auch der König von Persien, ihr leiblicher Vater und stattete den Gärtnerskindern einen Besuch ab. Bulbul, die Zaubernachtigall, lüftete bei diesem Treffen das Geheimnis und klärte die Kinder und den König über ihre unbekannte Verbindung auf. Alle rannten zum Käfig, in den der König seine Frau damals zur Strafe für die verschwundenen Babys gesteckt hatte, befreiten sie und waren endlich als Familie vereint.

Dass ich nicht sofort bemerkt hatte, wie sehr diese Geschichte mit meiner eigenen verwandt war, verriet viel darüber, wie ich meinen Beruf lebte. Das Märchen hatte mir eher aus praktischen Gründen zugesagt, schien pädagogisch wertvoll, weil es Themen anschnitt, von denen ich dachte, dass sie Kinder beschäftigen könnten. Erst im Augenblick, da ich in den letzten Abschnitt von Mohsens Brief vertieft war und der Name der Erzählerin aus 1001 Nacht auftauchte, verstand ich das mit einem Schlag als Zeichen. Vielleicht war es Bulbul, die Zaubernachtigall, die mir klarmachen wollte: Es wurde verdammt noch mal Zeit, mich mit meiner Herkunft zu befassen.

Nachdem ich den Zigarettenstummel in den Hof geschnippt hatte, stürzte ich an den Computer und öffnete eine Flasche Wein. Die setzte ich immer wieder an die Lippen und surfte bis 5 Uhr morgens im Netz, mir war egal, dass ich um 8 Uhr wieder aus dem Haus musste. Auf einmal wollte ich alles wissen über den Iran, über das alte Persien, dieses geheimnisvolle und unbekannte Land, über die Geschichte, seine Menschen, und wie es sich dort leben ließ. Ich erfuhr über den langen Zwist mit den Römern – im Geschichtsunterricht hatte ich da nie aufgepasst –, über die Herrschaft der Abbasiden, Samaniden, Buyiden und Seldschuken, über Ferdouzi und Hafis, über Imam Mahdi und seine erhoffte Rückkehr, über Schahs und Kalifen. Ich entdeckte Fotos vom Kaspischen Meer, die mir die Nacht verzauberten und Gebirge, die denen glichen, welche ich in Salzburg vor meiner Haustür gehabt hatte. Ich sah Gemälde aus Palästen und Schulbüchern, die über Schlachten erzählten, die Kyros mit Krösus schlug, Alexander mit Darius, und Saddam mit Chomeini.

Nach ein paar Tagen ergriff ich den Umschlag, auf dem Pegahs Adresse stand, rief sie an und machte mich auf den Weg zu ihr. Als ich in der U-Bahn saß und mich an das Porzellanbild erinnerte, dass ich damals aus der Dachluke geworfen hatte, begriff ich, dass etwas Entscheidendes passiert war.

Pegah hatte mich in ihr Kellerlokal in der Oranienstraße eingeladen, das sie vor Kurzem erst eröffnet hatte. Als ich die morsche Tür aufstieß, thronte ein geschlechtsloses Wesen hinter einem Backsteintresen, der mit Wellblech verkleidet war. Es musste sich um Pegah handeln, denn wie sie mir am Telefon berichtet hatte, schmiss sie ihren Laden allein. Zunächst erschrak ich, denn das Hausgespenst, das mich da musterte, hatte mehr von einem Gnom als von einer orientalischen Dame, die es verstand, mit Sprache umzugehen.

Beim Lesen des Briefes hatte ich mir Gedanken über die Übersetzerin gemacht und vorgestellt, wie Pegah aussehen mochte. Sie hatte so klare, kräftige und feinfühlige Worte gefunden, dass nicht nur mein Vater, seine Lebensumstände und das Teheran vergangener Jahrzehnte vor meinem Auge erschienen, sondern daneben eine geheimnisvolle Femme Fatale, perlenbehangen, mit wallendem Haar, flackerndem Blick und leuchtenden Kleidern, die ihm bei den sensibelsten Stellen zur Seite gestanden haben musste, um sie in meiner Sprache aufleben zu lassen. Eine Ästhetin, eine weise, weiche, elegante Frau, in die ich mich sicherlich sofort verlieben würde, wenn ich sie träfe. Was mich aber in diesem staubigen Kabuff empfing, hatte nicht viel damit zu tun.

Pegah war dünn wie ein Strich und als sie aufstand, sah ich, dass sie mir kaum bis zur Schulter reichte. Ihr kurzes Haar war lieblos mit einer Maschine rasiert. Vielleicht lag es am schwachen Licht der Kerzen, die im Raum verteilt waren, dass es unterschiedliche Büschel aufwies, mal dicht und schwarz, dann wieder gab es Stellen, wo es grau schien. Allein an ihren Brüsten erkannte ich, dass sie eine Frau war. Riesige Augäpfel traten aus dem zerfurchten Gesicht.

Als ich mich die Steinstufen hinunterwagte, lächelte sie mir entgegen, stützte eine Hand auf den Tresen und hielt mit der anderen einen Joint, an dem sie regelmäßig zog. Sie trug einen dunklen Overall, der zu klein war. Ihre Bewegungen wirkten bemüht.

»Mein Verwandter«, hauchte sie nur und verharrte einen Augenblick, als ich vor ihr stand.

Das Lokal war eine Mischung aus Hobbykeller, Räuberhöhle, Kunstatelier und Müllhalde, trotzdem fühlte ich mich sofort wohl. In einer Ecke brutzelte Holz in einem verstaubten Ofen. In einer anderen standen ein Dutzend Bierkästen aufgeschichtet. Die Steinwand hinterm Tresen schmückten bis zur Decke Alkoholflaschen, die auf Sperrholzregalen auf ihren Einsatz warteten. Elektrisches Licht sah ich nirgends. Das Glas reflektierte die Flammen der Kerzen, so dass von den zahllosen Flaschen Helligkeit ausging. Ich meinte, in eine abgeschlossene Welt geraten zu sein.

»Gehen wir in den hinteren Gastraum«, lud mich Pegah ein. Ohne ein Wort zu sagen, folgte ich ihr. Wir spazierten an Wandgemälden vorbei, die den Kellerstein verdeckten, die Farben aber schienen verblasst. Blau überwog und düstere Töne. Auf einigen Bildern erkannte ich zwischen Farbsprenkeln großmäulige Drachen, Teufel mit Flammen um ihre Silhouetten und Schlangen, die einander auffraßen.

Pegahs Gang war zackig und hektisch. Sie wirkte, als könne sie keinen Moment entspannen, als müsse sie immer alles unter Kontrolle behalten. Ich schätzte die Frau auf Mitte 40. Doch ihr ganzes Wesen verriet, dass die Jahre tiefe Spuren hinterlassen hatten.

An einem der Tische aus Spanplatten, die auf Sandsteinen ruhten, ließen wir uns in der Nähe einer Elektroheizung in Korbstühlen nieder. An der Wand dahinter hing ein kleineres Bild, nicht so auffällig wie die anderen, in Metallleisten gerahmt. Ganz in schwarz und nur vereinzelt waren rote Früchte über die Fläche verteilt. Unter dem Rahmen stand der Titel mit grüner Farbe auf die Wand gekritzelt: »Apfelbaum« – Stamm oder Äste konnte ich nirgendwo erkennen.

»Als dein Vater so alt war wie du«, grinste sie und stierte auf meine Nase, »war sein Zinken genau so breit wie deiner. Heute ist er viermal so groß. Also keine guten Aussichten, mein Freund!« Sie brach in heiseres Gelächter aus.

Sie erzählte, dass mein Vater oft von Deutschland geschwärmt hatte, als sie noch klein war und die Familien sich besuchten. Sie mochte ihn, weil er etwas Weltmännisches hatte, immer lachte, mit ihren Geschwistern spielte und bei Hausaufgaben half. Er war eine Respektsperson, und das heute noch. Ein echter »Khan«, ein Macher, der die Probleme anderer gern in die Hand nahm. Allerdings war auch viel Traurigkeit in seinem Wesen. Er hätte in Teheran ein Scheißleben gehabt.

»Weshalb ist er überhaupt zurückgegangen in den Iran, wenn er's hier so toll fand?«, erkundigte ich mich, nachdem sie mir den Joint ein paar Mal gereicht hatte, wir ihn aufgeraucht und uns eine Weile lächelnd begutachtet hatten. Immerhin lernten sich hier zwei leibliche Verwandte kennen. Für mich war das eine Uraufführung.

»Das soll er dir besser selber erzählen«, wehrte sie ab und drückte den Stummel in einen übervollen Glasascher. »Trinkst du einen Whisky mit mir?«

Ich nickte und Pegah verschwand in einem Loch hinter dem Tresen. Ich sah mich um. Es war später Nachmittag, aber hier unten schien Zeit keine Bedeutung zu haben. Ich war der einzige Gast und konnte mir vorstellen, dass das eine Weile so bleiben würde. Es roch nach altem Gas und ziemlich muffig. Trotz aufgedrehter Elektroheizung fröstelte ich, durch die Steinmauer drang Kälte in den Raum. An den Wänden wechselten sich Kunstwerke mit Putz ab. Manchmal ließ sich beides nicht unterscheiden.

»Hast du das alles gemacht?«, rief ich ihr nach, und betrachtete den Steinboden, der mit schäbigen Teppichen verschiedener Größe, Beschaffenheit, Stile und Muster übersät war. Ich überlegte, dass das alles diesen Berliner Improvisationsschick besaß, den Touristen in der Stadt aufsogen wie andere Urlauber den Meergeruch an der Copa Cabana. So gesehen versprach das Lokal Erfolg.

Pegah lachte und erschien mit zwei Gläsern und einer Flasche Jack Daniels. Dabei erkannte ich, dass sie ein Bein leicht hinter sich her zog. »Alles ist von mir«, entgegnete sie und nahm einen großen Schluck aus der Flasche, bevor sie mir ein Glas in die Hand drückte und sich in den Stuhl fallen ließ. »Ich habe das alles ausgebaut. Niemand hat mir dabei geholfen.«

Ich schaute sie ungläubig an.

»Naja, niemand ist nicht ganz wahr«, gab sie nach einer Weile zu. »Als ich hier anfing, war da noch Dieter. Ich fickte manchmal mit ihm. Dafür trug er mir Baumaterial herein und half mir beim gröbsten. Irgendwann hat er sich dann in eine Nutte verguckt. Die beiden machen sich ein schönes Leben und verpulvern das Geld, das ich ihm über Jahre geliehen habe.«

Sie warf den Kopf zurück und verzog das Gesicht zu einem Lachen. Aber es kam nur ein Krächzen heraus. Ihre Stimme klang abgenutzt, als hätte sie viel Staub schlucken müssen. Seltsamerweise gefiel mir das. Ohne ihre offensichtliche Nervosität hätte ich Pegah fast erotisch gefunden. »Wie lange bist du schon hier?«, fragte ich.

Auf einmal wurde sie ernst und blickte mich forschend an. Im Kerzenlicht, das auf einer wachsverkleisterten Rumflasche am Tisch flackerte, wirkten ihre Augen trüb und doch stechend.

»Was meinst du mit hier? In diesem Laden bin ich seit drei Jahren. Jeden Tag mindestens 18 Stunden. Manchmal schlafe ich sogar hier drin. Da vorne auf dem Ledersofa – das hab ich vom Sperrmüll. Aber erst seit zwei Wochen ist geöffnet.«

Sie goss mir einen Whisky ein. »Bis jetzt kommen noch keine Leute, aber das wird sich ändern, das kannst du mir glauben. Sie werden diese Kneipe lieben, mir die Bude einrennen. Ich habe das verdient. Ich habe soviel Scheiße gefressen in den letzten Jahren, das reicht bis zum Lebensende.«

»Und wie lange bist du in Deutschland?«

Sie lachte. »Seit ewig. Ich kann mir gar nicht mehr vorstellen, nicht hier gelebt zu haben.«

Sie stand auf, zog einen Vorhang zur Seite und öffnete ein Fenster zum Bürgersteig. Draußen begann es zu regnen. »Ich vermisse Teheran tagtäglich. Am liebsten würde ich so schnell wie möglich dorthin zurück«, sagte sie beiläufig und setzte ihr Glas an die Lippen. »Aber mein Schicksal ist es, hier zu bleiben. Ich habe in Deutschland eine Aufgabe, weißt du? Ich habe diese verfluchte Scheißaufgabe, dafür zu sorgen, dass ich nicht untergehe. Dass meine Art nicht untergeht.«

Ich blickte sie verständnislos an.

»Ich bin Rock'n'Roll, begreifst du?« erklärte sie mir. »Persischer Rock'n'Roll, und ich verliere nie.«

Sie setzte sich wieder zu mir und fixierte mich. »Wenn ich

irgendwann einmal verloren hätte, würde ich wissen, wie das geht und es immer wieder tun. Ich bin gegangen, als noch keine Ajatollahs an der Macht waren, die meinten, uns sagen zu müssen, wie wir zu leben hätten. Aber weißt du, es gab sie trotzdem. In den Köpfen, in den Lebensstilen, sie pochten in den Adern der Menschen, mit denen ich zu tun hatte.« Sie goss das Glas wieder voll und trank es halb leer. »Ich bin hierher gekommen, weil ich nicht in Teheran leben durfte«, sagte sie nachdenklich. »Man musste mich evakuieren, man musste mich schützen. Ich hatte geliebt. Ich hatte gefickt. Hatte ein gutes Leben geführt und wollte mir das weder von der Familie noch von irgendeinem Gott verbieten lassen. Offiziell hieß es: Studiere in Deutschland. Du willst doch Künstlerin werden, das kannst du dort besser. Ich sagte, ich will Malerin werden, Persien war immer ein Land voller Maler. Ich will in Teheran studieren, Isfahan oder Schiraz, das ist meine Heimat, ich brauche das hier. Mein Vater sagte, das kannst du nicht. Wenn du hier leben willst, musst du sofort heiraten. Mein Gott, ich war 16.«

Pegah sagte, sie hätte ihrem Vater von den Schulkameradinnen erzählt, die alle noch nicht verheiratet gewesen wären. Aber er hatte sie nach Hannover geschickt, zu ihrem Vetter. Der feilte an ihrem Deutsch, so dass sie bald die Mittlere Reife bekam. Dann wäre sie auf die Kunsthochschule gewechselt.

»Und soll ich dir was sagen? Ich habe es dort gehasst.« Sie leerte das Glas. »Ich habe gehasst, neben diesen aufgeblasenen Deutschen herumzuhängen, die aus betuchten Familien stammten, nichts erlebt hatten, niemals getrennt waren von ihren Leuten. Ich habe gehasst, neben ihnen zu sitzen und ihre Zeichnungen zu ertragen, die keine Seele hatten, keine Eier und die aus nichts entsprangen, nicht mal aus ihnen selbst.«

Sie wäre krank geworden, sehr krank. Aber sie hätte durchgehalten. Ihr Vetter sollte auf sie aufpassen, aber das schaffte er nicht, ihr Freiheitsdrang war stärker. Sie hätte mit verschiedenen Typen zusammengelebt, die sie wie Dreck behandelt hätten, und wäre kaum noch zum Zeichnen gekommen.

»Ein, zwei Mal verkaufte ich Bilder, die weniger einbrachten als das Essen für eine Woche. Schließlich wandte ich mich dem Glauben zu.« Sie öffnete ihren Tabakbeutel und begann einen neuen Joint zu bauen. Mein Kopf aber fuhr bereits Karussell. Ich würde auf keinen Fall mehr ziehen.

»Ich hatte nie geglaubt, war nur streng muslimisch erzogen worden. Aber das hieß bei mir nichts«, fuhr sie fort, ohne mich anzuschauen. »Solange ich im Iran war, hatte mir Allah nichts zu sagen, hatte die Fresse zu halten. Erst in Deutschland erfuhr ich, was er mir bedeutete. Ich errichtete einen Altar in meiner Wohnung, hob Steine aus der Wand und stellte Kerzen hinein. Das gab mir Kraft.«

Irgendwann wäre sie nach Berlin gekommen. Als Künstlerin ging es aufwärts und sie lernte ein paar Leute kennen. Diesen Keller hätte ihr die jüdische Gemeinde geschenkt, die im selben Haus Büros besäße.

»Sie hatten keine Verwendung dafür«, lachte sie. »Und ich tat ihnen leid, wie ich da tagtäglich vorbeimarschierte und neidisch durch die kaputten Kellerfenster schaute.« Pegah lehnte sich zurück, zog am Joint und blickte sich um. »Hier unten war nichts, bevor ich angefangen habe. Ein riesiger Steinhaufen mit viel Scheiße drauf, die danach rief, beseitigt zu werden. Ich machte mich an die Arbeit. Ich wurde krank und wieder gesund, ließ mich nicht abbringen, hob das alles aus, jeden Tag. Ich machte aus dem Dreck Gold, und here we are. Willst du Musik und noch einen Whisky?«

Ich nickte zögernd, obwohl meinem Blick allmählich die Schärfe fehlte. Nachdem sie wieder eingeschenkt hatte, lief Pegah hinter den Tresen und drückte auf ihren Laptop, der zwischen Rotweinflaschen auf dem untersten Regal stand und mit Boxen verbunden war. Im Reggae-Rhythmus erfüllten Bässe den Raum: Bob Marley and the Wailers.

»DON'T WORRY ABOUT A THING, 'CAUSE EVERY LITTLE THING GONNA BE ALL RIGHT ...«

»Wirst du alleine fliegen?«, rief sie und ich hörte, wie sie im Nebenraum Geschirr einsortierte.

Ich stutzte. »Wohin?«, schrie ich.

»Naja, du willst doch nach Teheran. Deswegen besuchst du mich doch!« Sie kam zurück und schloss das Gitterfenster; Kälte wehte langsam herein.

Ich antwortete nicht, sondern dachte nach. Pegah hatte unrecht. So weit war ich noch nicht. Mein Interesse an meinem Vater und seinem Land war gestiegen – bingo. Nur bedeutete es, dass ich diesen Terrorstaat gleich aufsuchen wollte? Seit den Anschlägen vom 11. September war das Ansehen Irans beschmutzt wie nie. Die USA bezichtigten offen das Regime in Teheran, Al-Quaida, die libanesische Hisbollah und palästinensische Hamas zu unterstützen. Alles schien auf einen Krieg der westlichen mit der islamischen Welt hinzudeuten, und der Iran galt als einer der Drahtzieher. Hatte man hierzulande vor einigen Jahren noch vornehmlich mit den Aufräumarbeiten des Ostblocks zu tun und waren die Sorgen in der so genannten »Achse des Bösen« Probleme, die nichts mit uns zu tun hatten, war die Sicht auf diese Region heute eine andere. Die Vorstellung von Persien als zauberhaftem Land mit glorreicher Geschichte und friedlichen, schönen Menschen war in so weite Ferne gerückt wie nie. Auch wenn da noch so sehr meine Wurzeln lagen: War ich bereit, mein Leben zu riskieren, um ein paar Muslims kennenzulernen?

»Und? Wird dich nun jemand begleiten?«

Ich schreckte auf. Pegah saß mir gegenüber und betrachtete eine Fruchtfliege, die in ihrem Glas ertrank.

Ich nahm einen Schluck aus meinem und wischte mir den Mund ab, bevor ich antwortete. Vielleicht war es der Alkohol, vielleicht war es Trotz gegen alle, die mir Angst einjagen wollten, vielleicht wollte ich Pegah beweisen, dass ich keine hatte, als ich mich sagen hörte: »Ich fliege. Aber das mache ich ganz allein.«

Einen Moment ließ ich die Worte im Raum stehen und beobachtete Pegah, wie ihre Augen sanft zu lächeln begannen. Dann setzte ich hinzu: »Ich weiß nicht, ob das ein Fehler ist.«

Sie lachte. »Fürchtest du dich etwa? Ob jemand mitkommt, oder nicht, spielt keine Rolle. Du wirst sowieso ein anderer sein, wenn du zurückkommst.« Sie schürzte die Lippen und blies ihren Rauch in Kringeln zu mir. »Am liebsten würde ich dich begleiten. Ich liebe dieses Land, weißt du? Aber immer wenn ich dort bin, werde ich krank. Persien ist der schönste Flecken, den es gibt, aber ich kann dort nicht leben. Vor ein paar Jahren habe ich es versucht, aber es ging nicht ...«

Mit Riesenaugen hörte ich ihr zu und verzichtete zu fragen, warum sie immer von Persien sprach und nie vom Iran. Wahrscheinlich hatte sie mit dem »Land der Arier«, wie sich ihre Heimat seit den 30er-Jahren nannte, weniger am Hut als mit dem uralten Weltreich.

»Persien hat sich sehr verändert seit dem Sturz des Schahs«, ergänzte sie. »Der Alltag ist komplizierter geworden. Du bist deutsch, hast aber eine persische Seele. Bei mir ist es anders herum, und das macht es schwierig.«

Sie lächelte, doch ich merkte, dass eine Träne aus ihrem Auge kroch. Ich räusperte mich, mir war das unangenehm. Elegant versuchte ich, das Thema zu wechseln.

»Auf was«, unterbrach ich die Stille, »muss ich denn achten, wenn ich in den Iran reise?«

Sie stand auf und lief zum Tresen, um die Musik lauter zu stellen. Bob Marley krächzte:

«GET UP, STAND UP, STAND UP FOR YOUR RIGHTS!«

Pegah murmelte die Melodie und tanzte in Zeitlupe zu unserem Tisch zurück. Sie schien dabei zu schweben. Auch ihr krankes Bein bewegte sich mühelos.

»Auf dich. Nur auf dich. Dieses Land wird dich verzaubern, es wird dich fesseln und nicht mehr loslassen. Versprich mir, dass du bei dir bleibst.«

Ich kräuselte die Stirn und begriff nichts von dem, was sie da sagte. Pegah aber lächelte versonnen, wischte sich mit einem Geschirrtuch über das feuchte Gesicht und fuhr fort, ihren Körper im Rhythmus Jamaikas selbstvergessen zu wiegen.

Am nächsten Morgen konnte ich kaum aufstehen, denn mich folterte ein entsetzlicher Kater. Trotzdem verlor ich keine Zeit. Aus einer Ecke meines Schreibtisches kramte ich den kleinen Zettel hervor, den Mohsen Lashgari vor Jahren in einem seiner zahllosen Briefe mitgeschickt hatte. Darauf war seine Telefonnummer vermerkt. Ich hatte sie nie genutzt, war nicht einmal auf die Idee gekommen. Das holte ich jetzt nach. Mein Schädel brummte, als ich die Tasten drückte und ich hatte das Gefühl, das Tuten im Telefonapparat würde die Schläge in meinem Hirn verstärken.

»Salem Aleikum«, nuschelte mir eine dunkle Männerstimme ins Ohr. Zwölf Jahre hatte ich diese Stimme nicht gehört, die meiner doch so ähnlich war. Ich atmete tief durch und hatte Wasser in den Augen, als ich flüsterte: »Hier ist Mathias.«

Die Stimme antwortete nicht gleich. Doch war ich sicher, durch 4.000 Kilometer entferntes Rauschen Nervosität zu spüren. »Ich bin soweit«, sagte ich. »Ich komme bald zu dir.«

Zunächst verstand er nicht, was ich meinte. Aufgeregt stammelte er vor sich hin, eine Mischung aus Persisch, Deutsch und Englisch, auf die ich beim besten Willen nicht reagieren konnte. Dann aber schwieg er, sammelte sich hörbar und rief in lupenreinem Deutsch: »Danke, mein Sohn! Danke!« Er sog noch einmal Luft in sich und seine Stimme zitterte, als er leise nachsetzte: »Du bist hier willkommen.«

Teheran, knapp 30 Jahre nach 1979: Den Kindern der Revolution liefen ihre Unterleibssäfte hektoliterweise ins Gehirn,

DER LETZTE DONNERSTAG

davon konnte ich mich in meiner letzten Woche überzeugen. Und selbst jetzt, wo ich es schreibe, ist mir nicht klar, was mich damals geritten hatte, dieses Spielchen mitzumachen – das wie russisches Roulette seinen Kick daraus zog, dass der Spieleinsatz das eigene Leben war.

Khaled hatte mich mitgenommen, im schäbigen VW-Transporter seines Vaters. »Zu stinkreichen Leuten in Nordteheran«, wie er sich auf Englisch ausgedrückt hatte. Mohsen sagte er, wir würden bei seiner Familie übernachten, die ebenfalls im Norden der Stadt in einem noblen Block residierte. Sein Vater war Unternehmer, der zwei florierende Teppichgeschäfte besaß. Zurzeit befand er sich aber auf Geschäftsreise, und kennengelernt hatte ich ihn noch nicht.

Khaled schien bei weitem der attraktivste Mann in meiner Familie, obwohl ich nicht sagen konnte, inwieweit ich überhaupt mit ihm verwandt war. Allein war ich ihm nie begegnet. Meistens hatte er Mohsens Wohnung zusammen mit seinen Brüdern betreten: Ali, Hossein und Farhad, drei ausgesprochenen Jung-Machos, die gerne mit ihren Schlüsselanhängern spielten und sich gegenseitig die Schultern massierten.

Khaleds Gesichtszüge waren kantig und ebenmäßig, für seine 20 Jahre schon männlich ausgeprägt und in den dunklen Pupillen leuchtete ein Grünstich. Als er den Motor aufheulen ließ, überlegte ich auf dem durchgescheuerten Beifahrersitz, dass in den Hörsälen, in denen er Chemie studierte, vermutlich Dutzende verschleierter Mädchen nach seinem Körper schmachteten. Um ihn ein wenig in Verlegenheit zu bringen, sagte ich ihm das.

»Oh, nein«, antwortete er in holprigem Englisch. »Ich sitze viel zu weit von ihnen entfernt. Bei den Vorlesungen müssen die Mädchen hinten sitzen, die Jungs vorne. Vor Kurzem gab es im Hörsaal noch einen Vorhang, der die Geschlechter seitlich trennte. Das war ganz schön langweilig!« Er trug ein knallblaues T-Shirt, das seinen definierten Oberkörper in allen Facetten zur Geltung brachte. Silberne Marc O'Polo-Letter schmückten die vorgedrückte Brust und an beiden Ringfingern trug er jeweils einen Klunker. Das Haar war zu Strähnchen aufgesprüht.

Nach einstündiger Kamikazetour durch den Teheraner Frühabend stoppte Khaled den Kleinbus in einer Sackgasse auf einer Anhöhe vor einer stattlichen Mauer, die von außen mit Platanen verdeckt war. Er sprang aus dem Bus, um neben einem brokatverzierten Eisengatter auf den Klingelknopf zu drücken.

Die Gasse, auf beiden Seiten von Steinwänden und Bäumen umgeben, wirkte ruhig, nur wenige Menschen schlurften am Bus vorbei. Autos fuhren keine, allein in der Ferne entdeckte ich einen Mercedes, der am Straßenrand parkte. Ich hatte nicht das Gefühl, noch in Teheran zu sein, obwohl mir bewusst war, dass die Stadt sich noch mehrere Kilometer nach außen streckte.

Als Khaled wieder in den Wagen gehüpft war, öffnete sich das Tor mit einem Surren zu beiden Seiten. Darauf holperten wir einen Kiesweg entlang, von Büschen begleitet, die uns ihre Sträucher zur Begrüßung entgegen bogen, direkt auf eine flach bedachte Jugendstilvilla zu. Ich war überrascht über dieses strahlende Bauwerk hinter einer solch kahlen Mauer. Die Balkonterrasse, die nach vorne ragte, umgab eine Sandsteinbalustrade und wurde von Säulen gehalten, die auf Marmorfliesen ruhten.

Khaled lenkte unseren VW-Bus auf einen Parkplatz und brachte ihn zwischen einem feuerroten Lamborghini, mehreren Porsche Cabrios, einem Jaguar, BMWs und weiteren Karossen zum Stehen.

»Da sind wir«, grinste er. »Ich hoffe, du wirst dich amüsieren.«

»Das tu ich schon«, lachte ich, verließ den Wagen und schlug die Tür hinter mir zu.

Ein End-30er mit Struwwelhaar trat aus dem Haus. Er trug neben Jeans und Wildlederschuhen ein Hemd von Lacoste, die Lockenmähne war zum Pferdeschwanz gebunden. Aufmerksam lächelte er uns entgegen. »Salemaleikum, tschetori?«, rief er von weitem. »How are you?«

Ich schätzte, dass Khaled meinen Besuch angekündigt und dem Gastgeber berichtet hatte, dass ich aus Deutschland gekommen war. »Fine, fine«, lächelte ich zurück, und bedankte mich.

»Welcome to my house!«, rief der schlanke Mann mit jovialer Stimme und ergriff meine Hand. «My name is Navid. Please, feel free! My house is your house!« Darauf umarmte er Khaled mit festem Griff, drückte ihm mehrmals Schmatzer auf die Wangen, bevor er ein paar Worte zu ihm sagte, über die sie kicherten. Ganz war mir nicht klar, in welchem Verhältnis sie zueinander standen.

Er wäre erst vor zwei Tagen aus den Staaten zurückgekommen, wo einige prima Geschäfte geglückt wären, berichtete mir Navid auf Englisch. Er wäre ein Kosmopolit, in Teheran zuhause, genau wie in London, Dubai und auch in New York. Das Leben als Geschäftsmann müsse flexibel sein, lachte er. Immer wenn er hier wäre, gebe er kleine Feste für seine Freunde. Speziell am Donnerstag, weil da Wochenende war. Seine Freunde wüssten, dass sie sich bei ihm gut amüsierten. Er zwinkerte mir zu.

Khaled legte grinsend einen Arm um meine Schulter, und wir folgten dem Hauschef über ein Rasenstück und eine Marmortreppe durch die Eingangs-Flügeltür. Im Flurbereich sollten wir unsere Schuhe ablegen und eine elegante Frau meines Alters mit wallendem Haar, Seidenhose und Rüschenbluse drückte uns einen Aperitif in die Hand.

»Marja, my wife«, stellte Navid sie vor, und ich wollte mich schon verneigen, wie ich das bei den Frauen in meiner neuen Familie mittlerweile gewohnt war, als sie mir vergnügt die Hand entgegenstreckte. Im ersten Moment zögerte ich, nahm sie dann aber entgegen, froh, endlich mal eine Ausnahme der Regel kennen zu lernen.

Erstaunter war ich, als ich am Aperitif nippte. Das war ja Alkohol! Und nicht harmloser Sekt, sondern was Hochprozentiges, das bitter schmeckte, pelzig, nach Anis und Minze! Als Navid, Marja und Khaled meine Reaktion bemerkten, prusteten sie los. Sie kreischten sich etwas zu und führten mich damit ins Haus.

Wir kamen in eine Empfangshalle – oder war es das Wohnzimmer? –, die nach 20 Metern in einer Fensterfront mündete. Dahinter erstreckte sich ein kleiner Park mit einem Granulat-Tennisplatz, auf dem sich Männer in Sportklamotten Bälle zuschlugen. Ein Privat-Court im Garten! Ich pfiff durch die Zähne.

Bevor ich mir also über die finanzielle Situation meiner Gastgeber Sorgen machte, schlürfte ich lieber am Drink und begutachtete den Auflauf an aufgebrezelten jungen Menschen, die herumstanden, fläzten, scherzten, und zwischen Schränken, Kunst und Tischen fast überflüssig wirkten.

In allen Ecken standen barockartige, mit Seide überzogene Mahagonisessel herum. Vergoldete Eisentische und wirre Stahlkonstruktionen, die Kunstwerke sein sollten, protzten daneben, dahinter und davor. Wie ich nicht anders erwartet hatte, bedeckten den Raum Schichten von Perserteppichen. Die Wände waren nahezu komplett mit Marmor und Mosaiken verkleidet. Darauf prangten abstrakte Gemälde und Wandteppiche, die scheinbar Originale waren und ihren Preis gehabt haben mussten, sonst hätten sie in diesem Prachthaus keinen Platz gefunden.

Das Zimmer wirkte mit Gegenständen völlig überfrachtet. Ich hatte den Eindruck auf einer Einrichtungsmesse zu sein. Stattdessen befand ich mich aber auf einer Party – einer Party im partyfeindlichen Teheran! Ich musste grinsen, denn ich hatte das pubertäre Gefühl, bei etwas Verbotenem dabei zu sein.

Als ich mich umblickte, war Khaled verschwunden. Ich tröstete mich, dass er mich schon nicht allein lassen würde, und schaute mir fasziniert die Gäste an. Am meisten überraschten mich die Damen. Kopfschal oder Hidschab konnte ich nirgendwo entdecken, geschweige einen Tschador. Daran, dass ich hier nun endlich mal weibliches Haar betrachten konnte, erkannte ich, dass sich die persische Frau genauso fleißig kolorierte wie die deutsche. Rot, braun, blond, komplett oder mit Strähnchen – alle Variationen strahlten mir von den Häuptern entgegen. Schwarz überwog, sonst hätte ich glatt vergessen, in welchem Land ich mich befand. Die meisten Frauen hatten sich in eine sparsame Schale geworfen – weniger an Qualität, mehr an Quantität: Superminiröcke und tiefe Blusenausschnitte sparten jedenfalls nicht an Reiz. Die Kleider wirkten modisch, stilvoll und leuchteten farbig, manche versprühten durch ihr grelles Design einen leicht osteuropäischen Touch: Rosa Röcke mit Blümchenmuster knallten mir entgegen, ebenso wie mit Herzchen bedruckte Strumpfhosen. Geschminkt waren alle wagemutig, bei mancher fragte ich mich, ob sie zwei oder drei Lippenstifte aufgemalt hatte. Die bunten Fingernägel glänzten in den tollkühnsten Varianten. Kajal trugen die meisten so offensiv unter falschen Wimpern und gezupften Augenbrauen, wie ich das in Deutschland nur von Travestiekünstlern oder Teufelsanbeterinnen kannte. Zahlreiche Pflaster entdeckte ich an den Nasen. Scheinbar boomte in Teheran die Schönheitschirurgie und betroffene Frauen gaben sich wenig Mühe, das zu verbergen. Der Einsatz von Schmuck an Ohren, Haar und Hälsen brachte die Körperinszenierungen zum Glitzern.

Fast jeder schwenkte leger ein Gläschen in der Hand. Nur wenige Gleichgeschlechtliche unterhielten sich, und wie alle sich einander zuwandten, schien nicht geschwisterlich zu sein. Es roch nach Parfüm und frisch gewaschenen Männerhemden. Schwüle flirrte durch die Luft und erhitzte die Atmosphäre zusätzlich. Aus den Yamaha-Boxen neben der Glaswand drang Cocktailjazz.

Plötzlich tauchte Khaled wieder auf, knuffte mir in die Seite und gab mir ein Zeichen, ihm zu folgen. Wir wanderten an Männern vorbei mit leuchtenden Sakkos, gegelten Frisuren und Markennamen auf ihren T-Shirts. Und hübschen Frauen, die lasziv das Haar nach hinten streiften, wenn sie in deren Augen blickten. Wir strandeten in einer Art Abstellraum am Ende des Ganges, wo zwei pubertierende Jungs Tischfußball spielten. Sie unterbrachen ihre Partie und musterten mich belustigt. Khaled dagegen schloss die Tür, griff in die Hosentasche und zog sorgsam ein Plastiksäckchen heraus. Ich ahnte nichts Gutes.

»Drugs, Matthäus«, flüsterte er, öffnete das Säckchen und meine intuitiv zugekniffene Faust, drückte mir eine Handvoll feuchter, zusammengequetschter Pilzsporen in die Hand.

»Eat!«, befahl er, und als ich sah, wie gierig sich die drei auf ihre klebrige Portion stürzten und sie in den Mund schoben, wusste ich, dass ich keine Chance haben würde, nicht dasselbe zu tun. Khaled schaute mir erwartungsvoll ins Gesicht.

Es war schon Jahre her, dass ich harte Drogen probiert hatte. Während meines Zivildienstes in der Bahnhofsmission hatte ich mich mit einem heroinabhängigen Stricher angefreundet, der täglich auf einen Tee und Schmalzbrot unsere Einrichtung besucht hatte. Ich wusste nicht, lag es an Langeweile, Lust an Neuem oder zerstörerischer Energie: Regelmäßig hatte ich mich von ihm mit billigem Koks beliefern lassen. Letztlich brachte mir das wenig, einen Kick auf der Discopiste, aber ich tat es immer wieder. Irgendwann verplapperte sich der Stricher mit berauschtem Kopf vor meiner Chefin. Die drückte mir eine Krisenbesprechung auf, mit sämtlichen Mitarbeitern und dem angereisten Zivildienstbeauftragten, vor dem ich mich Gott sei Dank herausreden konnte: Laut Wehrdienstgesetz hätte mir eine Gefängnisstrafe gewunken. Dieses Erlebnis war derart traumatisch für mich gewesen, dass ich keine Drogen mehr angerührt hatte. Bis heute. Bis jetzt. Bis Teheran.

Warum mir ausgerechnet hier, im vergnügungsfeindlichsten aller Staaten, wo nicht bloß Gefängnis, auch Peitschenhiebe, Folter, vielleicht sogar Tod auf Konsum von Drogen stand, ein innerer Magnet diese Dinger, von denen ich nicht den blassesten Schimmer ihrer Wirkung hatte, in die Mundöffnung stopfte, konnte ich nicht sagen. Vielleicht war es das Prinzip: »Mitgefangen, mitgehangen.« Ab dem Moment, als ich dieses Haus betreten hatte, wusste ich, dass ich mich zusammen mit allen, die hier anwesend waren, auf dünnem Eis bewegte: mit Glanz und Glamour auf einem Schiff, das zum Sinken verurteilt war. Was hier veranstaltet wurde, war von vorn bis hinten konterrevolutionär. Falls diese Bombe hochgehen sollte, würde sich keiner herausreden können. Mein Vater, die deutsche Botschaft, meine Regierung – keiner wäre dann in der Lage, mir zu helfen. Als Ausländer würde man mich ohnehin für den Schmuggler halten. Ganz übel fühlte ich mich bei diesem Gedanken und genoss ihn zugleich. Khaled, dieser attraktive Dreckskerl, der mich nun mit seinen Pupillen anfunkelte als hätten wir zwei ein Geheimnis, hatte mir sicher nur einen Gefallen tun wollen, indem er mich hierher kutschiert hatte. Tatsache war, er hatte uns damit dem Schicksal ausgeliefert.

Ohne ein Wort meiner Grübeleien zu äußern, ohne Vorwurf lächelte ich ihn an, kaute eine Weile auf den Sporen herum, und schluckte sie schließlich herunter. Noch bevor sie in meiner Speiseröhre landeten, war mir klar, dass ich einen Fehler gemacht hatte.

Khaled trat an den Kicker, winkte mich auf seine Seite und wollte zusammen mit mir gegen die Jungs antreten. Als ich die Griffe des Torwarts und der Verteidigung umfasste, kniff er mir in die Wange.

»I'm lucky about you«, sagte er, »I love you, Matthäus«, und wandte sich mit feuchten Augen dem Spielfeld zu. Während wir mit kindlicher Erwartung auf die Bescherung vor uns hin kickerten, überlegte ich, ob ich nicht zur Toilette rennen sollte, um die Pilze auszukotzen. Ich hätte mir eine runterhauen können: Mitte 30 und naiver als ein Teenager! Wer bitte, garantierte mir eigentlich, dass nicht diese Pasdaran, diese gefürchteten Revolutionswächter, hereinstürzten und alle verhafteten? Aber vielleicht wollten wir das ja insgeheim. Vielleicht waren alle anderen genauso lebensmüde wie ich es scheinbar selbst war? Unvermittelt griff ich mir ans Herz, wo sonst meine Brieftasche saß. Natürlich war sie nicht da. Ich war wegen der Hitze ohne Jacke aufgebrochen, und mein Ausweis steckte darin. Falls sie mich einbuchteten, konnte ich also nicht einmal hoffen, als Deutscher behandelt zu werden. Sie würden mich peitschen, strecken, mir die Zehennägel rausziehen und mich tagelang an meinen Armen aufhängen. Und niemand würde wissen, wo ich war. Schließlich würden sie mich steinigen.

Ich bekam einen Schweißschub, und auf einmal wurde mir schlecht. Ohne Khaled Bescheid zu geben, lief ich zur Tür, öffnete sie und rannte auf den Gang. Weit kam ich nicht, eine große Müdigkeit hielt mich auf. Die Beine wollten nicht weiter, wurden schwer und ich musste mich an der Wand abstützen.

Ich rutschte mit dem Rücken an ihr herunter. Mein Kiefer lockerte sich, der Schädel sackte ständig auf meine Brust, ich konnte ihn kaum auf dem Rumpf halten.

»Matthäus, my friend«, rief es von weitem, und als ich mich umwandte, blickte mir Khaled in die Augen. Er hockte neben mir auf dem Boden, ich erwiderte seinen Blick und betrachtete ihn genauer. Der Grünstich seiner Pupillen nahm eigenartige Formen an, fast schien er im Braun seiner Augen zu schwimmen.

»Everything's allright with you?«, fragte er ebenso zärtlich wie holprig und versuchte, meinen Kopf mit seinen Fingern aufzufangen.

Ich löste mich von ihm und nickte. Es war mir lange nicht so gut gegangen. Angst hatte ich keine mehr, ich war viel zu entspannt. Sollten sie nur kommen, diese Revolutionswächter!

Die Glieder lockerten sich, und trotzdem verschwand meine Müdigkeit. Den Kaugummi, den Khaled gerade katschte, vernahm ich so laut wie in einer leeren Betonhalle. Mir war es unangenehm, auf einmal gähnen zu müssen. Ich blickte diesen wunderschönen Verwandten an und gähnte ihm einfach ins Gesicht, riss mein Maul auf wie ein hungriges Krokodil und konnte gar nicht mehr aufhören. Es kam mir vor, als hätte alle Spannung, die ich in meinen Leben aufgebaut hatte, endlich ein Ventil gefunden, um mit einem einzigen, endlosen Gähner für immer aus dem Körper zu treten. Gefühlte Minuten vergingen, bis ich meine Lippen wieder schließen konnte und Khaled anstarrte, als wüsste er, wie es jetzt weiterging.

Ich lächelte ihm zu und sagte nur ein Wort: »Pasdaran ...«

Zuerst blickte er mich verständnislos an. Dann begriff er und winkte ab. »No«, sagte er. »No Pasdaran! Relax, Matthäus.«

Dabei rieb er genüsslich Daumen und Zeigefinger aneinander und präsentierte sie mir. »Money makes the world go round!« Ich nickte vor mich hin. Nie hatte ich die Vorzüge des Kapitalismus angenehmer empfunden.

»I bring you some water«, rief er, wie um mich zu beruhigen. »Wait for me!« Er stand auf und verschwand.

Mit meinem Gähner war der Gehirnmüll ein für alle Male entsorgt, meine Schultern schienen zu schweben. Ein unsichtbarer Marionettenspieler zog am Faden meines Kopfes und lockerte ihn wieder. Mal ließ er ihn fliegen, dann bewegte er ihn zu allen Seiten, ohne Rumpf. Ich hatte nicht das Gefühl, ihn zu steuern. Die Augen weiteten sich, und einen Augenblick schaute ich mir selbst zu, wie ich grinste und die Leute betrachtete, denen ich gar nicht weiter auffiel. Zwei Mädchen verfolgten einen älteren Herrn und verschwanden mit ihm in einem Zimmer. Einer kippte sich die Reste einer Wodkaflasche in den Rachen, als wäre er ausgedorrt und tränke Sprudel.

Hatten sich die Menschen verdoppelt? Oder waren sie hinter Möbeln vorgekrochen? Ich blickte nach oben. Die Stuckdecke wölbte sich mir entgegen. Das wirkte vertraut, als wäre sie ein guter, alter Freund. Ich lehnte mich nach vorn und studierte meine Hand, die ständig Farbe und Größe änderte: mal wulstig und rot, dann wieder gräulich, später schwarz und hager wie eine verkohlte Leiche.

Vorsichtig erhob ich mich und schritt den Gang entlang. Der Teppich fühlte sich an, als würde ich auf einer Wolke spazieren und die Leute, denen ich begegnete, sagten etwas zu mir, auf das ich nicht antworten konnte. Aber mein fehlendes Farsi stimmte mich heiter und ich strahlte stattdessen zurück. Ich wanderte bewusst, meine ganze Konzentration lag in den Beinen und ich hatte das Gefühl, von nun an immer so gehen zu müssen. Jeder Schritt war ein Wesen, das es wert war, durch mich belebt zu werden.

Zwischen den Möbeln wurde getanzt, jemand hatte die Musik geändert. »I LIKE TO MOVE IT, MOVE IT...« hämmerte es aus den Boxen. Vollbusige Mädchen rührten mit den Händen in der Luft und schüttelten im Takt ihre Hüften. Jungs mit Goldkettchen, Armani-Shirts und hochgeklappten Hemdkragen standen im Kreis um sie herum, feuerten sie an, im Rhythmus klatschend, manchmal griffen sie nach ihnen. Vier Männer saßen an einem Eisentisch, spielten Backgammon und rauchten Wasserpfeife.

Plötzlich stand Elham vor mir. Ohne Kopftuch oder Tschador, nur geschminkt und mit großen Augen. Ich lachte sie an. Es wunderte mich nicht, sie hier zu sehen. Alles, was ich gerade erlebte, musste so sein und passte zusammen.

Zunächst dachte ich, sie wäre nicht echt. Doch als meine Fingerkuppen ihr welliges Schwarzhaar streiften, das auf die Schultern fiel, was ich zum ersten Mal anschauen durfte und auch berühren, war mir klar, dass sie wirklich vor mir stand. Wo sie hergekommen war, interessierte mich nicht. Mit geweiteten Pupillen musterte sie mein Gesicht und lächelte. Ihren Kopf warf sie nach hinten und sagte Worte, die ich nicht verstand, vermutlich auf Persisch oder Englisch oder irgendwas dazwischen.

Es war nicht wichtig, was sie redete, nur wichtig, dass sie das tat. Ich blickte fasziniert auf ihre Lippen, die sich rhythmisch bewegten und ihre Mundwinkel, die sich zu ihren Grübchen bogen. Sie roch nach frischen Früchten und Zigarettenrauch, der von ihrer Hand aufstieg. Die Stimme klang belegt und streichelte mein Ohr.

Erst jetzt bemerkte ich im Augenwinkel das Mädchen an ihrer Seite. Die löste sich von ihr, warf mir einen verschmitzten Blick zu und verschwand im Gang.

Eine Weile stand ich vor Elham und staunte sie regungslos an, während sie etwas fragte, auf das ich nichts erwidern konnte.

Sie war nur schön und im Magen wummerte es wohlig und mein Gehirn schien einfach nicht in der Lage, diese simple Frage zusammenzukriegen, warum ich sie hier traf.

Ich ließ mich auf alles ein, als würde mein Körper in Rückenlage auf einem Fluss treiben, mit Blick zum Himmel und Lächeln im Gesicht, und hätte keine Wahl, als zu vertrauen, weil ich keine Chance hatte, mich zu wehren gegen Strömung und Kurven.

Seit unserem Kuss im Wäldchen hatte ich oft an sie gedacht, doch nie Furcht gehabt, dass uns beiden im Nachhinein was passieren könnte.

Elham sah mich an und plapperte, in einem fort, und es war gut, dass sie das machte. Ich betrachtete die ebene Nase und den unruhigen Blick, der meinen schüchtern suchte. Ihr Kleidchen war kurz und gelb, und leuchtete so grell, dass es mir in den Augen schmerzte. Ohne Scham blickte ich an ihren nackten Beinen hinauf, entlang der schmalen Hüfte, den kleinen Brüsten und der unbedeckten Halspartie.

Für einen Moment hoffte ich, dass es nur uns beide gab auf der Welt. Anders als bei den Mädchen, mit denen ich zusammen gewesen war, hatte ich bei ihr nicht das Bedürfnis, was zu behaupten, etwas darzustellen, das nicht echt war. In dem Zustand wäre mir das auch nicht gelungen.

Fortwährend spürte ich ihren Blick auf mir, erst ruhelos, dann unbewegt, mit einem wissenden Lächeln. Wie in jener Nacht, bevor ich sie am Baum geküsst hatte und sie im Haus verschwunden war, weil ihre Mutter sie gerufen hatte. In der ich den Atem angehalten, mich an den Stamm gelehnt und gewartet hatte bis kein Geräusch mehr zu hören gewesen und erst dann zur Terrasse geschlichen war. Ich schluckte bei dem Gedanken daran und an die Ängste, die ich damals ausgestanden hatte und war kurz davor, zu heulen.

Auf einmal schien alles klar. Ich begriff, wie falsch diese Party war. Und wie falsch mein ganzes Leben. Mein verrücktes, verspieltes, ruheloses, bindungsloses, alkoholisiertes Oberflächenschwimmen. Und das merkte ich ausgerechnet in Teheran, wo Exzesse verboten waren, wo hohe Strafen darauf standen, wo diese Leute sie aber lebten, als gäbe es kein Morgen. Warum, verdammt nochmal, ließen sich Verbote nicht verbieten? In diesem eindeutigen Drogenmoment merkte ich, dass ich das alles gar nicht nötig, dass ich es im Grunde hinter mir gelassen hatte. Dass sich meine Seele nach Ruhe sehnte. Und nach einer Frau wie Elham.

Plötzlich nahm ich ihren Kopf in beide Hände, bog meine Lippen zu ihrem Gesicht und küsste sanft ihren Mund. Ich hatte keine Furcht vor jemandem, der kommen könnte, um mir das zu verbieten, ich war eins mit mir und mit ihr und mit dem, was ich wollte und was passieren konnte. Mein Magen war ein weiches, heißes Meer.

Auf einmal drückte Elham sich von mir weg. Ich öffnete meine Augen. Nervös blickte sie sich um und griff dann meine Finger.

»Follow me«, hauchte sie mir zu.

Sie bahnte sich einen Weg durch engstehende Grüppchen. Ich hatte Mühe, zu folgen, ohne ihre Hand loszulassen. Eine dunkle Marmortreppe führte uns hinauf, vorbei an wohlriechenden Leuten, die an den Wänden lehnten und uns zulächelten. Nur schemenhaft nahm ich alles in mir auf: den gerahmten Wandteppich mit Pferdeporträt, eine Gipsstatue ohne Kopf, die ihre Arme hochhielt, das halbleere Cocktailglas auf der obersten Stufe, einen Plastikteller mit Kuchen auf dem Fenstersims. Der Korridor des ersten Stocks war mit purpurfarbenem Teppich ausgelegt. Elham wandte sich einer

Seitentür zu und öffnete sie; ich erschrak, als ich begriff, dass es sich um das Bad handelte. Die Kacheln, Fliesen und das Waschbecken schimmerten in grün geschecktem Marmor, das Bodenrelief war mit orientalischen Miniaturen versehen, die westliche Toilettenschüssel aus rosa Porzellan. An einer Halterung hing auch Klopapier.

Eine dickliche Blondine wusch sich gerade am Becken die Hände und sah verwundert auf, als wir eintraten. Elham kicherte ihr etwas zu, brachte sie damit zum Lachen. »Be careful!«, rief das Mädchen, warf einen vergnügten Blick auf mich und wies auf Elham.

Die schob die andere grinsend aus dem Raum, schloss die Tür und drehte den Schlüssel. Sofort zog sie einen fransigen Brustbeutel heraus, den sie unter ihrem Kleid verstaut hatte und kramte ein zusammengefaltetes Papierstück hervor, das sie mit den Fingerspitzen öffnete. Das weiße Pulver, das zum Vorschein kam, verteilte sie auf einer gefliesten Ablage. Sie griff noch einmal in den Beutel, um einen Zettel rauszuholen, mit dem sie das Pulver sorgsam in zwei Bahnen schob, rollte ihn und zog sich eine Spur in die Nase. Mit einem zauberhaften Lächeln reichte sie mir das Röllchen.

Ich war völlig irritiert. Bisher hatte ich alles ohne nachzudenken in mir aufgenommen. Doch jetzt wurde es mir zuviel. Ich hatte Drogen eingeworfen und sollte noch mehr nehmen? Und das mit einer der schönsten und unschuldig wirkendsten Frauen, die ich jemals gesehen hatte? War das Ganze noch real? Ich kam mir vor wie der tragische Held in einem amerikanischen B-Movie, hoffte zugleich, dass mich jemand zwickte, weckte und ich in meinem Bettchen in Kreuzberg aufwachte, ahnte aber, dass das nicht passieren würde. Ich saß fest und hatte nur die Chance, am gleichen Seilende mitzuziehen, anders würde ich wohl nicht herauskommen. Ich blickte zu Elham. Führte sie ein Doppelleben? Führten alle hier ein Doppelleben? Bisher hatte ich nicht gewusst, wie es sich anfühlte, auf Vulkanen zu tanzen. Jetzt wusste ich es. Und die Lava brodelte an meinen Fußsohlen.

»Take it, please«, drückte mir Elham die kleine Rolle zwischen die Finger. Sie wirkte nervös, doch ihr Blick ruhte auf mir. Mir war jetzt alles egal. Mit einem Ruck ergriff ich das Röllchen, zwinkerte ihr noch einmal zu und beugte mich über die Ablage. Ohne einen Krümel übrig zu lassen, zog ich die zweite Bahn in mir auf.

Als ich mich umdrehte, hatte sie ihr Kleid hochgezogen, ein Spitzenhöschen lugte hervor.

»Okay?«, flüsterte Elham. Bevor ich antworten konnte, fiel sie mir wie ausgehungert um den Hals und presste mich auf den Toilettensitz. »Be careful«, hauchte sie dabei. »Please, be careful with me ...«

Ich erfuhr von dem Unfall, als ich einen Pappbecher Kaffee in der Hand hielt und zu Fuß auf dem Weg war ins The-

EINE WOCHE VOR TEHERAN

ater. Ich war spät dran und hastete über die Friedrichstraße. Mama hatte mich angerufen, und als sie mir die Nachricht am Handy mitteilte, wäre beinah ein Laster über mich gerollt.

»Es ist passiert, als er seinen Lottogewinn abholen wollte«, schluchzte sie. »Es waren 6 Euro.«

Ich schaffte es gerade noch über die Kreuzung, und es dauerte Minuten, bis ich nach dem Auflegen begriff, was sie mir da erzählt hatte. Ich spielte eine grauenhafte Vorstellung, schlief schlecht, machte am nächsten Probentag frei und fuhr frühmorgens mit dem ersten Zug nach Oldenburg.

Mama holte mich in der Bahnhofshalle ab. Sie war gealtert seit ich sie vor einem halben Jahr das letzte Mal gesehen hatte. Ihr brünettes Haar hatte sich stark versilbert und tiefe Furchen zogen die Wangen herab. Als ich sie sah, überlegte ich, ob das Ganze ein Zeichen sein konnte, den Flug abzublasen, den ich für nächste Woche nach Teheran gebucht hatte. Sie umarmte mich lange und ich spürte an meiner feuchten Schulter, dass sie zu weinen begann. Ich strich über ihre glatten Haare und versuchte sie zu beschwichtigen.

»Es ist so schön, dass du gekommen bist«, sagte sie. »Es ist so schön, dass wenigstens noch einer von euch kommt.«

Ich wusste, wie sehr es sie beschäftigte, dass meine Brüder sich nicht mehr zu Hause blicken ließen. Axel war immer noch meistens im Knast und Steffen hatte seine eigenen Probleme. Bevor er die nicht gelöst hatte, gab es keinen entspannten Kontakt zu den Eltern und zu mir sowieso nicht.

193

»Ist doch selbstverständlich«, wimmelte ich ab.

Beim Fußmarsch ins Krankenhaus erzählte sie, was gestern geschehen war: Es hatte in Strömen geregnet, ein richtiger Wolkenbruch. Aber Papa wollte unbedingt mit dem Fahrrad zur Lottoannahmestelle fahren. Der Wagen war in der Werkstatt gewesen und sie versuchte, ihn von der Fahrt abzubringen. »Ich muss morgen früh einkaufen, dann kann ich den Schein gleich mitnehmen«, sagte sie. Aber er lachte nur und meinte: »Meinen Lottogewinn will ich selbst einlösen, so schnell es geht.« Darauf fuhr er los und sie wartete drei Stunden. Die Annahmestelle war keine zwei Kilometer entfernt, und irgendwann rief sie dort an, ob er da schon aufgekreuzt wäre. Doch die Besitzer wussten von nichts. Dann begann sie, bei Verwandten anzurufen, die in der Nähe wohnten, ob er bei ihnen wäre – Fehlanzeige. Irgendwann stand ein Polizist vor der Tür. Ihr Mann wäre bei einer dicht bewachsenen Kreuzung mit einem Golf kollidiert, der die Vorfahrt missachtet hätte. Er wäre vom Rad gerissen und in die Innenstadtklinik gebracht worden. Sofort hätte sie die Sachen gepackt und wäre zu ihm gefahren.

»Wie ernst ist es?«, fragte ich besorgt.

»Er ist nicht in Lebensgefahr. Aber der Arzt meinte, er hätte mehrere Rippenfrakturen und auch ein Schädel-Hirn-Trauma, wie er sich ausdrückte. Mathias, es kann sein, dass er – dass er nie wieder richtig im Kopf wird!«

Sie fing wieder an zu weinen und ich legte meinen Arm um ihre Schulter. Sie war kaum in der Lage, zu gehen. An den aufgerissenen Augen und der Nervosität ihrer Bewegungen entdeckte ich, dass sie die Nacht nicht geschlafen hatte. Ich kannte sie. Das würde die folgende Zeit so bleiben. Zum Glück fuhr ein Taxi vorbei und ich winkte es heran.

Als wir vor dem Krankenhaus hielten und beim Haupteingang aussteigen wollten, zuckte plötzlich wieder ein Stich durch meinen Magen und ich hielt mitten im Zahlvorgang inne. Ich hatte das unbestimmte Gefühl, an dieser Misere schuld zu sein. Warum rief ich meine Eltern kaum an und besuchte sie so selten? Nie passte ich auf sie auf und langsam kamen sie doch in das Alter, wo man sie anscheinend nicht mehr alleine auf die Straße lassen durfte. Papa war Anfang 80 und meine Mutti nur sechs Jahre jünger. Ich hatte mir nie Sorgen um sie gemacht, weil sie ihren Lebensherbst mit Häuschen und Garten gut miteinander im Griff gehabt hatten. Wenn ich an sie dachte, machte ich das zärtlich, doch sie lebten ihr eigenes Leben und ich lebte meines. Jetzt aber überfiel mich auf einmal panische Angst um sie und ich fürchtete mich vor allem, was kommen konnte und dass sie irgendwann nicht mehr da sein würden. Ich kam mir vor wie ein frischgeschlüpftes Küken, und als ich nach Sekunden schaffte, doch noch auszusteigen und mit Mama die Schwingtür zu passieren, überlief mich eine Sehnsucht nach ihrer Nähe, die am ganzen Körper schmerzte. Während wir die Empfangshalle entlanghasteten, hielt ich die kleine Frau dicht an meinen Arm gedrückt und fuhr mit der Hand über ihren knöchrigen Rücken. Meine Augen waren feucht, aber ich zwang mich, nicht zu heulen. Wer weiß, was da alles heraus gekommen wäre.

Die Gänge, die wir durchschritten, stanken nach Sagrotan und Phenol, diesem übelerregenden Farbstoff. Wir eilten an Rollstuhlfahrern vorbei, genervten Krankenschwestern und alten Leuten in Bademänteln. Es lächelte niemand, aber das wunderte mich nicht.

Papas Zimmer lag im Erdgeschoss, am Ende eines Ganges, wir mussten nicht lange nach der Nummer suchen. Hierhin war er heute von der Notaufnahme verlegt worden.

Wir drosselten unseren Schritt, traten ein, nachdem unser Klopfen unerwidert geblieben war, und versuchten den Atem zu beruhigen. Während ich sorgsam die Tür hinter mir schloss, blickte ich zum Krankenbett, auf dem mein Papa lag – nur die Beine von einer Decke belegt, mit Schläuchen an Arm und Nase, die zu Transfusionsbehältern führten. Sein Bett war das einzige im Zimmer, doch der Raum war so groß, dass ich annahm, er würde nicht lang allein bleiben. Er trug seinen karierten Pyjama, den Mama gestern mitgebracht hatte, und stierte aus dem Fenster, ohne auf uns zu reagieren. Erst als wir näher kamen, wandte er uns langsam, soweit es der Schlauch in seiner Nase zuließ, den Kopf zu. Sein Gesicht war fahl, die Stirn in einen Verband gehüllt und an den Wangen und Unterarmen entdeckte ich zahlreiche Schrammen, Blutergüsse und Schürfungen. Sein Blick wirkte in sich gerichtet und unbeteiligt, keine Regung zuckte über das Gesicht. Er schien uns nicht mal zu erkennen.

Mama blieb in der Nähe der Tür stehen und stützte ihre Finger an die Wand. Ihr Körper bebte, das merkte ich, als ich meinen Arm von ihr löste und mich auf einen Stuhl neben das Bett gleiten ließ. Ich griff nach seiner Hand, die auf der Kante lag. Er jedoch zog sie weg und wies auf ein Glas Wasser, das neben Pillendosen und einem Blumenstrauß auf dem Nachtschrank stand. »Die Mücken«, sagte er. »Da sind so viele Mücken!«

Ich suchte mit meinen Augen den Raum ab, doch konnte nirgendwo eine Mücke entdecken. Papa wedelte mit der Hand in der Luft herum, hielt aber plötzlich inne, als müsste er das noch mal überdenken.

»Die Milch ist schlecht geworden!«, meinte er und schaute mir voller Panik in die Augen. »Die Mücken haben die Milch schlecht werden lassen!«

Ich sah ihn verständnislos an und warf dann einen Blick zu Mama. Ich spürte, dass sie erneut mit den Tränen kämpfte, aber in Gegenwart ihres Mannes riss sie sich zusammen. Sie gehörte zu einer Generation, die sich immer zusammengerissen hatte. »Papa, siehst du nicht, Mathias ist doch da!«, sagte sie.

Das bekam er mit. Er fixierte mich genauer, indem er die Lider ein wenig zusammenkniff, begann zu lächeln und ich war gewiss, dass er mich nun erkannte. »Axel!«, rief er erfreut und richtete sich auf. »Hast du den Stall schon sauber gemacht?«

Ein neuer Stich fuhr durch meinen Magen. »Mathias ...«, stellte ich mich flüsternd vor.

Sein Lächeln erstarrte und er blickte wieder zum Fenster hinaus. »Ja, Mathias«, sagte er nach einer Weile. »Wir müssen noch die Kugeln aufhängen. Und Lametta!«

Ich nickte unsicher.

Dann wandte er sich mir wieder zu. »Warum bist du hier?«, fragte er.

Ich schluckte und stammelte: »Weil ich dich besuchen wollte, und ...«

»Warum wolltest du mich besuchen?«, unterbrach er mich. Er richtete seinen Blick auf mein Gesicht, als erwartete er eine ehrliche Antwort.

Jetzt hätte ich es sagen können: Weil du mein Vater bist, und nur du allein. Weil ich Sehnsucht nach dir hatte. Weil es mich unendlich traurig macht, dich so zu sehen. Weil ich mir Sorgen um dich mache. Weil ich dich liebe.

Ich öffnete meine Lippen, um so was in der Art zu äußern, ließ es aber im letzten Moment bleiben. Unsere Beziehung war für Gefühlsausbrüche zu verfahren. Ziemlich alles, was ich ihm hätte antworten können, wäre gelogen gewesen. Und wahrscheinlich hätte er das in seinem Zustand durchschaut.

Ich erinnerte mich, wie ich ihm zur Kindergartenzeit auf der Straße entgegengelaufen war, als er zu Fuß von der Arbeit kam und es nicht abwarten konnte, ihm in die Arme zu fallen. Ich zog ihn sofort in mein Zimmer und spielte mit ihm Playmobil. Er war lange Zeit der einzige, den ich als Mitspieler duldete. Selbst Freunde und meine Brüder durften an die Figuren, Autos und Schiffe nicht ran.

Als ich älter wurde, half ich ihm manchmal, den Rasen zu mähen. Irgendwann rief er mich nicht mehr, wenn er das machte, obwohl ich im Haus war. Gekränkt stand ich am Fenster und sah ihm bei der Arbeit zu. Ich wusste, dass die Bahnen, die ich gezogen hatte, nicht sorgfältig gewesen waren. Jahrelang hatte ich gehasst, dass er mir das weder hatte sagen, noch beibringen können.

Dann die Szene am Abend vor meinem 8. Geburtstag: Papa, betrunken, schlägt meinen Bruder. Steffen läuft weg, kommt die Nacht nicht zurück. Papa brüllt und schlägt meine Mutter, die zu schlichten versucht. Versteckt hinterm Sofa habe ich keine Lust mehr, irgendwas zu feiern.

»Es tut so weh«, murmelte Papa und berührte mit den Fingern seine Brust. »Alles ist kaputt. Diese Ami's sind nicht so böse, wie sie tun. Aber man darf sie nicht provozieren. Spielst du noch Theater?«

Ich nickte, konnte aber nicht sprechen. Ich schluckte die Tränen hinunter, die langsam wieder die Kehle aufstiegen.

Ich betrachtete ihn, von oben bis unten. Er tat mir leid, wie ich ihn da liegen sah, einfach nur leid. Ein Häufchen Elend, trotzdem purer, als ich ihn all die Jahre erlebt hatte. Er äußerte Dinge, die schon lange in ihm gewuchert haben mussten, die er gesund aber niemals gesagt hätte. Nach dem Theater hatte er mich nie gefragt, kein einziges Mal über den Krieg erzählt. Axel hatte auch niemals den Hühnerstall ausgemistet, das hätte Papa nicht zugelassen, der war sein Heiligtum. Auch den Christbaum schmückte er immer allein, ließ niemanden ran. Seltsam, dass er in der Welt, in der er sich jetzt aufhielt, eine Familie zusammenfantasierte, die er verhindert hatte. Er wirkte hier an seinem Bettlager echter, als ich ihn in meinem ganzen Leben kennengelernt hatte, und das tat mir weh. Er schien verletzlich – weil er verletzt war.

Trotzdem tat ich mir mehr leid. Denn mir wurde auf einmal bewusst, dass ich keine Gefühle für ihn hatte. Früher hatte ich immer gedacht, es wäre beleidigter Stolz, als ich irgendwann begriffen hatte, dass dieser Mensch mich nicht interessierte: Weil er mir so wenig geben konnte, was ich als Junge gebraucht hätte, nämlich einen Vater, zu dem ich aufschauen konnte; an dem ich mich reiben konnte, dem ich beweisen konnte, dass ich gut war, und der das auch zu schätzen wusste und auch förderte. Ich dachte, meine Abneigung – wohl seit der Zeit, als ich eingeschult worden war – wäre enttäuschte Hoffnung gewesen. Hoffnung, vom Vater geliebt, geachtet und respektiert zu werden und all dieser psychologische Mist. Lange Jahre hatte ich gedacht, es würde ihn einmal geben, diesen großen

Moment, wo wir beieinander säßen und uns aussprächen, von Mann zu Mann, und uns versöhnten und endlich das füreinander empfänden, was Vater und Sohn füreinander empfinden sollten. Nun wäre vielleicht die Möglichkeit dazu gewesen. Und ich hatte kein Interesse, sie zu nutzen.

Als ich gestern von dem Unfall erfahren, sogar noch kurz bevor ich sein Zimmer betreten hatte, war er mir nahe gewesen. Viel näher als in diesem Moment, da ich bei ihm saß und nicht wusste, was ich mit ihm reden sollte. Wie immer eigentlich. Wie all die Jahre, die wir schweigend in einem Haus verbracht hatten, und dort nicht fähig gewesen waren, aufeinander zuzugehen.

Hier lag nur ein kümmerlicher alter Mensch, der angefahren wurde und Wunden hatte und vielleicht nie wieder der sein würde, der er gewesen war. Das war schlimm. Aber davon, dass da mein Vater lag, spürte ich nichts. Rein gar nichts.

Ich blickte meine Mutter an. Sie war die einzige, die ich wirklich bedauerte. Dafür hätte ich mich ohrfeigen können.

»Steffen hat Kontakt zu seiner Erzeugerin aufgenommen«, sagte Mama, als wir uns eine Stunde später in der Klinikcafeteria an einem Plastiktisch gegenübersaßen.

Papa war eingeschlafen und wir hatten uns weggeschlichen, um uns einen Kartoffelauflauf zu gönnen, der bis in sein Zimmer hineinduftete. Wie ich hatte sie seit gestern nichts mehr gegessen.

Der sterile Saal barst vor Menschen. Patienten in hässlichen Bademänteln und weißen Kitteln schnatterten aufeinander und auf ihre Angehörigen ein und ich hatte nicht den Eindruck, dass ich mich an einem Ort befand, wo Leute Ruhe haben sollten.

Als ich von meinem Bruder hörte, verschluckte ich mich an der Käsesauce. Das letzte Mal, dass ich Steffen gesehen hatte, war vor gut einem Jahrzehnt in Bielefeld gewesen. Dort waren wir uns in einer Kneipe nach Jahren mal wieder über den Weg gelaufen, als ich in der Stadt einen Kollegen besuchen wollte. Ich wusste nicht, dass er dort lebte, und als er mich ansprach, dauerte es Sekunden, bis ich ihn erkannte. Anschließend hatten wir ein Bier getrunken, um nach einer halben Stunde mit »Bis bald mal, wir sehen uns« wie flüchtige Bekannte getrennte Wege zu gehen. Seitdem hatten wir uns nicht mehr gesprochen. Auch wenn zehn Jahre vergangen waren, hatte ich wenig Bedürfnis danach – und Steffen scheinbar auch nicht.

»Er hat die Adresse seiner Mutter rausgekriegt«, sagte Mama. Die hätte im Telefonbuch gestanden. Er fuhr nach Hannover und besuchte sie. Scheinbar war sie Alkoholikerin und lebte getrennt von ihrem Mann. Außer Steffen war sie kinderlos geblieben. Zwei Stunden lang schwiegen sie sich an. Er war entsetzt, sie kennenzulernen, entsetzt und enttäuscht. Am Ende des Treffens hätten sie sich gestritten. Sie hätte ihm klargemacht, dass sie ihn nie wiedersehen wollte.

»Seitdem ruft er ständig bei uns an und weint«, sagte Mama. »Meistens nachts, wenn Papa schläft, weil er mit ihm nicht reden will. Wenn ich dann irgendwann müde bin, fängt er an, mich zu beschimpfen. Ich würde ihm nicht zuhören und hätte mich nie für ihn interessiert. Mathias, manchmal möchte ich einfach nicht mehr leben ...«

Sie brach wieder in Tränen aus und ich merkte, dass sie mit den Nerven am Ende war. Wer wollte ihr das verdenken.

Ich schob meinen Teller weg und streichelte ihren Handrücken. »Mama«, flüsterte ich. »Ich kann mir vorstellen, was du durchmachst. Mir tut das alles furchtbar leid, ich meine, vor allem was mit Papa passiert ist. Vielleicht ist es blöd von mir, dass ich in einer Woche in den Iran reise. Einen ungünstigeren Zeitpunkt hab ich mir wohl nicht aussuchen können. Aber meine Eltern, das seid ihr, ihr beide ganz allein, da drängt sich keiner zwischen! Und deshalb: Wenn du willst, stornier ich den Flug. Das kostet nicht viel. Ich storniere ihn und komme in den Theaterferien nach Oldenburg und helfe euch, damit Papa auf die Beine kommt. Glaub mir, es muss nicht sein, dass ich da jetzt hinreise. Vielleicht muss es überhaupt nie sein!«

Ich reichte ihr ein Tempo und sie wischte sich die Tränen ab. »Doch«, sagte sie mit fester Stimme. »Es ist wichtig. Ich weiß, ich habe mich damals falsch verhalten, als du von deinem Vater erfahren hast. Ich hätte dich nicht unter Druck setzen dürfen. In dir stecken so viele Fragen, das habe ich immer gemerkt. Und ich hoffe so sehr für dich, dass du Antworten findest.«

Sie sah mich an, mit einer Mischung aus Lächeln und Trauer und griff nach der Einkaufstasche, die auf dem Stuhl neben ihr stand. Sie zog ein gerahmtes Gemälde hervor und reichte es mir über den Tisch.

»Das ist von mir«, sagte sie stolz und schniefte noch mal in ihr Tempo. »Ich habe einen Volkshochschulkurs besucht und das ist das Ergebnis.«

Ich kam aus dem Staunen nicht mehr heraus. Das Bild war wunderschön, aber ich hatte nie geahnt, dass sie sich fürs Malen begeisterte. Vielleicht sollte ich mich erst einmal mit den Eltern beschäftigen, die ich zu kennen glaubte, bevor ich neue erkundete. Eine Berg- und Wiesenlandschaft bei Sonnenaufgang war auf dem Ölgemälde zu sehen. Im Hintergrund ein holzbrauner Bauernhof. Vorne weideten ein paar Kühe. Ich wusste, dass es sich bei dem Motiv um Schlesien handelte, um ihre verlorene Heimat. Das Bild wirkte so naturgetreu, dass ich zunächst dachte, sie hätte eine Fotografie übermalt. Aber von ihrem Bauernhof gab es keine Fotos, das hatte sie mir oft erzählt. Sie musste es rein aus der Erinnerung gezeichnet haben.

»Für deinen Vater«, sagte sie und blickte mir in die Augen, »bring es ihm mit nach Persien!«

Ich schloss kurz die Lider und atmete aus. Sie hatte recht. Die Reise in den Iran war notwendig. Nicht nur für mich, nicht nur für Mohsen Lashgari und seine Familie. Auch für meine Eltern. Ich überlegte, was in ihnen vorgegangen sein musste, als sie begriffen hatten, dass ihnen leibliche Kinder nicht vergönnt sein würden. Familie, das war für sie Heimatersatz und Lebenszweck – doch künstliche Befruchtung noch nicht

201

erfunden und Samenspender verpönt. Einziger Ausweg: Adoption. Aber was wusste man vor 40 Jahren davon? Ratgeber und psychologische Fachzeitschriften gab es nicht. Sie mussten sich allein auf ihren Wunsch und Menschenverstand verlassen. Dass eines Tages die Gene rufen würden, war ihnen vielleicht bewusst gewesen, aber sie hatten es verdrängt – und nun die undankbare Aufgabe, ihre Rolle für die Söhne neu zu definieren. Meine Eltern waren also nicht nur tapfere, sie waren auch mutige Menschen.

»Das ist sehr schön von dir, Mama«, sagte ich und wusste, dass die belanglosen Worte es nicht trafen. In meinen Gefühlen steckten tausend andere, die besser beschrieben hätten, was sie in diesem Moment für mich bedeutete. Doch ich ergänzte nur lächelnd: »Jetzt kann ich wohl fliegen ...«

Quom ist eine Art Vatikan iranischer Schiiten. Eine pulsierende Metropole, die eine Frau ohne Tschador nicht betreten, wo auf der Straße nicht geraucht werden darf.

DER LETZTE SONNABEND

Sonst findet das Alltags- und Geschäftsleben wie in Teheran statt, vielleicht aufgeräumter, eher glanzvoll und touristischer. Denn Quom ist ein Wallfahrtsort, aus der ganzen Welt pilgern die Anhänger Alis in diese Stadt, die irgendwann mal aus totem Sumpf zu einem Menschenzentrum gestampft wurde. Du passierst die Autobahn Richtung Süden, lässt den Dreck der Hauptstadtmetropole hinter dir, fährst an der Goldkuppel von Chomeinis Schrein entlang, die noch lange von Ferne hinterherschimmert und daran erinnert, dass der Meister in Quom zu Schahzeiten über seinem Gottesstaat getüftelt hat, jahrzehntelang. Und nach 100 Kilometern Stein- und Berggeröll wird Darya-ce-ye Namak, die schwarze Sumpfsenke, die im Herbst manchmal austrocknet, zum Vorboten für den Einzug in die Pilgerstadt. In einer der Senken, die die Reste der Gewässer aus dem Elbursgebirge in sich sammelten, aber der wüstenhaften Hitze nicht standhielten, wurde Quom errichtet. So, als hätten die Bergbäche schon vor Jahrtausenden als Wegweiser gedient für das schiitische Heiligtum, das viele Menschenleben später Millionen Gläubige an diesen Ort ziehen würde. Fatima liegt hier begraben, Fatima al Masume, die Schwester von Reza, des achten Imam, die vergiftet von Feinden ihres Bruders gerade noch Quom erreichen konnte, wo sie leblos zusammenbrach. Weil keiner recht sagen kann, an welcher Stelle ihr Leichnam liegt, wurde eine weitläufige Mausoleumsanlage für sie entworfen, die an Größe, Pracht und Weite mit dem Petersdom und seinem Platz in Rom locker mithalten kann. Nach Maschad, der Grabstätte ihres Bruders im Nordosten, ist Quom die wichtigste Wallfahrtsstätte des Landes.

Mohsen stieg aus dem Khodro, ich schlug von außen die Beifahrertür zu. Aus unzähligen Lautsprechern an Laternenpfählen echote der Muezzin. Es war ein schwüler Spätnachmittag, als wir die riesige Fußgängerbrücke betraten, die über das Meer von Reisebussen und PKWs geschlagen war, welche im ehemaligen Schutzgraben unablässig ein- und ausfuhren. Dahinter erstreckte sich wie ein Wall das heilige Gelände. Kuppeln, mittelalterliche Minarette und stolze Torbögen ragten über die Mauern des Eingangsbereichs. Dort tummelten sich Frauen in Burkas, Farbige mit wallenden Gewändern und Gebetskäppis, Männer mit buschigen Bärten und zerschlissenen Anzügen und ein paar Kinder, die sich nicht trauten, zu spielen und die genau wie ich einen Blick erhaschen wollten, auf die Monumente im Innenraum, deren Pracht uns durch die hohen Betonwände und Eisengitter noch verwehrt war. Gutgenährte Jünglinge mit schicken Brillen und Mappen unterm Arm hasteten durchs Portal und scherzten miteinander, ich mutmaßte, dass es sich um Mullahs von morgen handelte. Denn diese Stadt ist nicht nur Zentrum fundamentalistischen Glaubens, hier wird nicht zuletzt wissenschaftlich gearbeitet. Gleich neben dem Schreingelände Fatimas brüten Hundertschaften an Studenten, viele auch aus westlichen Ländern, an der Theologiehochschule Feyzize, wo die Revolution begann. Damals, 1963, als einer ihrer Professoren den Aufstand übte und seine Schüler gegen den Schah aufrief, bevor er im irakischen Exil einen Mythos begründete und 15 Jahre später als gefeiertes Aushängeschild seiner islamischen Republik aus Paris zurückkehrte. Armani-Shirtträger, Prada-Stilettos oder gestylte Jungs mit Ray Ban–Sonnenbrillen wie in der Hauptstadt begegneten mir in dieser heiligen Atmosphäre keine. Dafür aber zwei unrasierte junge Männer mit Kaftan und weißem Turban, die uns durch einen Zuruf hindern wollten, das Gelände der Grabstätte zu betreten.

Mohsen ignorierte sie zunächst, legte seine Hand auf meinen Rücken und schob mich in Richtung offenstehendes Eisengatter. Doch der kleinere von beiden schnappte seinen Oberarm. Als Mohsen herumfuhr, ließ er ihn los. Mit sanften Worten verwickelten ihn die Turbanträger in ein Gespräch, bei dem ich weder mitreden konnte, noch irgendwas verstand. Also stellte ich mich beiseite, lehnte mich an einen Pfosten und versuchte zu ahnen, worum die drei sich stritten: Waren wir nicht passend angezogen? Wollten sie für den Eintritt Geld? Hatte Mohsen was verbrochen, von dem ich nichts wusste? Die Diskussion erhitzte sich, ich begann mir Sorgen zu machen. Zwar versuchten sie leise zu reden, doch gestikulierten sie umso mehr mit den Händen. Nach einer Weile trat Mohsen an meine Seite und schüttelte den Kopf. Er wirkte resigniert.

»Sie haben gehört, wie du geredet hast«, erklärte er mir. »Du hast deutsch gesprochen. Sie sehen dir an, dass du kein Muslim bist.«

Ich stutzte. Amüsiert blickte ich ihn an. »Woran sehen sie das?«

»Ich weiß nicht«, lachte er. »Du musst sie fragen. Sie spüren es. Vielleicht sehen sie es auch. Weil sie sich für erleuchtet halten.« Er schaute auf den Boden. »Ich habe nicht versucht, es ihnen auszureden.«

»Warum nicht?«

Jetzt lächelte er. »Weißt du, Mathias, Iraner nehmen es mit der Wahrheit nie so genau«, sagte er leise. »Wahr ist, was uns in den Kram passt. Beim Glauben aber lügt man nicht. Du bist kein Muslim, erst recht kein Schiit. Dies ist kein Ort für Touristen. Es ist ein Ort für Pilger.«

Er schaute mich mitleidig an. Ein bekanntes, unangenehmes Gefühl überfiel mich. Überall auf der Welt hätte ich es erwartet, nur nicht in diesem Land, wo ich bisher niemandem um etwas wirklich geneidet hatte. Es kam mir vor, als würden die Menschen um mich herum etwas besitzen, was ich nicht haben konnte, mit einer Trumpfkarte vor meinem Gesicht herumwedeln: Ich fühlte mich isoliert und gedemütigt. In Teheran war ich in jede Moschee hineingekommen und hatte die Riten akzeptiert. Ich hatte mich gewaschen und mir die Schuhe ausgezogen. Ich war still gewesen, während andere Männer gelacht hatten und sich unterhielten. Nicht die Tatsache, dass ich Fatimas Grabstätte nicht besuchen durfte, stimmte mich nachdenklich. Sondern dass man mir den Gottlosen ansah.

»Geh allein«, sagte ich nach einer Weile zu Mohsen. »Ich warte im Wagen auf dich.«

Mein Vater lächelte mir ins Gesicht und tätschelte meinen Nacken. »Nein«, flüsterte er. »Ich komme doch bald wieder. Mit Mahtaab. Und mit Mohammed.« Er zwinkerte mir zu. »Wir fahren jetzt nach draußen und essen was.«

Ich lockerte mich ein wenig und lächelte zurück. Es war das erste Mal, dass er mich so offenherzig, so liebevoll angeblickt hatte, wie ich das durch die vergangenen Wochen in Teheran von ihm gewohnt gewesen war. Das erste Mal seit vorgestern.

Als ich zusammen mit Khaled in seiner Wohnung aufgekreuzt war, verkatert, mit zerknautschter Visage, als wir beteuert hatten, dass wir ganz friedlich bei seinem Kumpel übernachtet hätten, in der Villa Navids, war das Lachen meines Vaters verstummt. Wortlos servierte er uns einen Tee und schickte mich ins Schlafzimmer, weil er ein paar Worte mit Khaled reden müsste. »Du wirst müde sein«, sagte er nur. Ich kam mir vor wie ein Scheidungskind, das den Streit der Eltern nicht miterleben darf. Ich erkannte an Mohsen, dass er sich Sorgen gemacht hatte, berechtigte Sorgen, und ahnte nicht, was er wusste und was nicht. Dicke Augenränder verrieten, dass er in der Nacht nicht geschlafen hatte, und ich kam mir schlecht vor und schäbig. Mir brummte der Schädel, es ging mir übel, mich plagten Gewissensbisse und ich verdiente sie. Vielleicht wäre es einfacher gewesen, wenn mir Mohsen eine Standpauke gehalten und mich angeschrien hätte, anstatt sich leise und eindringlich mit Khaled zu unterhalten. Als ich mein Ohr an die Tür presste, um das Gespräch zu belauschen, konnte ich ebenfalls nur ahnen, worum es ging. Aber vor allem fragte ich mich: Warum war gestern Elham so plötzlich verschwunden?

Ich hatte mit ihr geschlafen. Wir waren vorsichtig gewesen, hatten mit einem Kondom aufeinander aufgepasst. Elham war keine Jungfrau mehr und ich hatte das verwirrende Gefühl, dass ihr der Sex ganz viel bedeutete und doch überhaupt nichts. Für mich dagegen war es nach langem das erste Mal, dass ich mich so hemmungslos, mit Haut und Haar in einen Menschen vergrub. Trotz Enge, trotz Gefahr und Leuten, die an die Toilettentür schlugen, scheinbar, weil sie nötig mussten, trotz oder gerade wegen der Drogen fühlte es sich an wie eine Stippvisite in einem anderen Sonnensystem. Es war mir gelungen, mich zu entspannen, mich völlig gehen zu lassen. Und ich bereute es nicht, keine Sekunde. In dem Moment, wo ich sie hielt, wo wir uns vereinigten, ihr Atem meinen Hals kühlte, wo ich ihren Schweiß spürte, Stirn an Stirn, ihre nackten Arme umschloss, ihr Gesicht im Visier, dessen Züge vor Lust verzerrt waren, als ich mich in ihr ausbreitete, war mir alles egal. In diesem Moment hätte ich für sie sterben können. Nachdem ich mich in ihr ergossen hatte, war sie prompt von meinen Beinen gerutscht, hatte wortlos gewartet, bis mein Hosenschlitz geschlossen war, hatte mich zur Tür geschoben, mit der Hand gedeutet, dass ich verschwinden, nicht auf sie warten sollte und hinter sich den Schlüssel herumgedreht. Ich war völlig verwirrt und mein Kopf rauschte, fand aber nach endloser Zeit den Weg über die Marmortreppe nach unten. Es fiel mir schwer, den Eindruck zu erwecken, als wäre nichts gewesen, da mir gefühlte Stunden später Khaled begegnete, der mich irrsinnigerweise auf ein Tennismatch einlud. Ihm schien egal, was seine Verwandten da oben getrieben hatten, nüchtern wirkte er jedenfalls nicht. Als ich mich umschaute, wo Elham geblieben war, konnte ich sie im Gewusel der Leute nirgendwo entdecken. Dieser wellenartig in meinem Blut schwappende Cocktail aus Koks, Alkohol und Pilzen machte es mir leicht, mich nicht mit Sorgen und Gedanken aufzuhalten. Also stolperte ich in Socken mit Khaled über den feuchten Rasen zum Granulatplatz, wo dicke Männer und hübsche Frauen sich mit Schlägern und Handtüchern über die knisternde Spielfläche jagten, und wenn sie sich erwischt hatten, lachend auf dem roten Sand zusammenbrachen. Bedenkenlos mischte ich mit, rannte hinter aufgeregten Jungs, hinter japsenden Mädchen her, umschlang sie, griff und kitzelte sie, als wäre das in diesem Land, wo Berührungen zwischen den Geschlechtern strikt untersagt waren, das Normalste auf der Welt. Ich wurde mit Tennisbällen beworfen und imitierte mit dem Schläger Rockgitarristen. Später stieß mich Khaled auf den Rasen, und auf dem Rücken liegend beobachteten wir die Sterne, die sich weiteten und auf mich zuzuschweben schienen. Ich riss mir die Socken herunter, tanzte selbstvergessen vor mich hin, paffte hin und wieder an einer Pfeife, die mir von der Seite gereicht wurde, atmete die schwüle Nacht in mich. Elham war mir die ganze Zeit nah, ich spürte sie, obwohl sie mir nicht mehr begegnet war, roch ihr Parfüm, ihren Schweiß an meinem Oberhemd, fühlte sie an den Lenden, auch noch, als ich mich irgendwann in eine Hängematte zwischen zwei Bäumen fallen ließ und einfach nicht mehr aufstand. Dass ich eingeschlafen war, bemerkte ich aber erst, als Khaled am Morgen wie ein Traumgespinst vor mir aufragte und meinen Arm tätschelte. Wie, um mich zu bestrafen, stach die Sonne erbarmungslos in mein zermartertes Hirn. Im nächsten Augenblick war ich hellwach.

Auf dem Rasen und im riesigen Hauptraum schlummerten auf dünnen Decken Partyleichen, die Villa und das Gelände lagen friedlich im Tiefschlaf. Geräuschlos streiften wir uns im Flur die Schuhe über und traten über den Schotter zu unserem Kleintransporter. Wortkarg, mit schläfrigem Blick reichte mir Khaled einen Kaugummi, ließ den Motor an und brauste durch das schonungslose Gewühl des Teheraner Morgenverkehrs zur Wohnung meines Vaters.

»No word to Mohsen!«, bläute er mir ein, als wir die Vali Asr entlang Richtung Tarasht bretterten. Und er grinste, da ich mich bei ihm erkundigte, ob es auf seinem Mist gewachsen wäre, dass Elham bei dieser Feier aufgetaucht war: »No word to anybody!«

Er hätte es mir nicht sagen müssen, denn mit meinem Vater hatte ich an diesem Tag überhaupt nicht mehr reden können. Ich versuchte es, doch er blockte ab. Nach dem Essen verzog ich mich in den Keller, um meinem Bruder Mohammed beim Malen zuzuschauen. Ich begriff, dass es besser war, die Sache auf sich beruhen zu lassen. Doch bemerkte ich, dass das bei meinem Vater keineswegs der Fall war. Nach dem Frühstück am nächsten Tag schlug er mir vor, die Stadt Quom zu besuchen. Weil ich gehofft hatte, der Eisblock, der zwischen uns wuchtete, würde dadurch schmelzen, hatte ich überglücklich eingewilligt.

Mohsen wollte mir etwas Heiliges zeigen, vermutlich, um mich doch noch auf den richtigen Weg zu bringen. Das Vorhaben war missglückt, und ich überlegte, ob Gott mich nicht leiden konnte.

Nun hockte ich zusammen mit meinem Vater auf einer Verkehrsinsel an der Shahid Motahari in Nähe der Autobahn. Neben uns auf einem kleinen Grünbereich ragten zwei Palmenstämme in den Himmel. Wir ließen den abendlichen Verkehr an uns vorbeirauschen, hatten eine Wachsdecke zu unseren Knien ausgebreitet und genossen unser Picknick vor einem orangen Wandteppich untergehender Sonne, an dem die Umrisse von Fatimas Kuppel und ihrer Minarette wie ein dunkles Muster aussahen. Ich dachte daran, wie viele dieser Straßenteiler mir in den vergangenen Wochen als Essensunterlage gedient hatten. Die Vorliebe meines Vaters für Picknick im Abgas schien nicht untypisch für Iraner zu sein. An den Wegkreuzungen waren mir ganze Familien aufgefallen, die sich ungerührt vom stinkenden und brüllenden Verkehrschaos ihren Leckereien gewidmet hatten.

Mohsen war das lieber gewesen, als sich in die Enge eines überfüllten Landstraßenrestaurants an der Shahid Keyvanfar zu quetschen. Dort hatte er sich unser bestelltes Kebab mit

Fladenbrot einpacken lassen. Während ein Tanklaster schwer hupend an uns vorüberdonnerte und das Pflaster beben ließ, breiteten wir das Fleisch zusammen mit Honigmelonen, angekohlten Tomaten, Kunststoffbehältern mit Obst, Saucen und fettigem Gemüse neben der Thermosflasche und einer Limonade zu unseren Füßen auf der Plane aus. Wortlos bedienten wir uns, schmatzten eine Weile vor uns hin, nur bekam ich mit, dass Mohsen nicht allein deshalb schwieg, weil sein Mund gefüllt war.

»Was ist mit dir los?« wagte ich mich zu erkundigen. Er ließ sich nicht stören, tunkte sein Lavashbrot in eine Fleischsauce. »Ich bin traurig«, sagte er, nachdem er hinuntergeschluckt hatte.

Ich nahm einen Bissen vom Kebabspieß. »Warum?«

Mohsen rührte in einer Plastiktasse, die mit Tee gefüllt war und schaute mich aufmerksam an. Ich spürte, dass er mit den Worten rang.

»Ich möchte, dass du nach Hause fliegst«, erwiderte er nach einiger Zeit. »Ich möchte, dass du den ersten Flieger nimmst, der möglich ist. Ich werde ihn dir bezahlen.«

Ich verschluckte mich. Was er sagte, konnte ich nicht glauben.

»Du schmeißt mich raus?«

Mohsen zerteilte mit einem Taschenmesser ein Stück Honigmelone und reichte mir die Hälfte. Ich war zu entrüstet, um es zu greifen.

»Wir haben dich alle in unser Herz geschlossen, weißt du das?« sagte er und legte das Stück vor mich hin. »Mahtaab weint schon seit Tagen und ist unschlüssig, welches Essen sie dir kochen soll, damit du mehr isst. Amir Hussein redet von nichts anderem, als von dir, auch Hassan und dem kleinen Reza wirst du sehr fehlen. Mohammed würde gern mehr Zeit mit dir verbringen. Und auch deine Schwester liebt dich. Von ganzem Herzen liebt sie dich. Genauso wie ich.«

Ich musste grinsen. »Scheinbar reicht das nicht für eure Gastfreundschaft.«

Mohsen seufzte. »Du bist deutscher als ich dachte, Mathias. Du bringst uns alle in Gefahr. Wir sind eine starke, eine große Familie. Natürlich gibt es Probleme. Aber wir schützen einander.« Er biss in seine Frucht. »Jeder im Iran hat etwas zu verstecken. Aber du bist Ausländer, Mathias. Du weißt nicht, was du tun und was du lieber lassen solltest.«

Ich schluckte den Speichel hinunter, der sich angesammelt hatte und legte meine Handflächen auf den Schneidersitz. Was mein Vater mir da klar zu machen versuchte, schlug mir frontal ins Gesicht. Ich hatte eine Eisenmauer durchstoßen, um nach Jahrzehnten endlich meine Familie zu besuchen, hatte eine Leiter bestiegen, die brüchig war, und an deren Ende ich nicht wusste, was mich erwartete. Ich hatte gehofft, oben stünde jemand, der mich mit festem Griff in Empfang nehmen würde. Doch nun stieß man sie um und ich knallte rückwärts auf den Boden.

»Gleich morgen werde ich mich um den nächsten Flieger kümmern«, sagte ich langsam. »Du brauchst ihn mir auch nicht zu bezahlen. Aber ...«

»Ja?«

»Ich ... habe eine Bitte.«

Mohsen schaute auf den Boden und legte das Taschenmesser aus der Hand, mit der er Melonenreste von seiner Schale gekratzt hatte. »Elham ... « sagte er.

Mein Atem ging schneller. »Woher weißt du ... ?«

»Ich weiß es«, unterbrach er mich, »und es ist schlecht, dass ich es weiß. Wenn ich es weiß, wissen es auch andere.« Er stopfte sich die Melonenreste in den Mund.

Ich probierte, mit dem Atem das Herz zu beruhigen, das durchs verschwitzte Oberhemd wummerte, als würde es ihm bei mir nicht gefallen.

»Ich möchte sie wiedersehen«, versuchte ich Mohsen zu erklären. »Ich bin verliebt in sie. Und ... ich wollte sie fragen, ob sie mit mir nach Deutschland kommt.« Es war, als würde ich die Worte gar nicht selbst sprechen, mir nur zuhören, so fremd kam ich mir vor. »Nicht sofort«, ergänzte ich kleinlaut.

»Aber bald. Irgendwann. Ich kann dort für sie sorgen. Sie kann dort studieren, ich bringe ihr die Sprache bei. Es gibt doch viele Perser, die in Deutschland leben. Sie wird sich nie allein fühlen. Bitte, Mohsen«, flüsterte ich. »Gib mir eine Chance, mit ihr zu sprechen!«

Ein Augenblick herrschte Ruhe zwischen uns. Links tuckerte ein Jeep mit gackernden Hühnern auf der Ladefläche vorbei, rechts eine Horde junger Mopedfahrer. Über Mohsens Gesicht zog ein Grinsen. Seine Augen begannen zu funkeln, als er zu lachen anfing. Erst schüttelte sich die Brust, dann sein ganzer Körper. Er lachte sein dumpfes Baritonlachen, das ich in den vergangen Wochen so lieben gelernt hatte. Nur lachte er es leider am falschen Ort. Ich saß starr, mit geradem Rücken und betrachtete ihn.

»Wie stellst du dir das vor?«, keuchte Mohsen, nachdem es endlich abgeflaut war.

Ich hatte keine Ahnung, was er meinte.

Amüsiert blickte er mich an. »Was weißt du über dieses Mädchen?«

Ich stutzte. »Nichts«, gab ich zu. »Ich weiß gar nichts über sie.«

Mohsen schob sich eine Olive in den Mund. »Sie ist ohne Vater aufgewachsen, Mathias. Er ist im Krieg umgekommen. Daher ist sie das einzige Kind. Aber seit sie 15 ist, macht sie ihrer Mutter Sorgen. Die muss hart arbeiten und ist selten zu Hause. Elham treibt sich auf Feiern herum und trifft sich heimlich mit Männern.«

»Aber es doch ihr Leben!«, empörte ich mich. »Und nicht das ihrer Mutter!«

Mohsen warf mir einen strengen Blick zu. »Begreifst du nicht? Wenn herauskommt, was sie treibt, wird nicht nur sie verhaftet. Auch ihre Mutter wird verhaftet. Und wer weiß, wer sonst noch ...« Er atmete schwer. »Wir sind ein Kartenhaus, weißt du? Wir sind alle aufeinander aufgebaut. Wenn eine Karte fällt, brechen alle zusammen.« Er lächelte mich an. »Du kannst sie nicht mitnehmen, Mathias. Du bist kein Muslim.«

»Ich verstehe nicht ...«

»Wenn du mit ihr leben willst, musst du Muslim sein.«

Ich ließ die Schultern sinken. »Gibt es keine andere Möglichkeit?«

»Nein. Mit einem Ungläubigen gilt sie als geschändet und wird hingerichtet, sobald sie in den Iran zurückkehrt. So will es die Scharia.«

Ich verstand, dass ich Mohsen auf keinen Fall erzählen sollte, was sich zwischen Elham und mir abgespielt hatte. Wenn er es nicht längst wusste.

»Es ist besser, ihr seht euch nicht mehr«, sagte er knapp.

»Wie bitte?« Jetzt musste ich lachen. »Ich hab mich verliebt in diese Frau!«, platzte es aus mir heraus. »Was soll ich dagegen tun? Von mir aus, nehmt mich auf in euren Glaubensverein! Dann sag ich eben diesen Konvertitenspruch, wenn ich dadurch ein ganzer Mensch für euch werde ...!«

»Ruhe!« schrie Mohsen. Seine Wangen liefen dunkelrot an, die Augenbrauen zogen sich dicht vor die Lider und seine Pupillen wanderten über die Wachsplane, als suchten sie einen Haltepunkt. Das Brüllen des Verkehrs erstickte das meines Vaters. Doch so hatte ich ihn noch nie erlebt.

»Du kannst sie nicht mitnehmen«, wurde er langsam wieder ruhig und goss einen Schluck Limonade in den Plastikbecher.

Ich schwieg. Nach einer Ewigkeit versuchte ich es noch einmal. »Warum nicht, Mohsen?« Ich zitterte.

Er trank aus und machte eine lange Pause. »Sie ist verwandt mit dir«, sagte er. »Sie ist die Tochter meiner Kusine.«

Ich entspannte mich und schüttelte grinsend den Kopf. »Da sagst du mir nichts Neues. Ihr seid doch alle verwandt und heiratet euch trotzdem.«

Mohsen stieß ein abfälliges Lachen hervor. Er versuchte, weiterzureden, ließ es aber bleiben. Er wirkte verstört. Dann griff er in seine Jackentasche und zog ein Foto heraus. Er legte es vor mich hin. Ich zwang mich, es nicht anzublicken. Denn auch ohne das wusste ich, was für ein Foto es war. Mohsen

213

war hartnäckig, und diesmal lag keine Hantel herum, zu der ich mich flüchten konnte. Schweiß trat auf meine Stirn und ich stierte nach vorne.

»Ich will dir etwas erzählen«, sagte er.

Ich wagte nicht zu atmen, hätte mich am liebsten auf einen anderen Planeten gebeamt. Doch ich protestierte nicht. Es hätte keinen Sinn gehabt. Mein Vater machte es mir nicht leicht. Er hatte mich an diesen heiligen Ort geführt, um mich rauszuwerfen und gleichzeitig von meiner Mutter zu berichten. Ich wandte nur meinen Kopf zu ihm und starrte ihn an. Mohsen reichte mir einen Becher Limonade.

Er hätte in Deutschland viele Freundinnen gehabt, erzählte er. Sie hätten ihren Spaß mit einem Ausländer gesucht und wären dann gegangen. Nur meine Mutter wollte bleiben. Sie war schüchtern, misstrauisch und ein wenig pummelig. Aber genau das zog ihn an. Er lernte Klara in der Disco kennen und sie waren sich sofort sympathisch. Sie verbrachten die Nacht miteinander und manchmal ein ganzes Wochenende. In der Mittagspause holte er sie von der Schule ab, kaufte Eis im Park und sie paukte mit ihm Vokabeln. Das Zimmer, das er sich mit Saeed und Rahim teilte, war eng, mit Klara verbrachte er selten Zeit allein. Ständig waren Leute, meistens Mädchen, zu Besuch. Rahim schäkerte mit wechselnden Freundinnen und Saeed mit Katharina, Klaras Schwester. Aber das störte die beiden nicht. Mit Klara fühlte er sich erstmals frei, egal, wie wenig Platz da war. Nie wäre er glücklicher gewesen, als in dieser Zeit.

»Und in der bist du entstanden.«

Er lächelte. Ein dicker Tonner lärmte dicht an uns vorbei und wirbelte Staub auf unsere Decke. Ich bemerkte ihn kaum.

»Als sie mir sagte, wir bekommen ein Kind, habe ich vor Freude das ganze Haus zusammengeschrien«, fuhr er fort. »Wir tanzten die ganze Nacht und machten Pläne.«

Er hätte gedacht, ich wäre ein Zeichen Gottes gewesen, das ihm sagen wollte, er gehörte nach Deutschland und zu dieser Frau. Sein Job war nicht sicher, die Werften zahlten nicht gut und er konnte schwer leben von seinem Geld. Doch er arbeitete härter und sah sich nach einer festen Stelle um. Er wollte mit Klara, die noch bei ihren Eltern lebte, eine eigene Wohnung beziehen. Und dort hätte ich aufwachsen sollen.

»Warum ist es nie dazu gekommen?« fragte ich.

Mohsen stöhnte. »Gott ist groß, und es ist schwer, zu merken, was er will«, meinte er. »Als ich nach Deutschland ging, dachte ich, er wollte, dass ich die Welt sehe. Das habe ich nicht getan. Weiter als Oldenburg bin ich nicht gekommen. Dann dachte ich, er wollte, dass ich dort bleibe. Mit meiner kleinen Familie. Aber in den Nächten, in denen ich wach lag, begriff ich, dass er mich woanders sah.«

Er hätte kurz vor seiner Abreise aus Teheran einen Fehler begangen. Es würde Millionen Jahre brauchen, den bei Allah zu büßen. Am letzten Tag organisierte ihm Tarasht ein Abschiedsfest. Auch Mahtaab, die Schwester von Parvis, nahm daran teil. Sie war 15 und ein anziehendes Mädchen. Als er von Parvis erfuhr, dass er ihr gefiel, fühlte er sich geschmeichelt. Er könnte immer noch nicht sagen, was ihn zu diesem Fehler bewogen hatte. Vielleicht war es eine plötzliche Angst vor dem unbekannten Leben, vielleicht Eifersucht, dass diese hübsche Frau einen anderen ehelichen könnte. Jedenfalls fragte er an jenem Abend ihren Vater, ob er ihm Mahtaab zur Frau geben würde, in ein paar Jahren, wenn er zurückkäme aus Deutschland. Dann wäre sie reifer, mit der Schule fertig und für die Ehe bereit. Es war das erste Mal, dass er überlegte, zurückzukehren. Als er mit Mahtaab darüber sprach, war sie erfreut. Und noch am selben Abend hätten sie sich verlobt.

»So etwas geht schnell im Iran«, witzelte Mohsen.

Verwirrt hörte ich ihm zu. Wenn ich bisher gedacht hatte, meinen Vater verstehen zu können, so war ich spätestens nun in eine Sackgasse geraten.

»Deine Mutter und ich waren sehr glücklich«, unterbrach er meine Gedanken, »obwohl mir unsere Zukunft immer mehr Sorgen machte.«

Wenn er an das Baby dachte, kam ihm zugleich Mahtaab in

den Sinn. Dachte er an die Rückreise in seine Heimat, fürchtete er sich, Klara zu begegnen. Die hatte keine Ahnung von seinem Problem und er wagte nicht, es mit ihr zu besprechen. Doch löste es sich von allein. Eines Tages berichteten die Zwillingsschwestern aufgelöst, dass ihre Eltern von der Beziehung zu den Persern erfahren und sie genötigt hätten, diese sofort zu beenden. Mit Muslimen wollten sie nichts zu tun haben. Von den beiden Schwangerschaften aber hatten sie den Eltern noch nichts erzählt. Für Katharina war klar, dass sie ihr Kind unter allen Umständen bekommen wollte. Nur Klara war sich da nicht sicher.

»Ich überredete sie«, gestand Mohsen, »den Embryo loszuwerden.«

Ein paar Male hätten sie sich heimlich getroffen, um den Fötus in Eigenarbeit umzubringen. Einfallsreich gingen sie dabei vor. Von einer Freundin hatte Klara Tipps bekommen, wie man so etwas machte. Sie führte sich eine Stecknadel in die Scheide. Aber da es piekste, zog sie die Nadel schnell wieder raus. Das Bad in einer Wanne, die mit eiskaltem Wasser und mehreren Flaschen Wodka gefüllt war, brachte ebenfalls keinen Erfolg. Sie stellte einen Stuhl auf den Tisch, stieg drauf und sprang breitbeinig hinunter. Mohsen fuhr mit ihr auf dem Beifahrersitz auf verkehrsberuhigte Straßen, bremste abrupt, immer wieder. Doch auch das hätte nicht funktioniert.

»Wir waren verzweifelt«, sagte er. »Und es tut mir sehr leid.« Der Gestank der Straße und die schwüle Luft machten mich benommen, mir wurde schwindelig.

»Geht es dir gut, mein Sohn?«

»Nein«, erwiderte ich. »Aber lass dich nicht stören.«

Irgendwann hätte sie ihm eröffnet, dass sie entschlossen wäre, das Kind doch zu bekommen. Aber nicht zusammen mit ihm. Und dass es besser wäre, wenn sie sich nicht mehr sehen würden.

»Die kommende Zeit war furchtbar«, sagte er. »Wir hatten jeden Kontakt abgebrochen. Innerlich hatte ich Deutschland schon verlassen. In den nächsten Monaten wollte ich mit Saeed und Rahim zurück in die Heimat fliegen.« Mit dem Hemdärmel wischte sich Mohsen den Schweiß von der Stirn. »Im April erhielt ich einen Anruf bei meiner Arbeit. Sie hatte das Krankenhaus gebeten, mir Bescheid zu sagen, wenn es losging.«

Er hatte sich auf der Stelle einen 2 CV geliehen und war zwei Stunden nach Osnabrück gefahren, weil sich Klara entschieden hatte, das Kind in einer fremden Stadt, wo sie niemand kennen konnte, zur Welt zu bringen. Er kam noch rechtzeitig zu meiner Entbindung. Ihre Eltern waren nicht da, nur ihre hochschwangere Schwester stand vor dem Bett. Während sie presste, hielt er ihre Hand. Ich wäre ein schnelles Kind gewesen und hätte nur ein paar Stunden gebraucht. Und zusammen hätten wir drei nur zehn Minuten verbracht.

»Du hattest meine Nase, das konnte ich schon erkennen«, lächelte Mohsen. »Und die Ohren und die Stirn von Klara.«

Dann hätte ihn eine Ärztin beiseite genommen, in einen Nebenraum geführt und ihm ein Formular gezeigt. Frau Glienicke, sagte sie, würde ihren Sohn nicht haben wollen und gäbe ihn zur Adoption frei. Er müsste nur noch unterschreiben.

»In diesem Moment war alles tot in mir«, sagte er. »Aber ich hatte damit gerechnet.«

Einen Augenblick hatte er gezögert, dann unterzeichnet. Darauf schrieb er einen Brief an mich, zerriss seine Halskette und steckte sie in den Umschlag einer Glückwunschkarte, die er lange in seiner Jacke verwahrt hatte. Den hatte er Klara gegeben und sich von uns verabschiedet.

»Ich habe sie nicht wiedergesehen«, sagte er. Ein Lächeln zuckte über seine Wange. »Ich wollte dich Ali nennen, doch deine Mutter hat sich durchgesetzt. Sie meinte, du würdest es schwer haben mit einem muslimischen Namen. Wegen ihr heißt du Mathias. Das war ihr Geschenk an dich.«

Als er nach Teheran zurückgekommen wäre, hätte es wieder ein Fest gegeben. Doch er konnte sich nicht darüber freuen und dachte immer nur an sein Kind. Wo war es jetzt? Würde es

Eltern finden? Würde es die Chance haben, glücklich zu werden? Nach einigen Wochen nahm er sich ein Herz und erzählte Mahtaab, seiner Verlobten, davon. Er war erleichtert, als er es ihr endlich beichten konnte. Als Antwort schlug sie die Hände vor dem Kopf zusammen. Du bist ein Idiot, rief sie. Du hättest ihn mitbringen sollen! Wir hätten ihn aufgezogen, er ist doch dein Sohn! Zum ersten Mal schöpfte er wieder Hoffnung. Er kratzte Geld zusammen und buchte den nächsten Flieger nach Deutschland. Er nahm sich vor, zu kämpfen, um das Sorgerecht zu bekommen und mich nach Teheran mitzunehmen. Er wusste nicht, wo ich hingebracht worden war, doch im Krankenhaus gab man ihm die Adresse vom Oldenburger Jugendamt. Dort erklärte ihm eine Verantwortliche, er hätte keine Chance. Das Kind wäre jetzt bei anderen Eltern.

Mohsen biss in einen Apfel und blickte mich an.

Mein ganzer Körper zitterte. Die Limonade hatte ich noch nicht angerührt. »Weißt du«, wagte ich ihn nach einer Weile zu fragen, »was aus meiner Mutter geworden ist?«

Mohsen stöhnte. »Vier Jahre später rief Saeed mich an«, sagte er. »Er hätte in der Zeitung gelesen, dass sie gestorben wäre.«

Meine Augen weiteten sich. »Wie bitte?«

Er atmete schwer. »Ich hatte es auch nicht glauben wollen. Aber er sagte, es gibt keinen Zweifel.«

Am Namen ihrer Schwester, der unter den Trauernden aufgeführt war, und an ihrem Geburtsdatum hätte Saeed erkannt, dass es sich um meine Mutter gehandelt hätte. Sie war nur 21 Jahre alt geworden. Saeed hatte vergeblich versucht, ihre Schwester zu erreichen. Eine Beerdigung hatte es nicht gegeben, sie war eingeäschert worden, wie Saeed der Zeitung entnommen hatte, doch Ort oder Termin hätte dort nicht gestanden.

»Ich weiß bis heute nicht«, beteuerte Mohsen und steckte das Foto wieder ein, »woran sie gestorben ist.«

Meine Lippen öffneten sich und die Zähne klapperten aufeinander, als ob ich frieren würde. Doch ich spürte keine Temperatur. Ich hatte keine Ahnung, was ich spürte.

»Gott hat entschieden, Mathias«, flüsterte Mohsen. »Er wollte dich in Deutschland sehen. Und mich im Iran. Er hat zugelassen, dass ich Mahtaab heirate. Dass ich einen Jungen aufzog, den eine Bombe zerfetzte. Und einen, der behindert bleiben würde. Durch meine Schuld.«

Er hätte mich angelogen, sagte er so leise, dass ich ihn kaum verstand. Die Ärzte wüssten genau, an was Mohammed litte. Und sie ließen es Mohsen spüren, bei jeder neuen Operation und jedes Mal, wenn sie ein neues Leiden bei seinem Sohn feststellten. Es war ein Fehler gewesen, Mahtaab zu heiraten, sie war viel zu eng mit ihm verwandt. Jeden Tag, an dem er Mohammed anschaute, würde Gott ihn aufs Neue daran erinnern.

Ich bemerkte, wie er den Kampf gegen seine Tränen verloren hatte und sie immer mehr seine Wangen nässten. Doch anstatt mitzuheulen, stieg Wut in mir auf. Ich konnte mich nicht daran erinnern, je so wütend gewesen zu sein.

Die Sonne war verschwunden, Mohsen suchte meine Augen und fasste mir an die Schulter. Er rang um Fassung und es gelang ihm beinah. »Ich hoffe, du verstehst, warum du Elham nicht mitnehmen kannst.«

»Weil du die Erfahrung für mich schon gemacht hast?«, versuchte ich zu scherzen.

»Ich habe alles kaputtgemacht«, erklärte er, ohne darauf einzugehen. »Ich habe Freiheit nicht hingekriegt. Ich will nicht, dass es dir genauso geht.«

Er fing wieder an zu flennen und meine Faust begann sich zu ballen.

»Verzeih mir«, wimmerte er.

Dann schlug ich zu. Mitten auf seinen unförmigen Kolben, auf seine Kartoffelnase, die meiner doch so ähnlich war. Schwer zu treffen war sie nicht. Sein Kopf schnellte nach hinten, die Hand, um sich zu schützen, hatte er nur kurz erhoben.

Ich zog meine Faust zurück und wartete. Neugierig beobachtete ich das Blut, das aus seinem Nasenloch lief. Es rann auf die wulstigen Lippen, in den offenen Mund, zwischen die

Vorderzähne. Es wanderte das Kinn hinab, tropfte aufs weiße Hemd und bildete dort einen Fleck, der immer größer wurde. An ihm stellte ich fest, dass Zeit verging.

In der folgenden Nacht träumte ich von # ABSCHIED VON TEHERAN

meiner leiblichen Mutter: Wir fläzten auf einem Autorücksitz, das Fenster heruntergekurbelt, die Kleider zur Hälfte ausgezogen, und küssten und streichelten uns. Plötzlich erschien an der Fensteröffnung ein Mann mit Kaftan und Turban, dessen Gesicht im Schatten lag und dass ich nicht erkennen konnte, richtete den Lauf eines Gewehrs auf ihren Kopf und erschoss sie. Dann lief er weg und im Innenraum verteilte sich das Blut. Ich schob mich an ihr vorbei, quetschte mich durchs Fenster, und rannte ihm hinterher. Als ich ihn am Rockzipfel zu fassen bekam, so dass er stürzte und ich mich auf ihn fallen ließ, drehte ich sein Gesicht zu mir. Er grinste mich an und ich entdeckte, dass es mein eigenes war.

Am Nachmittag tat ich dann etwas, was ich mir schon lange vorgenommen hatte. Ich trieb mich mit meinen Neffen in den Gassen herum. Mit Hassan, Amir Hussein und dem kleinen Reza spielte ich stundenlang Fußball auf einem löchrigen Betonbolzplatz in Tarasht und fuhr Tretboot auf dem Parkteich in Nähe des Meydane Azadi. Auf dem Rückweg zu Mohsens Wohnung fiel mir in einem Drogeriegeschäft eine Packung Knallerbsen in die Augen. Es war eine alte deutsche Marke mit der blinkenden Aufschrift »Knallteufel«. Plötzlich musste ich an meine Kindheit denken, weil ich dieselbe Marke als kleiner Junge auf belebten Bürgersteigen so gerne hatte platzen lassen. Ich lächelte in mich und war nicht in der Lage, zu widerstehen. Die Burschen sprangen aufgeregt herum, konnten den Laden nicht schnell genug verlassen, als ich ihnen jeweils eine Packung kaufte. Wir stiegen auf eine benachbarte Fußgängerbrücke, um die Knallteufel auf die Straße zu schmeißen und uns diebisch an den kleinen Explosionen zu freuen. Manchmal lehnte sich ein Mann aus dem Fenster eines getroffenen Wagens und fluchte uns mit seiner ausgestreckten Faust entgegen. Dann versteckten wir uns hinter der Brüstung und kamen aus dem Kichern nicht mehr heraus.

Auf einmal stellte ich mir vor, wie es gewesen wäre, in Teheran aufzuwachsen. Wie mein Vater mir in Quom berichtet hatte, wäre das ja um ein Haar geschehen. Es war, als hätte mein Schicksal mir in den letzten Wochen eine Art Paralleluniversum präsentiert. Ein Leben, wie es gewesen wäre, wenn irgendjemand das nicht anders gewollt hätte.

Vielleicht hätte ich hier als Junge ebenso gespielt wie damals in Oldenburg. Und wie meine Neffen das ein Vierteljahrhundert später im Iran genauso taten. Vielleicht aber wäre meine Kindheit untergegangen im Sumpf von Revolution, Krieg und der Engstirnigkeit meiner Familie. Oder hätte mit dem Tod für den Glauben geendet, wie das bei meinem Bruder der Fall gewesen war. Wäre ich ein besserer Zeitgenosse geworden? Weniger egoistisch, mehr islamisch? Wüsste ich mehr über das, was ich wollte, über das, was meine Bestimmung war? Oder würde ich hier genauso, wie ich das seit Jahren in Deutschland tat, verwirrt vom Leben wie ein Blinder ohne Stock auf belebter Straße, herumgeistern? Ich schüttelte mich, verwarf meinen Gedanken und feuerte mit den Jungs weiter Knallteufel auf das Pflaster der Stadt. Es machte mir so unbändigen Spaß, dass ich, als die Packungen leer waren, mit den Dreien hinunterlief, um auf der Stelle im Drogerieladen neue zu kaufen.

Mein letzter Abend im Iran ließ sich nicht mit meinem ersten vergleichen. Zwar hatte Mahtaab wieder all ihre Kochkünste aufgefahren und ein Menü gezaubert, dessen Düfte und Gaumenfreuden mir noch lange in Erinnerung bleiben würden: Es gab Safranfrikadellen in Tomatensoße mit Basmatireis, Lammfleisch geschmort in einem Topf mit grünen Bohnen, dazu Kräuter als Gemüse, eine Art Erbsenbrei, Pommes, Honigmelonen und zum Nachtisch ein Pistazieneis. Doch die Zahl der Gäste blieb diesmal überschaubar. Ich wagte nicht zu fragen, ob Mohsen dem Rest der Familie nichts von meiner überstürzten Abreise erzählt hatte, oder ob sie absichtlich fern geblieben waren.

Außer Sari, meiner Tante, die mich mitleidsvoll begutachtete, ihrem schüchternen Mann Parvis, meiner Schwester Taraneh, die abwechselnd aufgeregt in der Wohnung herumwuselte und in Tränen ausbrach, ihrem dicken Mann Bezad und ihren drei Söhnen, meinem Bruder Mohammed, Mohsen und Mahtaab war kein Mitglied der mehr als 200-köpfigen Großfamilie beim Essen zugegen. Die Stimmung war gedrückt, es wurde nicht viel geredet, obwohl Mohsen versuchte, Witze zu reißen und dabei laut und viel zu lachen.

Um die Schwellung in seinem Gesicht zu erklären, hatte er zu Hause erzählt, er wäre auf dem rutschigen Marmorboden auf dem Mausoleumsgelände Fatimas gestürzt und hätte sich die Nase aufgeschlagen. Dass wir überhaupt nicht so weit gekommen waren, erwähnte er natürlich nicht. Mich hatte er zuvor auf der Rückfahrt gebeten, diese Version der Geschichte zu unterstützen. Ich war einverstanden gewesen. Allerdings in einem Zustand, in dem es mir nichts ausgemacht hätte, auch die Wahrheit zuzugeben.

Nach dem Essen verkroch sich Mohammed ins Nebenzimmer. Ich hatte in den letzten Tagen kaum mit ihm reden können. Er war lange in der Moschee gewesen, um zu beten, und nur einmal hatten wir »Mensch, ärgere dich nicht« gespielt. Ich hatte versucht, ihn damit aufzumuntern, doch die gute Laune der ersten Tage hatte das bei ihm nicht erzeugt. Meinem Bruder hatte Mohsen aufgetragen, über den Bazar zu stiefeln, um mir ein paar glänzende Schuhe zu besorgen. Dazu einen parfümierten Bildband mit Goldrand und der Lebensgeschichte Imam Husseins. Sorgsam verpackte ich beide Geschenke an möglichst stoßfreien Plätzen.

Als ich mich auf meinen Koffer setzte, um ihn besser verschließen zu können, da er durch ein Souvenirgeschäft an Abschiedspräsenten mindestens so aufgebläht war wie bei der Hinreise, vernahm ich durch die Wand Mohammeds stakkatohafte Schluchzer. Ich zog mit aller Kraft am Reißverschluss, der sich nur widerwillig bewegte, um das Weinen meines Bruders zu übertönen. Es hätte mir sonst das Herz gebrochen.

Mahtaab und Taraneh flüsterten miteinander, als sie das Geschirr abräumten. Meine Schwester hatte mir zum Abschied eine Trainingsjacke geschenkt und ich ihr eine Yuccapalme im Topf. Vor dem Abendessen hatte sie mir noch die arabischen Vokabeln für ein Gebet beigebracht. Nun aber wurden ihre Augen, wenn sie zufällig meine trafen, ganz schnell feucht und sie faltete lieber die Wachsplane zusammen.

Mohsen betete in einer Ecke im Wohnzimmer. Der Fernseher lief: Ein Mullah, der im Schneidersitz auf einem Sessel hockte, beantwortete in einer Halle Männern, die zu seinen Füßen saßen, mit den Armen rudernd Fragen. Bezad und Parvis hockten stumm davor.

Khaled war heute Abend nur kurz erschienen und hatte mir zum Abschied ein silbernes Zippo zusammen mit zwei Briefen vorbeigebracht. Er umarmte mich lange, knuffte mich auf den Bauch und bat mich ausdrücklich, die Briefe erst im Flugzeug zu öffnen. Ich versprach es und wünschte ihm von Herzen Glück. Zum Essen wollte er auf keinen Fall bleiben, nicht einmal einen Tee mit uns trinken. Stattdessen hatte er mir zugezwinkert, seine Sonnenbrille aufgesetzt und war mit ausgestreckter Brust im Treppenhaus verschwunden. Ich hatte immer noch keine Ahnung, was er an jenem Morgen nach unserer Partynacht mit Mohsen besprochen hatte.

Als ich gepackt hatte, schlenderte ich in die Küche, um Mahtaab und den anderen Frauen beim Abwasch zu helfen. Das hatte bereits Tradition. Jeden Tag meines Besuchs hatte ich nach dem Essen erneut darum gekämpft, jedes Mal hatte Mahtaab mich lachend hinausgeworfen. Nun lächelte sie mir mit ihren warmen, fleischigen Gesichtszügen zu und drehte sich verlegen zur Spüle. Heute ließ sie mich also gewähren. Ich nahm grinsend ein Geschirrtuch in die Hand und ahnte, dass sie das viel Überwindung gekostet haben musste.

Nach einem letzten Gläschen Tee legten sich alle um Mitternacht auf den Teppich und versuchten zu schlafen. Keiner war nach Hause gefahren, und ich war gerührt davon, dass sie um vier Uhr morgens aufstehen wollten, um mich zum Flughafen zu begleiten. Ich hatte keinen Direktflug mehr erwischt, nur einen über Istanbul mit vierstündigem Aufenthalt. Obwohl ich es abgelehnt hatte, war mein Vater nicht davon abzubringen, das Ticket zu bezahlen. Es wäre eine Beleidigung für ihn gewesen, wenn ich es nicht angenommen hätte.

Dreimal musste ich am nächsten Morgen unter dem Koran durchwandern, den mir Mahtaab an der Wohnungstür zusammen mit einem Krug Wasser auf einem Silbertablett über den Kopf hielt, als Zeichen, gesund heimzukommen. Dann schleppte ich mit Mohsen mein Gepäck durchs Treppenhaus nach unten in den Wagen. Mohammed hatte sich zur Nacht in seinem Keller verkrochen. Vergeblich versuchte Mohsen, ihn zu wecken. Ich wusste, dass er sich vorgenommen hatte, mich nicht zu verabschieden. Es wäre zu hart für ihn gewesen. Oder hatte ich ihn enttäuscht? Ich seufzte und beschloss, nicht weiter darüber nachzudenken.

Vom Hof aus winkte ich den Nachbarskindern zu, die früh aufgestanden waren, um einen letzten Blick auf den deutschen Gast zu erhaschen und müde an den Fenstern kauerten.

Das erste Morgenrot streifte gerade den Himmel und unser kleiner Familientross kutschierte seine drei PKW zum Imam-Chomeini-Airport. Als wollte mir auch Teheran ein Abschiedsgeschenk bereiten, zeigten sich die Straßen der Stadt endlich einmal verkehrsfrei. Noch einmal lehnte ich mich in voller Fahrt durch die Fensteröffnung, spürte die warme, staubige Luft, die sich an meine Gesichtshaut presste als würde sie nicht wollen, dass ich ginge. Ich schrie »Tschüssikowski!« zur beleuchteten Kuppel von Chomeinis Schrein hinüber und warf ihm höflich eine Kusshand zu.

Als ich meinen Vater vor dem Sicherheitsbereich ein letztes Mal umarmte, wollte er mich nicht loslassen. Er quetschte mich an seinen zitternden Torso und seine Schluchzer klangen furchterregend. Ich zwang mich, ihm das Schluchzen nicht nachzumachen. Wenn ich meine Tränen zugelassen hätte, wäre ein Bach aus mir gestürzt, den ich nicht mehr hätte dämmen können.

Er hatte mir kein einziges Wort des Vorwurfs gesagt. Keins darüber verloren, dass ich ihn geschlagen hatte. Ich bereute es, doch wusste, dass es richtig gewesen war – und hatte das irrsinnige Gefühl, es hätte ihm gut getan.

»Du kommst wieder, ja?«, keuchte er an meiner Schulter. »Sag, dass du wiederkommst.«

Mühsam gelang es mir, mich aus der Umarmung zu befreien. »Ich glaube nicht, Mohsen«, sagte ich dabei. »Ich glaube es wirklich nicht.«

Als ich endlich in der Maschine saß, atmete ich auf. Die letzten Tage waren nicht leicht gewesen. Es würde Zeit brauchen, alles zu verarbeiten. Zwischen mir und meiner neuen Familie war eine Glaswand entstanden, die sich nicht so einfach durchstoßen ließ. Und davor? Was war davor geschehen?

Beim Abflug zog ich die Fensterklappe hinunter und nahm die Briefe zur Hand, die mir Khaled gegeben hatte. Ich öffnete den ersten, und erschrak. Der Brief war nicht von ihm. Er war von jemandem, den ich vergessen wollte. Doch sobald wohl nicht durfte. Es war ein Brief von Elham.

Nur ein paar lateinische Wörter hatte sie in riesigen Buchstaben auf das weiße Blatt gemalt, neben eine Sonne und arabische Schrift, die ich ja nicht lesen konnte. Mehrmals fuhren meine Augen über das englische Gestammel, als hätte ich die Botschaft nicht mit dem ersten Blick schon erfasst: »I om sori, Elham.«

Ein Kloß machte sich in meinem Magen breit und schnell faltete ich den Zettel zusammen, um ihn loszuwerden.

Der zweite Brief, den ich zur Hand nahm, um nicht weiter über den ersten nachdenken zu müssen, war dagegen tatsächlich von Khaled verfasst. Er hatte sich bemüht, sein Englisch in verständlichen Lettern zu zeichnen, doch konnte ich nur die Hälfte entziffern. Dennoch begriff ich, um was es ging.

Er gestand mir, dass er seit Längerem ein Liebesverhältnis mit Navid pflegte, in dessen Villa wir gefeiert hatten. Er würde das erzählen wollen, weil er Vertrauen zu mir hätte und glaubte, ich hätte Verständnis für seine Situation. Er beschrieb, wie sehr er ihn liebte und sich nach ihm sehnte, wenn Navid gerade auf Geschäftsreise oder mit seiner Frau zusammen wäre. Er war verzweifelt und hatte das Schweigen satt. Die wenigen, die davon wussten, schützten ihn und hielten ihn dazu an, die Sache so schnell wie möglich zu beenden. Er würde hingerichtet werden, an einem Baukran hängen, zusammen mit Navid, käme bei der Justiz heraus, dass die beiden eine Beziehung hatten. Doch beenden könnte er sie nicht.

Langsam faltete ich auch diesen Brief zusammen und rieb mir zitternd die Augen. In den vergangenen Tagen hatte ich nicht weinen können. Während nun das Flugzeug aber in die Höhe schnellte, stieg auch der Kloß in meinem Magen hoch. Durch die Lunge, den Hals, in die Nase und es schüttelte mich regelrecht. Schließlich ergab ich mich. Ich krümmte meinen Oberkörper zu den Beinen, umschloss mit den Armen den pochenden Schädel, um ihn am besten nur noch zu verstecken, gab minutenlang keinen Laut von mir, und das einzige, auf was ich mich konzentrierte, waren meine Knie. An denen klebten nun riesige Tränenflecken, die sich stetig vergrößerten, als wäre ich ausgerutscht, in eine Pfütze gestürzt, und hätte keine Lust, jemals aus ihr aufzustehen.

DIE NÄCHSTEN JAHRE

Nachdem ich in Hamburg gelandet war, verbrachte ich die letzten Ferienwochen bei meinen Eltern in Oldenburg. Papa war einige Tage zuvor aus der Klinik entlassen worden, aber nicht, weil sich sein Zustand gebessert hatte. Meist hatte er nachts in seinem Krankenzimmer randaliert. Er hatte gebrüllt, seine Schläuche vom Tropf gerissen und Krankenschwestern mit Glasflaschen bedroht. Nach ein paar Wochen galt er für das Pflegepersonal als nicht mehr zumutbar. So entschied Mama, ihn nach Hause zu nehmen. Sie hatte das Esszimmer im Erdgeschoss zu seinem Schlafraum umgewandelt, weil er nicht mehr Treppen steigen konnte, zudem ein fahrbares Krankenbett erstanden, das mit allen Schikanen ausgestattet war. Das bedeutete nichts Gutes. Sie hatte geahnt, was sich in den kommenden Monaten und Jahren bestätigte: Die Verletzungen an seinem Kopf hatten das Gehirn irreparabel beschädigt. Es war auf den Wissensstand eines Kleinkindes geschrumpft. Und es schrumpfte weiter. Er würde nie wieder der Alte werden. Von einem Tag auf den anderen hatte sich mein Papa in einen Krüppel verwandelt und Mama beschloss ihn zu pflegen.

Wenn ich manchmal im Esszimmer bei ihm sitze, oft eine Stunde vor seinem Multifunktionsbett, und er mich scheinbar nicht bemerkt, entdecke ich in seinem trüben, leeren Blick, den Furchen und abgemagerten Wangen sein ganzes Lebenswerk: ein selbstgebautes Backsteinhaus, mit großem, Rasen überwachsenen Grundstück und ein paar futternden und herum irrenden Tieren, ähnlich seinem verlorenen Garten Schlesien. Dazu eine mitfühlende Frau mit drei Söhnen, denen es egal sein durfte, dass sie nicht sein Blut besaßen. Denen er ein Heim und Brot und eine Chance im Leben schenkte. Und das, was er an Zuneigung zu geben imstande war.

Ich entdecke in seinem Blick auch den Traum, redlich zu bleiben, und dem von Familie, von einer Tradition still getragener Verantwortung. Und ich sehe alle seine Träume an jenem Unfalltag im Juni zerplatzen.

Seit ich meinen persischen Vater kenne, weiß ich, dass das Meiste, was ich mit meinem deutschen verhandelt habe, überhaupt nicht mit ihm zu tun hatte. Nur mit mir. Und ich hoffe, da drin, in seinem inneren Gefängnis, sieht mein Papa das genauso.

In den Monaten vor meinem Urlaub gab es zwei Mädchen in meinem Leben. Sina war Politikstudentin in Magdeburg, wo ich sie am Wochenende manchmal besucht hatte. Carola arbeitete als Regieassistentin in Berlin. Sina schickte mir in meiner letzten Iranwoche eine Sms, um sich endgültig von mir zu trennen. Ich atmete damals auf. Um mit Carola Schluss zu machen, benötigte es ein Telefongespräch.

Nach Elham wurden solche Geschichten sinnlos für mich. Sie wich mir nicht mehr aus dem Kopf, ich dachte in den folgenden Wochen mehr an sie, als ich es mir eingestehen wollte. Aber als ich begriff, dass ich handeln musste, war ich zu feige. Ich hätte meinen Vater anrufen können, um ihre Nummer zu erbeten, doch das traute ich mich nicht. Und selbst wenn er sie herausgerückt hätte, wäre das wie Brennspiritus in eine erlöschende Flamme gewesen: mit etwas Pech hätte die einen Flächenbrand ausgelöst. Ich musste in diesen Kummermonaten verstehen, dass Elham nur ein Signal für mich gewesen war: Hatte meine Ampel jahrelang auf rot gestanden, war sie durch sie auf gelb gesprungen. Um loszufahren, fehlte noch das Grünzeichen.

Mit Pegah, meiner sprachgewandten Großkusine, verbindet mich mittlerweile eine tiefe Freundschaft. Für mich bedeutet sie die Außenfiliale Teheran, einen Ableger meiner leiblichen Familie in Berlin, und ich glaube, das sieht sie in mir genauso.

Immer, wenn mich Sehnsucht nach Bob Marley, einem guten Joint und Geschichten vom alten Persien in ihre Kreuzberger Kellerkneipe treibt, die zu einer waschechten Touristenattraktion mutiert ist, überlege ich schmunzelnd, dass sie das vorausgesehen hat. Und obwohl ich mit keiner der Anstrengungen etwas zu tun habe, die sie in ihre Schöpfung gelegt hat, welche um einiges mehr für sie bedeutet als Existenzgründung, bin ich stolz auf sie. Täglich schuftet sie mehr als zwölf Stunden, Personal lässt sie nicht ran, und da sie kein Essen und Zapfbier anbietet, ist der Gewinn ihres Umsatzes enorm. Das meiste spendet sie an einen Fonds für verwahrloste Kinder in Teheran und ihre persische Familie. Doch vor Kurzem hat sie sich selbst etwas gegönnt: eine kleine Villa am Kaspischen Meer, die sie bisher nur von Bildern kennt. Ihr trüber Blick erhellt sich, wenn sie am Whisky nippt und mir erzählt, dass sie plant, in den nächsten Jahren ihren Laden zu verkaufen und in den Iran zurückzukehren, um dort endgültig ihren Lebensabend zu verbringen.

Auch wenn ich meine Adoptiveltern jetzt öfter als in den Jahren zuvor in Oldenburg besuche, bin ich meinem schwersten Marsch noch aus dem Weg gegangen. Und das, obwohl ich glaube, es meiner Mutter schuldig zu sein. Doch wer sie war, wer sie hätte sein können und über die Umstände ihres Todes wollte ich bis jetzt auf keinen Fall etwas herausfinden. Ein Brief ans Jugendamt, um ihre ehemalige Adresse und Daten nahestehender Personen zu erkunden, ein Anruf bei ihrer Schwester, ein Besuch ihres Elternhauses – es wäre ein Kinderspiel, nach ihr zu forschen. Und dennoch gelingt es mir nicht.

Es ist, als würde der Säugling in mir noch lautstark protestieren, wenn er ihren Namen hört. Weil er nicht vollständig verzeihen kann. Sobald das aber gelingt, werde ich mich auf die Suche machen. Und ich werde keine Angst davor haben, nach Gräbern zu schaufeln, furchterregende Geschichten auszubuddeln und vielleicht die Tragödie einer kompletten Familie.

Über unser Straßenpicknick am Rande von Quom hat mein Vater nie mehr ein Wort verloren. Wenn wir telefonieren, was wöchentlich vorkommt, scheint es ihm immer noch unangenehm zu sein, mich früher nach Hause geschickt zu haben. Jedes unserer Gespräche endet mit seiner dringenden Bitte, ihn noch einmal zu besuchen. Ich mache mir einen Scherz daraus, zu antworten, dass er mich ja doch wieder wegschicken würde. Meist lacht er dann und verabschiedet sich.

Dass ich nun, zwei Jahre später, seinem Drängen nachgegeben habe, hat freilich einen anderen Grund: Khaled schrieb mir überraschend eine E-Mail. Er lud mich zu seiner Hochzeit ein, die würde im großen Stil im September stattfinden. Er freue sich so, wenn ich käme. Seine Braut Nasrin sei die Tochter eines Geschäftsfreundes seines Vaters. Er habe sie erst ein paar Mal gesehen, doch sie gefiele ihm. Es ginge ihm gut, jetzt, wo er sein Chemiestudium beendet hätte. Doch müsse er nach der Hochzeit gleich zum Militär. Über Navid schrieb er kein Wort, doch in einem Nachsatz erwähnte er, dass es von Elham nichts Gutes zu berichten gäbe. Sie wäre an einer Demonstration nach den Präsidentschaftswahlen beteiligt gewesen, verhaftet worden, und seit einigen Wochen nicht mehr aufgetaucht. Ihre Mutter hätte keine Ahnung, wo sie geblieben sei, die Behörden verweigerten jede Auskunft. Er hoffe aber, sie würde bis zu seiner Hochzeit wieder im Kreis der Familie sein, und wir alle könnten ein frohes Wiedersehen feiern.

Der Sommer ist noch nicht vorbei und ich atme den lauen Wind ein, der von den steigenden Flugzeugen auf die Terrasse weht. Über der Airportebene schwimmt Nebel, welcher mehr und mehr durch das Rot der Sonne verdrängt wird. Die Landschaft verschatteter Bäume, Rasenflächen und Maschinen lösen ein Kribbeln in meinem Magen aus. Ich lächle. Von hinten dringt das Klappern des Flughafenrestaurants an mein Ohr und am Hosenbein beginnt es zu ziehen. Ich spüre, wie ein Druck meinen Oberschenkel beschwert und senke meinen Blick auf den blonden Haarflaum, der durch die Jeans kitzelt. Während meine Hände die Eisenbrüstung umschließen, denke ich amüsiert an das Stammeln meines Vaters am Ende der Leitung, als ich ihm vor Wochen eröffnete, dass ich diesmal nicht allein nach Teheran kommen wollte. Ich würde meine persische Familie zusammen mit Sophia besuchen wollen, einer jungen Frau, die ich lieben gelernt habe. Und mit Luke, ihrem zweijährigen Sohn, der nicht meiner ist. Sein Erzeuger hat sich kurz vor der Geburt aus dem Staub gemacht.

»Du weißt, dass das schwierig ist, Mathias«, hörte ich Mohsen sagen. »Wir alle wollen, dass du kommst. Auch deine Freundin darfst du mitbringen. Aber ein Kind, das nicht deins ist, das – das wird die Familie nicht akzeptieren.«

»Dann kann ich auch nicht kommen«, antwortete ich ihm.

»Komm bitte allein«, setzte Mohsen nach.

»Der Kleine ist wie mein Sohn. Ich habe ihn quasi adoptiert. Er ist mein Sonnenschein, auch wenn ich nicht sein Papa bin. Und ich will ihm zeigen, was zu mir gehört, was ich gefunden habe. Ich weiß, dass er eines Tages selbst nach seiner Herkunft fragen wird. Davor soll er keine Angst haben – verstehst du das nicht?« Und als Mohsen schwieg, ergänzte ich: » Entweder ich komme mit den beiden oder ich komme gar nicht.«

Er räusperte sich: »Komm bitte allein.«

Jetzt streiche ich über den zerzausten Haarschopf an meinem Knie und Luke hebt sein Köpfchen, um mit blauen Glubschern aufmerksam mein Gesicht zu betrachten.

»Hab dich lieb«, erklärt er mit zwei Fingern im Mund und stolpert seiner Mutter entgegen, die am Terrassentürpfosten lehnt, mit Stützstrümpfen und Minirock, eine Fluppe im Mundwinkel, Grübchen auf der Wange und über ihre blonde Mähne ein feuerrotes Kopftuch schwingt.

»Ich dich auch«, flüstere ich. Schlieren flimmern vor meinem Blick, als würde ich mir immer noch nicht glauben, dass ich es tatsächlich wage, die beiden mitzunehmen. »Ich dich doch auch.«

ANMERKUNGEN ZUM SCHIISMUS UND ZUR ISLAMISCHEN REVOLUTION IM IRAN

Nach dem Tode Mohammeds im Jahr 632 n. Chr. war für die Angehörigen des neugegründeten Glaubens klar, dass es keinen weiteren Propheten mehr geben würde – doch nicht, wer die Nachfolge seiner Herrschaft übernehmen sollte. Er selbst hatte sich nicht eindeutig dazu geäußert, und seine Söhne, die als Erbführer in Frage hätten kommen können, überlebt. Einzig seine Tochter Fatima war noch am Leben und mit Ali, einem Vetter Mohammeds, vermählt. So wurden enge Weggefährten und entfernte Verwandte des Propheten mit dem Kalifat, der islamischen Führung, betraut. Bis im Jahr 656 n. Chr. Othman, der dritte Kalif, der zum Geschlecht der Umayyiden gehörte, welche Mohammed zunächst feindlich gesinnt waren, durch Ali ermordet wurde. Ali meinte, Otham hätte nicht nach den Grundsätzen des Korans regiert und setzte sich selbst auf den Thron. Mit diesem Ereignis begannen die kriegerischen Auseinandersetzungen zwischen den rachsüchtigen Umayyiden und der Familie Alis, welche fortan nur noch Schia (= Partei Alis) genannt wurde. Die Schiiten stützten ihren Herrschaftsanspruch darauf, direkte Nachfahren des Propheten zu sein. Die Sunniten (= Volk der Tradition) dagegen waren der Meinung, dass Mohammed den Stärksten und Gläubigsten zum Nachfolger hätte machen wollen. Nach Schlachten, durch die Muawiya, der Sunniten-Führer, große Teile von Alis Herrschaftsreich eroberte, wurde dieser 661 n. Chr. von einem ehemaligen Anhänger ermordet. Auf den Thron folgte ihm sein Sohn Hasan, trat ihn aber nach wenigen Monaten an Muawiya ab. Ganz so kampflos mochte sich nach Hasans Tod Hussein, sein ältester Sohn, dem Schicksal nicht ergeben, und erklärte den nun von Muawijas Sohn Yazid angeführten Umayyiden den Krieg. Bei der Schlacht von Kerbela im Jahr 680 lockte Yazid die kleine Truppe Husseins in einen Hinterhalt und schlachtete sie ab.

233

Der Tod Husseins war der Beginn des Märtyrertums der Schiiten, die im Kampf um die islamische Herrschaft viele Jahrhunderte unterlegen bleiben sollten und die erbfolgenden Führer zu ihren größten Heiligen, den Imamen wählten (nicht zu verwechseln mit Imamen als Vorbetern in der Moschee). Das Ende der Imam-Reihe kam abrupt 874 n. Chr., mit dem Tod des elften Imam Hasan al-Askari. Er hinterließ einen vierjährigen Sohn, Mohammed Mahdi, der nach schiitischem Recht seine Nachfolge angetreten hätte. Doch verschwand er am Todestag seines Vaters spurlos. In der Schia ging man nicht vom Tode Mahdis aus, vielmehr, dass Allah ihn auf der Erde verborgen hätte. Seither gibt es keine Imame mehr, bloß noch ihre Stellvertreter – bis 1978 ein gewisser Ruhollah Chomeini die politische Weltbühne betrat, und für viele Schiiten die Inkarnation Mahdis darstellte, die Befreiung vom mehr als 1000-jährigen Joch, die langersehnte Herrschaft der Partei Alis.

Im 16. Jahrhundert hatte der persische Safawidenkönig Abbas, der sich in direkter Erbnachfolge zum Propheten begriff, die Schiitisierung seines Landes vorangetrieben. Die Partei Alis war in den folgenden Jahrhunderten immer stärker zur Staatsreligion geworden, und ihre Führer, die Ajatollahs, hatten Besitz, Einfluß und Macht erlangt.

Der Ajatollah Chomeini war bereits 61 Jahre alt und angesehener Professor an der Theologiehochschule in Quom, als landesweite Proteste gegen die Agrarpolitik Mohammed Reza Schahs, unter anderem die Geistlichkeit zu enteignen, 1963 auch die Heilige Stadt erreichten. Nachdem Milizen Demonstrationen blutig niedergeschlagen hatten, hielt der Ajatollah (= Zeichen Gottes) eine Rede gegen Schah und Monarchie, was seine Abschiebung zur Folge hatte. Im türkischen und irakischen Exil geriet der Geistliche in seiner Heimat weitgehend in Vergessenheit. Bis der Unmut der Iraner gegen ihren Schah Ende der 70er-Jahre eskalierte: Die Kluft zwischen dem verschwendungssüchtigen Monarchen und seinem Volk wuchs, der Islam, für große Teile der Bevölkerung Lebenselixier, wurde durch das Forcieren der westlichen Kultur in den Hintergrund gedrängt, und Meinungsfreiheit verboten. Unterschiedliche Gruppen zogen auf die Straße: die Linken, Händler, Demokraten, Mullahs (= Geistliche) und die Gläubigen. Sie alle waren sich einig im Ruf nach Freiheit, Wohlstand und Reformen. Den Sturz des Schahs aber und die Herrschaft schiitischer Geistlichkeit forderte zu dieser Zeit öffentlich nur einer: Ruhollah Chomeini. Als der Professor, dessen Schriften zum Gottesstaat bislang wenige gelesen hatten, durch politische Seilschaften im Oktober 1978 aus dem Irak nach Paris verbannt wurde, brach mit seinen flammenden Reden für Demokratie, Glauben und Wohlstand, welche über Fernsehen und Radio in den Iran übertragen wurden, die Revolution erst richtig aus. Zu Beginn des Jahres berief er eine provisorische Regierung, während der Schah vor der revoltierenden Masse kapitulierte und nach Ägypten floh, wo er ein Jahr später an Krebs verstarb. Seine Flucht war die Ankunft des gefeierten Heilbringers Chomeini, von dessen Plänen, einen totalitären Gottesstaat zu errichten, statt Demokratie und Freiheit, jedoch kaum jemand ahnte. Eine Volksbefragung endete mit einer gewaltigen Mehrheit für die Staatsform der Islamischen Republik, für die es aber kein Vorbild gab. Ende 1979 verkündete der zum Imam gekürte Chomeini die neue Verfassung: Der Zwölfer-Schiismus (der Glaube an die zwölf Imame) wurde Staatsmacht, er selbst zum obersten Rechtsgelehrten, dem Revolutionsführer. Ein Präsident kümmerte sich von nun an um weltliche Angelegenheiten, während ein Wächterrat von sechs Personen seitdem die Einhaltung der islamischen Regeln in der Regierung kontrolliert. Das letzte Wort in allen Angelegenheiten besitzt aber der Revolutionsführer. Als staatliche Ordnung gilt die Scharia, die Rechtsordnung des Koran. Seitdem herrscht Geschlechtertrennung in öffentlichen Gebäuden, Berührungsverbot von Mann und Frau in der Öffentlichkeit und dort auch die islamische Kleiderodnung. Nach der hat eine Frau im Iran, unabhängig von Religion oder Staatsangehörigkeit (also auch Touristinnen) Haar und nackte Haut bis auf Hände zu bedecken. Auf Missachtung steht ein

Jahr Gefängnis. Alkohol, Drogen, Glücksspiel, Popmusik und öffentlicher Tanz sind generell verboten und werden mit Peitschenhieben und Gefängnisstrafen geahndet. Unverheiratete Männer und Frauen dürfen sich nicht miteinander zeigen, es sei denn, sie sind engstens verwandt – es könnte als Ehebruch ausgelegt werden. Auf Ehebruch aber steht die Steinigung, auf Geschlechtsverkehr zwischen Unverheirateten Peitschenhiebe und auch Zwangsheirat, auf Homosexualität der Strang, auf Geschlechtsverkehr zwischen einer Muslima und einem Nicht-Muslim der Tod für beide Beteiligten. Die Revolutionsgarden, eine paramilitärische Organisation, sorgen für die Durchsetzung dieser Regeln im Alltag.

Trotz Protesten großer Bevölkerungsschichten setzte Chomeini diese Gesetze nach und nach durch, und entledigte sich daneben der Opposition, die ihm bei der Revolution behilflich gewesen war: Tausende landeten im Gefängnis und wurden umgebracht, Hunderttausende verließen überstürzt das Land.

Der Golfkrieg, den der neue irakische Präsident Saddam Hussein 1980 gegen sein Nachbarland anzettelte, wurde zur Bewährungsprobe der frisch gegründeten Islamischen Republik. Chomeini verstand es jedoch, seine durch die Revolution geschwächte Armee mit der schiitischen Märtyrergeschichte zu infizieren, wobei er die Auseinandersetzung mit dem sunnitisch geprägten Irak, in der es eigentlich um Ölfelder ging, als Dschihad (= Glaubenskrieg) bezeichnete. Als 1988 endlich ein Waffenstillstand erreicht wurde, waren eine Million Soldaten gefallen, darunter Hunderttausende Minderjährige.

Chomeini starb 1989, kurz zuvor hatte er den Westen noch in Aufruhr versetzt, als er eine Fatwa (= islamisches Rechtsgutachten) auf die Tötung des britischen Schriftstellers Salman Rushdie für seine angebliche Gotteslästerung im Roman »Die satanischen Verse« erließ. Der Dichter lebte viele Jahre im Untergrund, da die Fatwa auch nach dem Tod des Obersten Gelehrten Gültigkeit besitzt.

Zum Nachfolger ernannte Chomeini seinen Schüler Ajatollah Ali Chamenei, der das Amt des Revolutionsführers bis heute inne hält. Seitdem macht die Islamische Republik in der westlichen Welt immer wieder unangehm von sich reden: 1992 ermordete der iranische Geheimdienst mit staatlicher Genehmigung im Berliner Restaurant Mykonos vier kurdische Exilpolitiker. Der Regierung werden seit dem 11. September enge Kontakte zu islamistischen Terrororganisationen nachgesagt. Kriegsandrohungen des Staatspräsidenten Ahmadinedschad gegen Israel (»Wir werden die Zionisten von der Landkarte radieren!«) und die USA sind mittlerweile an der Tagesordnung. Nach dessen umstrittener Wiederwahl im Juni 2009 demonstrierten auf den Straßen des Landes Millionen Iraner für Freiheit und Reformen, wurden Tausende verhaftet, zum Tod und langen Gefängnisstrafen verurteilt. Internationalen Journalisten wird die freie Berichterstattung aus dem Iran verweigert. Tausende von Homosexuellen und »Ehebrechern« sind in den vergangenen Jahrzehnten öffentlich hingerichtet worden, darunter etliche Jugendliche, die sich beim Händchenhalten erwischen ließen. Mittlerweile gilt Iran als einer der größten staatlich-organisierten Heroin-Dealer der Welt, mit steigender Tendenz. Und nicht zuletzt sorgt die Inkraftnahme von Atomanlagen trotz Vetos der Internationalen Atomenergie-Organisation und hoher Sanktionen aus dem Westen für Angst- und mögliche Kriegsszenarien. Selbst der eher friedliebende Obama attestierte: »Mit einem nuklear bewaffneten Gottesstaat kann und will die Welt nicht leben!«

DANKE Das Schreiben eines Buches ist verflucht einsam. Das habe ich über ein Jahr lang feststellen können. Und wenn man sich zum Schreiben entschließt, gibt's leider nicht wie im Schauspiel einen Regisseur oder zumindest Kollegen, die einem auf die Finger schauen. Man sitzt allein am Schreibtisch, Stunden über Stunden, und hat keine Ahnung, ob das, was man da von sich gibt, irgendeinen interessiert. Um so glücklicher bin ich, Menschen gefunden zu haben, die mir durch Tipps, Kompetenz und Nachhaken immer wieder Mut spendeten und behilflich sein konnten: Vor allem möchte ich meinem Agenten Thomas Montasser und seiner Frau Mariam danken, die an dieses Projekt geglaubt und zur Veröffentlichung gebracht haben. Dann Thomas Schmitz vom Gütersloher Verlagshaus, der gewagt hat, das Buch ins Programm zu nehmen. Meiner wunderbaren Lektorin Marlen Günther, die für jede Frage offene Ohren hatte. Meiner persischen und meiner deutschen Familie, ohne die das alles nicht zustande gekommen wäre. Nicole Filges für das tolle Cover. Matze Dallwig für die dramaturgischen Nächte. Farschad für Zuspruch und endlose Irangespräche. Meinen Testlesern Silke, Leo, Carina, Aom, Julia, Peter, Juliane, Milena, Willi Hetze, Gabriela Helbling, Ulrike Weinhart und ganz besonders Alina Neumeyer, Falk Osterloh und Lisa Jopt, die durch ihre Kritik und Genauigkeit zum Wachsen dieses Werks beigetragen haben. Und last but not least: Silvi, die mit Liebe und Verständnis diese für mich so wichtige Zeit mitgetragen und gestützt hat, und Kili, meinem kleinen großen Inspirator, Sonnenschein und besten Freund. Ich bin Euch allen was schuldig.